资本论 上册

（第二卷）

［德］马克思◎著

郭大力　王亚南◎译

湖南人民出版社·长沙

编者序

　　编订《资本论》第二卷，使它一方面成为一部首尾联贯的，尽可能完备的著作，另一方面又成为一部纯为著者所作，不参杂编者一点意见的著作，决不是一件容易的工作。存留的草稿非常多，其大部分都是零碎的断片这一件事，更使这种编订工作，感到困难。在原稿中，经著者彻头彻尾订正过，可照原样付印的，充其量只有一束（第四稿）。但经过后来的修改，这一束草稿，有一大部分不适用了。材料的主要部分，纵令在实质上已大体完成，然就其用语而论，则多欠洗炼。他所用的，还是他撰述纲要时使用的用语；文体上很多疏漏的地方，措辞和语法上充满着谈话式的体裁，往往是粗率而诙谐的；其中又夹杂有英法两种文字的术语，有的地方，甚至全句或全面是英文。著者显然是就他脑中展开的思想原样写下的。有若干部分，著者曾予以详细的讨论，但别一些同样重要的部分，却不过仅有暗示。用作事实例解的材料，不过搜集起来罢了，几乎没有加以类别，更谈不到推敲。每章的终结，因著者急于要移到次一章，以致往往说明未了，就是那样放下，仅写下少数没有联贯的文句，作为不完全的说明的界石。最后，大家都知道，著者的笔迹，在许多地方连他自己也不能辨别。

我认为满足的，是对于著者的草稿，尽可能逐字逐句加以解释；在行文上，只更改著者自己也会更改的地方；并且只在绝对必要并在意义至为明显的地方，插入中间句和连结句。至若在意义上似乎很少疑难的词句，我宁愿照原样编入。综合我所改作的插入的，全部印刷起来，还不到十页，而且那都是限于形式方面的。

单是马克思留作第二卷用的亲笔材料，就证明他把他的经济学大发现刊行以前，曾为这些大发现的完成，具有如何无比的诚意，曾作过如何严格的自我批判。正唯其有这种自我批判，所以，他不常能使他的说明，在形式和内容上面，适合他自己的不断由新研究而扩大的眼界。那些材料，包含以次诸部分：

第一，是题为"经济学批判"，包含有四开本1472页，计分23册的草稿。这部草稿系由1861年8月至1863年6月间写成的。那是1859年在柏林以同一标题刊行的第一部的续稿。该稿由第1页至第220页（由第 I 册至第 V 册），再由第1159页至第1472页（由第 XIX 册至第 XXIII 册），是论究《资本论》第一卷所论究的各个题目，由货币资本化以至同卷终；这是论究此等问题的最初草稿。由第973页至第1158页（由第 XVI 册至第 XVII 册），系讨论资本与利润，利润率，商人资本与货币资本等，那是此后要在第三卷详细说明的题目。然属于第二卷的题目，及此后在第三卷中讨论的许多题目，都不曾编纂。这些题目，都不过顺便地特别在标题为"剩余价值学说史"那一篇（那是这个草稿的主要部分，由草稿第220页至第972页，即第 VI 册至 XV 册）中，讨论到。这一部分草稿，包含经济学核心即剩余价值学说之详细的批判的历史，同时并采取一种论战方式（对前驱学者的论战），去说明此后分别在第二卷第三卷草稿但在逻辑联系上论到的大多数问题。这一部分草稿，除开第二卷第三卷所包括的许多点外，其残余的批判部分，我打算保留下来，刊行《资本论》第四卷。这种草稿，虽极有价值，但非现在刊行的第二卷所能利用。

从时间的顺序说，接连着的草稿，是第三卷的草稿。这草稿至少有一大部分是在 1864 年及 1865 年写成。马克思在完成这种草稿的重要部分之后，即着手整理 1867 年刊行的第一卷。我现在正在整理这第三卷的草稿，以便付印。

其后，即第一卷刊行以后，有留作第二卷用的对开纸草稿一组，计四件，由马克思自己附有第一稿第二稿第三稿第四稿的记号。第一稿共 150 页，恐系成于 1865 年或 1867 年。就现今包括在第二卷中的诸问题而论，这算是第一个独立的论究，但多少有片断的性质。在这里，也不能利用。第三稿有一部分，是由他所做的拔萃—主要是关于第二卷第一篇—的引语和参考语编成，一部分是论究诸特殊事项，特别是批判亚当·斯密关于固定资本和流动资本和利润源泉的见解；其中，还曾论述到剩余价值率与利润率的关系，那是属于第三卷的范围的。但这种参考语，并没有提供多少新的见地，而属于第二卷及第三卷的论究，也因后来的修改，变为没有价值，已有一大部分，不得不弃置不用了。第四稿系讨论第二卷第一篇及第二篇第一章的问题。已完全整理好，可以付印，我也把它利用在适当的地方了。这草稿虽是写在第二稿之前，但因它在形态上较为完备，故很容易利用在本卷适当的地方。只须从第二稿，加上若干文句，就行。这件最终的草稿，系成于 1870 年，为唯一可以在第二卷利用的相当完成了的草稿。马克思在他终校备注（那是我马上要在下面述及的）内，曾明白说："第二次的修正，必须用此为根据。"

在 1870 年以后，马克思又有一个休止期间，那主要是由于他的病状。他照例是利用这种期间，作各种学问的研究；他研究农学，研究美国特别是俄国的农村情形，研究货币市场与银行制度，最后更研究地质学，生理学一类自然科学，特别是独立的数学研究，那是这时候以后许多摘录的内容。到 1877 年，他觉得他的健康，已经恢复了，能够重新进行原来的劳作了。在同年三月末，他由前述四件草稿，作成参考与笔录，以期作为第二卷重新制作的基础，这种工作的开端，见于第五稿（对开纸 56 页）。这第五稿含有第二卷最初四章，然尚未完成，许多要点，都是在本文的注中讨论，其材料只是搜集起来，而未经编制。不过，就第一篇最重要诸部分说，这就是最终的完全的叙述了。他根据这一部分作成可以付印的原稿的初步尝试，见于第六稿，那是由 1877 年 10 月以后至 1878 年 7 月间写成的，仅仅四开纸 17 页，构成第一章的大部分。他的第二次的或最终的尝试，则见于"1878 年 7 月 2 日"写成的第七稿，仅有对开纸 7 页。

大约就在这时候，马克思似乎感到了，如果他的健康状态没有一种完全的革命，他决不能在自己满意的情形下，完成第二卷和第三卷。其实，在写第五稿到第七稿的期间，他和那困人的病态相苦斗的痕迹，已经屡屡显示出来。第一篇最困难的部分，已在第五稿中重新推敲过了。第一篇残余部分及第二篇全部（第十七章除外），都未在学说上表现何等大的困难。但讨论社会资本再生产与流通的第三篇，则似乎很需要订正。因为马克思当初在第二稿中讨论这种再生产时，并不会注意那当作媒介的货币流通，那是以后才注意到的。因此，这里就得加以淘汰和改造，使全篇和著者的扩大的眼界相一致了。第八稿就是这样产生出来的。这虽是四开纸 70 页的小稿，但若把它和现在正在付印的第三篇（除去由第二稿插入的部分）一加比较，就知道马克思在这少许页数中，压缩进了多少的东西。

这第八稿，也不过是对主题作初步的讨论；其主要目的，在确立并展开第二稿所不曾表示的新的见地，至若无何等新见地可言的诸点，都被搁置了。多少与第三篇有关的第二篇第十七章的重要部分，也同时在这里予以论究和扩充了。但论理上的连络，往往中断；对于主题的讨论，有时不完全；特别是，在结论的地方，全是一些片断的语句。但马克思所要说的话，都已经在那里，依某方式，说出来了。

马克思在逝世前不久，曾告知他的女儿爱灵娜（Eleanor）说，他期望我用这第二卷的材料，"做出一点东西"（etwas machen）来。我曾在最狭的限界内，接受他这种嘱托。只要可能，我总使我的工作，以选择各种增订的材料为限。我的工作，常以最后增订的材料为根据，并把这种材料，和以前的诸种材料相比较。只有第一篇和第三篇，有技术性质以上的真正的困难；那种困难确是很大的；但我在解决它们时，总努力着要不违背著者的精神。

本文中的引语，如其是作为事实的例证，或其原本任何根本研究者都能得到（如像由亚当·斯密著作的抄引），我大抵都把它翻译过来了。但惟有第十章不能照此做去，因为其中的引句，是直接批评英文原文的。——由第一卷抄引的文句，都注明了第二版的页数，这个版本，是马克思生时付印的最终版。

可用作第三卷的材料的，除有题为"经济学批判"草稿中的未加整理的材料，和以前所述第三稿所包含的诸部分，和散在各种拔萃中的简短笔录外，还有前述 1864 年至 1865 年那个对开纸的草稿（这个草稿和使用在第二卷中的第二稿，几乎经过同样的推敲），和 1875 年的一个草稿（这个草稿，题为"剩余价值率与利润率的关系，用数学方式说明的"）。我目下正在编订第三卷，使它能够早日付印。在我今日所能判断的限度内，除极重要的若干篇以外，编辑第三卷的困难，大抵都是技术上的。

*　　*　　*

在这里，我乘便驳斥一种对于马克思的攻击。这种攻击，最初不过是窃窃地偶然议论议论，但到马克思死后的今日，德意志的讲坛社会主义者，国家社会主义者流，却竟当作确定的事实喧论起来，说马克思剽窃洛贝尔图（Rodbertus）的著作。我已经在其他场所①，表白我自己关于这件事的切要意见，但在这里我才提出决定的证据来。

据我所知，这种攻击，最初是见于梅耶（R. Mayer）所著《第四阶级的解放战斗》中。该书第43页有云："马克思的批判的大部分，是窃取自此等刊物（即指十九世纪三十年代后半期以降的洛贝尔图的著作），这是能够予以论证的。"我可以这样推论：在没有提出进一步的论证以前，这种主张的全部"论证"，毕竟不外是洛贝尔图向梅耶君陈述的。1879年，洛贝尔图，曾自己登场，就他在1842年刊行的《国家经济现状论》，向泽勒尔（J. Zeller）说："足下将会发现：该书所展开的思想系列，已由马克思极美妙地……利用了，可是他没有揭出我的名字。"（《国家学时报》杜宾根1879年第219页）洛贝尔图的遗稿编纂者科萨克（Thomas Kozak），也机械地重述这种主张（《洛贝尔图的资本论》柏林1884年导论第15页）。最后，在1881年由梅耶发行的洛贝尔图·雅格佐博士的书简及社会政策论文集中，洛贝尔图还直说："现在，我发现了，谢佛勒（Schäffle）马克思抄袭

① 马克思著：《哲学的贫困——对于蒲鲁东的〈贫困的哲学〉的反驳》（柏伦斯泰因考茨基合译德文本斯杜加特1885年序言）。

我，没有提到我的名字。"（第 60 信第 134 页）并且，在其他场所，洛贝尔图的话，还采取更确定的形态。他说："资本家的剩余价值究从何处产生这个问题，我已在《第三社会书简》中论证了，我那种论证，在本质上与马克思所论证的一样，所不同的，只是更简单明了。"（第 48 信第 111 页）

关于这一切指摘他剽窃的攻击，马克思从来没有听到过。他手边的一册"解放战斗"，只切开了记述"国际"的一部分，其余部分，还在他死后由我切开的。杜宾根的"时报"，马克思未曾读过。寄梅耶的前述"书简集"，他也茫无所知。我对于以上所述那种种论及"抄袭"的文献，还是到 1884 年，经梅耶君亲自提起，才注意到的。不过，前述第 48 信，马克思是知道的。梅耶君曾极亲切地，把这封信的原文，给马克思的季女看。而在这以前，说马克思的批判之秘密的源泉，当求于洛贝尔图这一种不可思议的蜚语，也曾有几分达到马克思耳边。他把那封信给我看，并这样表示——说他到底发现了确实的消息，知道洛贝尔图是怎样要求的。但他以为：在洛贝尔图没有进一步要求的限度内，洛贝尔图的那种主张，他尽可以不管。他尽可让洛贝尔图去设想自己的说明较简单明了，而觉得欣慰。实际上，马克思认为这个问题，早就由洛贝尔图的这封信解决了。

他尽可以这样看的，因为在 1859 年顷，马克思的《政治经济学批判》，不仅在根本纲领上完成了，在最重要的细目上，也完成了；而在这时以前，他对于洛贝尔图的文字活动，绝无所知，这是我确实知道的。1843 年，他开始在巴黎研究英法两国的卓越学者的经济学。至于德国的学者，他仅仅知道劳（Rau）和李斯特（List），他也不想在他们二位之外，再有所研究。马克思和我，直到 1848 年，因为要在《新莱因新闻》上，批评洛贝尔图以柏林议员资格和大臣资格所进行的言论行为时，才知道有洛贝尔图这个人存在。在当时，我们因为完全不知道他，故询问莱因地方的议员：说这样突然变为大臣的洛贝尔图，究是如何的人物。但那些议员，也不能把洛贝尔图在经济学上的文献，告诉我们。在另一方面，马克思那时却已经不借洛贝尔图的援助，知道了"资本家的剩余价值"从何处产生了；他并且还知道，那种剩余价值是如何产生，这件事，由 1847 年刊行的《哲学的贫困》，和他 1847 年在布鲁塞讲演而在 1849 年在《新莱因新闻》（第 264 号至 269 号）上披露的《雇佣劳动与资本》，便可征知。在 1859 年顷，马克思因拉塞尔的提及，始知洛贝尔图为经济学者，此后他就在大英博物馆见到了洛贝尔图的"第三社会书简"。

以上系叙述事实的关系。在下面，且看那据说曾被马克思"抄袭"的洛贝尔图学说的内容如何。洛贝尔图说："资本家的剩余价值究从何处产生这个问题，我已在《第三社会书简》中论证了，我那种论证，在本质上与马克思所论证的一样，所不同的，只是更简单明了。"所以，这就是论点，即剩余价值学说。实际，也谈不到在洛贝尔图著作中，还有何等可供马克思"抄袭"的地方。在这里，洛贝尔图自认是剩余价值学说的真正创始者，马克思是抄袭他。

然则这"第三社会书简"（第 87 页）究是怎样解说剩余价值的发生呢？简言之，洛贝尔图认定，包括地租和利润的所谓"租金"（"Rente"），不是起因于商品价值的"价值追加"（"Wertzuschlag"），却是由于"工资的价值减除（Wertabzugs），即工资仅代表劳动生产物价值一部分的结果"。并且，劳动如其有充分的生产力，工资"就无须等于其生产物的自然的交换价值，因而使那种交换价值，可留下一部分来代置资本（！），并提供租金"。然而，生产物的"自然交换价值"，如竟不留下一部分来代置资本（那就是代置原料和工具的磨损），我们就不知道，那究竟是怎样一种"自然交换价值"了。

　　幸而洛贝尔图这种划时期的发现，我们尚能确定它对于马克思曾给予如何的印象。在标题为"经济学批判"的草稿第 X 册（第 445 页以下）内，我们发现了"一种异论，洛贝尔图君，一种新地租学说"。马克思只是在这种见地下，观察"第三社会书简"。对于洛贝尔图的剩余价值学说一般，他却是这样讽刺地叙述："洛贝尔图君首先论究的，是在一个土地所有与资本所有未经分化的国度，会发生怎样的情形，并由此达出这种重要的结论，即所谓租金—指全部剩余价值—仅等于无给劳动或代表无给劳动的生产物量。"

　　资本主义的人类，在若干世纪以前，就已经产出剩余价值来了。其间自有人逐渐考察到剩余价值的起源。最先的一种见解，是产生于直接的商人经验，即认定剩余价值是生产物价值抬高的结果。这种见解，在重商主义者间支配着。但斯杜亚早已看破了一方所得必为他方所失的关系。但虽如此，在斯杜亚以后许久，那见解还常为人们—特别是为"社会主义者们"——所支持。但它毕竟在亚当·斯密手里，从古典派科学中被驱逐了。

　　亚当·斯密在他所著《国富论》第 I 篇第 VI 章中说："资财一经蓄积于特殊人掌中，他们因见劳动生产物的售卖，或劳动在原料价值上附加的东西，可以提供一种利润，他们就为这种利润，投下资本，供勤劳阶级以材料和生活资料，而使他们劳作了。……在这场合，劳动者附加在原料上的价值，是分作两个部分，一部分是支给劳动者的工资，一部分是支给雇主的利润，来报酬他垫付原料和工资的全部资本。"略在这后面，他又说："一国土地，一旦成为私有财产，有土地的地主，也和他人一样，爱在别人播种的土地上，取得生产物；甚且对于自然的生产物，要求地租。……劳动者……不能不把他所生产所采集的生产物的一部分，贡献于土地所有者，这一部分，或者说，这一部分的价格，就是土地的地租。"

关于斯密的这种见解，马克思在题名"经济学批判"的上述草稿第 253 页中，附有以次的按语："因此，亚当·斯密把剩余价值，把剩余劳动，换言之，把超过有给劳动（即在工资形态上得了等价的劳动）而体现在商品中的劳动部分，视为是一般的范畴；利润与地租，不过视为是这种劳动的派分物。"

斯密更还在第 I 篇第 8 章中说："土地一旦成为私有财产，土地所有者就会在劳动者利用土地所生产所采集的生产物中，要求一个份额。因之，曾利用土地的劳动生产物，不得不第一次扣下一部分来，作为地租。一般农耕者，大抵没有维持生活至收获完了的资料。他们的生活费，通例是由雇主（即役使他们的租地农业家）垫支。这般雇主，如果对于劳动者的生产物，不能享受一定的分额，换言之，如投下的资本，不能带着相当的利润收回来，他们当然会不愿投资，不愿雇用劳动者。因之，被利用在土地上面的劳动生产物，又不得不第二次扣下一部分来，作为利润。其实，利润的扣除，不仅农业生产物为然，一切其他生产物，几乎都是这样的。不拘在什么工艺或制造业上，都有大部分劳动者，在作业完成以前，需要雇主为他们垫支原料工资和生活费。雇主对于他们的劳动生产物，换言之，对于劳动附加在材料上的追加价值部分，就享有一份，构成他的利润。"

马克思对于这段话的评语是（见前述草稿第 256 页）："在这里，亚当·斯密以露骨的文句，表示地租与资本利润，不外就是劳动者生产物或其生产物价值（那等于劳动者加在原料内的劳动）的扣除。不过，照亚当·斯密自己以前表示过的，这个扣除额，只能由劳动者加在原料中的劳动的一部分（这一部分，是指支付工资或提供工资等价所必需的劳动量以上的部分）构成。换言之，只能由剩余劳动或其劳动的无给部分构成。"

由此看来，"资本家的剩余价值的来源"，更进，土地所有者的剩余价值的来源，亚当·斯密早已经知道了。马克思早在1861年就已经承认了这点，但洛贝尔图和那些在国家社会主义夏季温雨中簇生起来的他的崇拜者，却似乎全把这点忘记了。

马克思还继续说："可是，亚当·斯密没有把剩余价值看作本来的范畴，使它和地租与利润所采取的特殊形态分离。因此，他的研究留下了许多谬误和缺陷。在里嘉图，还更是这样。"——这种叙述，可逐字应用到洛贝尔图身上来。他所谓"租金"，不过是地租加利润之和。他对于地租，树立了一种完全谬误的学说；对于利润，则一仍旧贯地，接受先辈学者的见解。反之，马克思的剩余价值，却是生产手段所有者不给付等价而占有的价值总额的一般形态。这种价值总额，系依照马克思第一次发现的极严密的法则，分裂为利润和地租的转化形态。那种法则，将在第三卷中说明。我们在第三卷，会知道，要由剩余价值一般的理解，达到剩余价值利润化及地租化的理解，换言之，达到剩余价值如何在资本家阶级内部分配的法则之理解，其间尚需有多少中间的联系。

与亚当·斯密比较，里嘉图是前进许多了。里嘉图的剩余价值概念，是建立在一种新价值学说的基础上。这种新价值学说—这种价值学说，虽在亚当·斯密那里也萌芽地存在着，但一临到应用，他就把它全忘记了—成了他以后一切经济科学的出发点。他认定商品的价值，取决于在商品内实现的劳动量；他从这个见地出发，推论到：劳动附加在原料上的价值量，乃配分于劳动者与资本家之间，换言之，即分裂而为工资与利润（意即剩余价值）。他并证明：这两个部分的比例不论如何变动，商品的价值仍不变。这种法则，他认为只有极少的例外存在。他的叙述，虽然是过于概括的，但支配工资和剩余价值（意即利润）的相互关系的若干根本法则，毕竟由他确立了。（参照马克思著《资本论》第Ⅰ卷第15章Ⅰ）。此外，他更论证地租是利润以上的超过量，那是要在一定情形下才能实现的。——不论从上面哪一点看来，洛贝尔图都没有比里嘉图更进步的地方。里嘉图学派的崩溃，是由里嘉图学说的内部矛盾引起的。但关于这点，洛贝尔图全未意识到；即使意识到了，那种矛盾，也不曾使他去解决经济学上的问题，却不过把他误导入乌托邦的要求内（《国家经济现状论》第130页）。

但里嘉图的价值学说及剩余价值学说，不待洛贝尔图的《国家经济现状论》出现，就已经被利用在社会主义的目的上了。资本论第Ⅰ卷第22章第1节，曾由"国难的原因及其救治，——给约翰·罗素勋爵的信"中，抄引"剩余生产物或资本的所有者"的文句。那部著作虽然只是一个包含40页的小册子，但其重要，就"剩余生产物或资本"这个用语，就不难认识了，然若没有马克思提到，它也许老早被人忘记了。其中有云："无论资本家占有多少，他〔在资本家的立场上〕总只能占有劳动者的剩余劳动，因为劳动者是不能不生活的。"（第23页）不过，劳动者过怎样的生活，从而，资本家所占有的剩余劳动究怎样大，那是极其相对的问题。"假若资本不比例于其量的增大而减少其价值，资本家也许会在每小时劳动的生产物中，由劳动者手里，强夺去他们最低生活所必要的部分以上的部分。"资本家结局能这样向劳动者说："不要吃面包啊，我们人能借甜菜和马铃薯来生活呢，我们正要这样过呢。"（第24页）"假若能使劳动者以马铃薯代替面包而生活，那显然能由他的劳动中，多获得一些。换言之，在以面包生活的场合，他为自己及一家的生计，要保有星期一和星期二的劳动；若在以马铃薯生活的场合，他就只要为自己保有星期一劳动的一半。而星期一的其他一半劳动及星期二的全部劳动，都可以为国家或资本家的利益，游离出来了。"（第26页）"在地租，货币利息，或商业利润形态上支给资本家的利息，谁都不否认，是由他人的劳动中支出的。"（第23页）我们在这里，也见到了洛贝尔图的"租金"。所不同的，只是以"利息"一语，代替"租金"罢了。

马克思就此书所加的评语是（题为"经济学批判"的草稿第852页）："这个不为世人所知的小册子，系在'不可信赖的修鞋匠'麦克洛克开始为人称誉的当时刊行的，其中含有一个超过里嘉图的本质上的进步。该书，直接把剩余价值，或把里嘉图所谓利润（有时称为剩余生产物），或把该书著者所称的利息，称为剩余劳动，为劳动者无代价供给的劳动。这种劳动，是他代置劳动力，或生产工资等价所必要的劳动量以上的劳动。把价值还原为劳动是重要的，把剩余生产物所代表的剩余价值，还原为剩余劳动，同样是重要的。这事实其实早已由亚当·斯密叙述过，并且是里嘉图分析中一个主要的要素。不过，他们不论在何等场合，都不曾把它明白确示在绝对形态上。"在同上草稿第859页中，他更说："这位著者，不免为他所发现的经济学上的既成范畴所限制。里嘉图把利润和剩余价值混同了，致陷入不愉快的矛盾中，本书著者则因把剩余价值称为资本利息，以致陷入同样的矛盾中。固然，他首先把一切剩余价值，还原为剩余劳动，这是他优于里嘉图的一点。并且，他虽称剩余价值为资本利息，但同时他却极力主张：他所谓资本利息，是指剩余劳动的一般的形态，与剩余劳动的特殊的形态即地租，货币利息，商业利润等有别。不过，这些特殊形态之一的'利息'一语，又被他采用为一般形态的名称。因此，他又落到经济学的妄言（das ökonomische Kauderwelsch）中了。"这里"Kauderwelsch"，草稿中系用 slang

一辞。

这最后一句，用在洛贝尔图身上，是再恰当没有的。他也为他所发现的既成的经济范畴所限制。并且他对于剩余价值，也是应用它所转化的副形态之一的名称，——租金——使它成为极不确定的。惟其有这两种错误，他也不免落到经济学的妄言中了；他对于里嘉图纵有进步之处，但却不曾以批判的研究，求其更进一步；他宁是以自己未完成的学说，使它在未脱卵壳以前，成为一种乌托邦的基础，而这乌托邦在一切方面都嫌出生得过迟了。上面所说的小册子，系刊行于1821年。1842年洛贝尔图的"租金说"，已经完全被它提示出来了。

在19世纪20年代中，有许多文献在为无产阶级利益，而利用里嘉图的价值学说和剩余价值学说，以攻击资本主义生产，即利用资产阶级自身的武器，与资产阶级相搏斗。在那全部文献中，上述那本小册子，不过是最突出的前哨罢了。欧文的共产主义，当作一种经济学上的论争，也是以里嘉图为基础。当时，除欧文外，尚有其他许多著作者。其中，有一些，已由马克思，在1847年反对蒲鲁东的书（《哲学的贫困》第49页）中引用过，例如爱德蒙兹（Edmonds），汤姆孙，荷治斯金等，以及其他许多等。我且从这些著作者的文献中，顺便选取汤姆孙的一部著作来说。他那部著作题名为《最有益于人类幸福之财富分配原理》（新版伦敦1850年）。该书系作于1822年，刊行于1824年。他曾用有力的语句说：不生产阶级所占的财富，通是由劳动者的生产物中扣除下来。他并表示："我们所谓社会所成就的不断的努力，是用诈欺或说服的方法，用威吓或强制的方法，使生产劳动者的劳动，仅能在他自己的生产物中，取得尽可能最小的部分。"（第28页）他问："劳动者为什么不许获有他的全部生产物？"（第32页）"资本家在地租或利润名义下，由生产劳动者强夺去的，是借口他们使用了他的土地或其他物品，而向他们要求的赔偿。……因为从事生产的无产劳动者，除了自己的生产能力以外，一无所有。他这种生产能力所由以实现的一切物材，通是属于他人的。后者的利害关系，与他的利害关系相对立。取得对立者的同意，乃是他的活动的一个预备条件；在这种情形下，劳动者究应由他自己的劳动果实中，取得如何的部分，作为他劳动的赔偿，那要取决于并且必须取决于资本家的好意。（第125页）……那种扣除，是与被扣留的生产物——不论是名为赋税，为利润，抑为贼赃—的大小为比例（第126页）。"

我承认：我写这些话，不免觉得有点面红。19世纪20年代和30年代英国的反资本主义文献，尽管马克思已在《哲学的贫困》中直接提到了，并且其中如上述1821年的小册子，如莱文斯登（Ravenstone），荷治斯金的著作，已在《资本论》第一卷中屡屡引用过了，但关于这些文献，德意志却还是完全不知道。这种事实，我们纵然用不着怎样重视，但却可以证明，在今日，官式的经济学已经堕落到怎样的深，因为拼命牵着洛贝尔图上衣的下摆，而"实则毫无所学的"庸俗经济学者不必说，甚至那般"自炫博学"的正式大学教授，也竟把古典经济学忘记到这个地步，以至把那些甚至可在亚当·斯密、里嘉图著述中见到的见解，硬说是马克思由洛贝尔图剽窃得来的。

然则马克思关于剩余价值，究有何等新的发挥呢？为什么，马克思以前的一切社会主义者前辈（洛贝尔图也包含在内）的学说，都没有留下何等影响，而同时马克思的剩余价值学说，则如晴天闪电一样地，震烁于一切文明国家呢？

我们可依据化学的历史，来予以例解。

迟至18世纪之末，燃素学说还支配着化学界。根据那种学说，在燃烧过程中，有某种假设的绝对的可燃物质，从燃烧体分离，那物质即所谓燃素（Phlogiston）。这种学说，诚不免有牵强附会之处，但已够说明当时所知道的大多数化学现象了。可是，在 1774 年，普利斯提勒（Priestley）发现一种气体，那气体"这样纯粹，这样不含燃素，普通空气和它比较起来，都显得不纯的"。他称此气体为无燃素气体（Dephlogistisierte Luft）。此后不久，瑞典的希勒（Scheele）也发现这种气体，并论证它存在于大气中。此外，他更发现这种气体，当物在它内部或在普通空气中燃烧时，就消灭的。由是，他称此气体为火气体（Feuerluft）。"他由这种事实，达出以次的结论，即燃素与空气成分之一相结合时（即燃烧时）所生的化合现象，不外是通过玻璃遁去的火或热"①。

普利斯提勒和希勒已经分出氧气了，但不知道他们所发现的是什么。他们"局限在他们眼前的燃素范畴中"。本来可以颠覆全部燃素观念，并使化学革命化的元素，没有在他们手中，结下何等果实，便消亡了。不过，普利斯提勒不久就把他的发现，传给巴黎的拉瓦节（Lavoisier）；拉瓦节更依据这新的事实，考究整个燃素化学，而达出以次的发现，即前述的新气体，是一种新的化学元素；在燃烧的时候，并不是那神秘的燃素，从燃烧体分离，却宁是这种新元素与燃烧体化合。由是，在燃素形态下倒立着的整个化学，才渐渐正立起来了。照拉瓦节后来主张，他与其他两位学者，是同时地，并独立地，发现氧气。这虽非事实，但与其他两位学者比较起来，他究不失为氧气的真正发现者，因为其他两位始终不知道自己所发现的是什么，不过分出了氧气罢了。

在剩余价值学说上，马克思对其先驱学者们的关系，正和拉

---

① 洛斯科-希尔勒马（Roscoe-Schorlemmer）著：《详细化学教科书》布洛希韦格 1877 年第 1 卷第 13、18 页。

瓦节对普利斯提勒及希勒的关系一样。我们今日呼为剩余价值的那部分生产物价值的存在，早在马克思以前，就确定了的。这个价值部分，由占有者不支付任何等价的劳动生产物构成这事实，也同样已经有了多少明确的叙述。但到这里，经济学者们就止步了。其中有些如像古典的资产阶级的经济学者，至多不过研究了劳动生产物在劳动者与生产手段所有者间分配的分量比例。同时，其他学者即社会主义者流，则认定这种分配不公平，并求诉于乌托邦的手段，冀图把这种不公平废除。他们都局限在他们当前的经济范畴中。

在这里，马克思出现了。他所采的立场，和所有的先驱者直接相反。他们认为已经解决的地方，在他看来，不过是一个问题。他知道：在这场合所要讨论的，不是无燃素气体，不是火气体，而是氧气。他知道，在这场合成为问题的，不仅是确立一种经济上的事实，也不是指出这种事实与"永远的正义和真正的道德"之间的冲突，而是解释一种事实，这事实，对于全部经济学，具有革命的使命，并对于整个资本主义生产，提供一个理解的键，给那些知道怎样使用那种键的人去使用。他根据这种事实，来分析他所遇见的一切经济范畴。这和拉瓦节以氧气为基础，来分析他所遇见的燃素化学上的诸种范畴，正好一样。要理解什么是剩余价值，他须知道什么是价值。因此，马克思首先就不得不对里嘉图的价值学说，加以批判。他更分析劳动，研究其构成价值的性质，他最先确定怎样的劳动构成价值，为什么构成价值，并怎样构成价值。他表明：价值不外就是这种凝结的劳动。这一点，洛贝尔图是到最后还不曾理解的。马克思在这样分析价值之后，更进而探究商品与货币的关系；并论证，商品及商品交换，是怎样并且为什么会由它的内在的价值性质，必至于产出商品与货币的对立。他以此为基础所建立的货币学说，乃是对这个问题阐析无遗的最初的货币学说。到今日，这个学说已经不知不觉地，为一般所采用了。他分析货币的资本化，且论证这种转化，是以劳动力的买卖为基础。在这场合，他以具有价值创造性的劳动力代替劳动，由是把那招致里嘉图学派崩溃的难关之一，一下就解决了，那个难关是：资本与劳动的相互交换，和劳动决定价值的里嘉图法则无法调和。不变资本与可变资本的区别，也是由马克思确定的，正因为他确立了这两者间的区别，他才能把现实上剩余价值的形成过程，详加分析和阐明。他这种业绩，他的任何先驱者都没有做到。那就是说：他在资本本身的内部，找到了一种区别；这个区别，在洛贝尔图或资产阶级经济学者，都不知道怎样处理才好。但这个区别，对于极复杂的经济学上诸问题，却可提供一个解决的要键，这事实，由这里刊行的第二卷固可证明，但由第三卷，尤可证明。此外，他更进而分析剩余价值本身，发现了它的两个形态，即绝对剩余价值和相对剩余价值；他指示这两种剩余价值，在资本主义生产的历史发展上，演了相异的，然而都是决定的作用。他在剩余价值的基础上，展开了第一个合理的工资学说，他又是第一次，为资本主义的蓄积史和资本主义蓄积的历史倾向，提出一个概述。

洛贝尔图却怎样呢？他读到以上一切论点之后，发现——像倾向经济学者（Tendenz ökonom）一样发现——那是"对于社会的侵害"关于剩余价值由何产生的问题，他主张，他自己已有比较简单明了的叙述。他最后并表示：马克思的理论，虽然适用于"今日的资本形态"，换言之，适用于历史上存在的资本，但不能适用于"资本概念"，换言之，不能适用于洛贝尔图君的乌托邦的资本观念。他和一直坚持燃素，而对于氧气不要有所知的老普利斯提勒，如出一辙。不过，其间究有一不同之点，普利斯提勒实际是氧气的最初发现者，但洛贝尔图的剩余价值或他的"租金"，却不过是一件平常事的再度发现而已。马克思却与拉瓦节两样，他并未主张剩余价值存在这个事实是由他最初发现的。

洛贝尔图在经济学别的方面的成就，也可作如是观。他把剩余价值造成一种乌托邦，这在马克思的《哲学的贫困》中，已经无意地批评到了。而关于这一点更可说及的其他事项，我已经在该书的德文译本序言中论到了。洛贝尔图由劳动者阶级消费不足来说明商业恐慌的学说，在他以前，已由西斯蒙第在其所著《新经济学原理》（第四篇第四章）中述及了[1]。不过，西斯蒙第关于这个问题，常注意于世界市场，而洛贝尔图的眼界，则未越出普鲁士的范围。工资是出于资本抑是出于所得呢，他关于这个问题的思考，纯属于烦琐哲学的领域，那将由这里刊行的第二卷的第三篇，予以终局的解决。由此看来，只有租金说，是他的专有财产。这种学说，在马克思批评它的草稿刊行以前，还可以安眠一下。最后，他还有一个提案，主张旧普鲁士的土地所有权，应由资本的压迫下解放出来，但可惜这提案，又彻头彻尾是乌托邦的。因为关于这方面应当解决的唯一现实问题不过是：旧普鲁士的土地贵族，以每年 20,000 马克的收入，作 30,000 马克的开支，怎样能不负债？但对于这个问题，他是回避着的。

在 1830 年代，里嘉图学派为剩余价值的难关所挫折了。这个学派所解决不了的问题，其后继者即庸俗经济学当更不能解决。使里嘉图学派受到挫折的，有以下两点：

（一）劳动为价值的尺度。但在活的劳动与资本相交换时，这活的劳动，和对象化的劳动（它就是和这种劳动交换的），比较起来，是价值较小的。一定量活劳动的价值即工资，和同量活

---

[1] "由是，财富累积在少数占有者手中的结果，国内市场愈益狭隘，产业愈不得不要求开拓国外市场，但那里是有更大的革命（即随后描述的 1817 年的恐慌）等待着"。（《新经济学原理》1819 年版第 I 卷第 336 页）

劳动所生产的或代表同一量活劳动的生产物价值相比较，常常是更小的。这个问题，以这样的方式提出来，当然是无法解决的。马克思曾妥当地提出这个问题，并予以解决了。他以为，具有价值的，不是劳动。劳动是创造价值的活动，它本身没有特殊的价值，正和重没有特殊的重量，热没有特殊的温度，电没有特殊的电流强度一样。作为商品买卖的，不是劳动，而是劳动力。劳动力一成为商品，其价值，也取决于这种当作一种社会生产物的商品里面体化着的劳动，其价值，也等于这种商品生产和再生产上必要的社会的劳动。因此，劳动力依据这种价值买卖，并不与经济上的价值法则相矛盾。

（二）根据里嘉图的价值法则，如有两个资本，使用等量的劳动，且对那等量的劳动，给付等额的代价，则在其他情形不变的限度内，它们就会在同一时间，产生相同的价值生产物，产生等额的剩余价值或利润。但若使用不等量的活的劳动，则不能由此等资本，产生等额的剩余价值，或（如里嘉图派所说）等额的利润。然按诸实际，则适得其反。即等额的各资本，不论其所使用的活的劳动多少，事实上总会在同一时间内，产生等额的平均利润。在这里，又和价值法则相矛盾了。里嘉图自己已经认识这种矛盾。但他的学派，没有解决这种矛盾的力量。洛贝尔图也不能不承认这种矛盾的，但他不去解决它，却把它作为他的乌托邦的起点（见《国家经济现状论》第131页）。马克思在他标题为"经济学批判"的草稿中，已经把这种矛盾解决了。根据《资本论》的计划，这解决，将发表于第三卷。第三卷的付印，还要几个月工夫，认洛贝尔图为马克思的秘密源泉，为马克思的较优秀先驱者的经济学家们，在这里，有一个机会，论证洛贝尔图的经济学，能在此等问题上面，成就一些什么了。如果他们能够说明，均等的平均的利润率怎样能从并且必须从价值法则确立，而不与其抵触，我是很愿意同他们作进一步的讨论的。但盼望他们赶快一点。这第二卷的光辉的论究，以及这种论究在几乎没有先人踏过的领域内所得到的全新的结论，不过是第三卷的内容的预告罢了。在第三卷，马克思对于那立脚在资本主义制度上的社会再生产过程的分析，展开了最终的结论了。到第三卷刊行的时候，所谓洛贝尔图经济学者云云，是不必提起了。

马克思屡次告诉我，《资本论》第二卷第三卷，是要献给他的夫人的。

恩格斯 1885 年 5 月 5 日（马克思的生日，于伦敦）

这里刊行的第二版，大体是第一版的复制。那不过把第一版误排的地方订正了，若干文体上疏忽的地方修改了，若干重复的短句删除了。

第三卷虽有完全没有料想到的困难，但此刻已大体把原稿整理好了。假若我的身体继续保持康健状态，今年秋是一定可以付印的。

恩格斯

1893 年 7 月 15 日于伦敦

目 录

第二篇

资本之周转

第一篇

资本的形态
变化及其循环

第一章

货币资本的循环

资本的循环过程①，通过三个阶段而进行；根据第一卷的说明，此等阶段，形成以次之序列。

第一阶段——资本家以购买者的资格，出现于商品市场和劳动市场。他的货币，转化为商品。那就是通过 G-W 的流通阶段。

第二阶段——资本家以购进的商品，从事生产的消费，他以资本主义的商品生产者的资格活动；他的资本，通过生产过程，其结果，产生一种商品。这商品的价值，较大于诸生产要素的价值。

第三阶段——资本家又以售卖者的资格，回到市场。他的商品转化为货币。那就是通过 W-G 的流通阶段。

由是，货币资本的循环公式，就是下面这样：

$$G-W\cdots\cdots P\cdots\cdots W'-G'$$

这些虚线，是表示流通过程的中断。而 W' 与 G'，则表示已由剩余价值增大的 W 与 G。

在第一卷，我们关于第一阶段第三阶段，在它们为理解第二

---

① 以下采自第二稿。

阶段（即理解资本生产过程）所必要的范围以内，才加以讨论。因此，资本在各不同阶段所采取的不同诸形态，资本在反复循环当中时而保存时而放弃的不同诸形态，在第一卷，皆未论到。我们现在，却是以这些形态为研究的对象。

为要纯粹地理解这些形态，我们首先必须把那些与形态变化和形态构成无何等直接关系的一切要素撇开，所以，我们这里不但假定商品是依照价值售卖，且假定那种售卖，是在同一不变的情形下进行。换言之，即把循环过程中可以发生的价值变动，置诸不问。

I 第一阶段 G-W[①]

G-W 表示一个货币额，交换为一个商品额。购买者把他的货币转化为商品，售卖者把他的商品转化为货币。使一般商品流通的这个过程，同时在个别资本的独立循环上成为机能上确定的一节的，与其说是这个过程的形态，不如说是它的物质的内容，换言之，不如说是那和货币换位的商品之特殊的使用性质。这种商品，一方面是生产手段，另一方面是劳动力。那就是商品生产之人的因素和物的因素。这种因素，当然要具有与所产物品种类相适应的特性。如其以 A 表示劳动力，以 Pm 表示生产手段，则

购买的商品额 $W = A + Pm$。简言之，就是 $W \genfrac{}{}{0pt}{}{A}{Pm}$ 。所以，从其

内容来观察，G-W 就表现为 $G-W \genfrac{}{}{0pt}{}{A}{Pm}$ 的形式。换言之，即 G-

W，包含有 G-A 与 G-Pm 也即货币额 G，分割为两部分，即购

---

① 采自 1878 年 7 月 2 日着手的第Ⅶ原稿。

买劳动力的部分和购买生产手段的部分。这两种购买，属于完全不同的两个市场，其一是行于严格的商品市场，其二是行于劳动市场。

不过，$G-W \Big\langle {}^{A}_{Pm}$，除表示与 G 交换的商品额有这种质的分割外，还代表着一种极有特征的量的关系。

我们知道，劳动力的价值或价格，就是以工资的形式，当作一个包含剩余劳动的劳动量的价格，支给予劳动力所有者的，支给予那些把劳动力当作商品出卖的劳动者。比如，劳动力的日价值，如等于 3 马克，等于 5 小时劳动生产物，则此 3 马克货币额，就在劳动力买者卖者间的契约上，表现为 10 小时（比方这样说）劳动的价格或工资。如果这种契约，是和 50 个劳动者缔结的，他们每天对于购买者，就一共须提供 500 劳动小时。这 500 劳动小时的二分之一，即 250 劳动小时，或 25 个 10 小时的劳动日，不外代表剩余价值。购进的生产手段的数量与范围，必须充分够使用这个劳动量。

因此，$G-W \Big\langle {}^{A}_{Pm}$ 这个公式，不仅表示一定额货币（比如说 422 镑），换取相应的生产手段与劳动力之质的关系，并还表示这个货币额用在劳动力 A 上的部分和用在生产手段 Pm 上的部分之间的量的关系。这种量的关系，自始就取决于一定数劳动者所支出的剩余劳动量。

假如某一纺绩业者对于 50 个劳动者，每周支给工资 50 镑，他就必须为生产手段费去 372 镑，如果由一周 3,000 小时劳动（其中有 1,500 小时劳动为剩余劳动）转化为棉纱的生产手段，即有 372 镑的价值。

至若在相异诸产业部门，究须为使用追加劳动，而在生产手段的形态上，支出多少追加价值的问题，在这里，是全无关系的。我们所重视的，只是以次的事实：费在生产手段上的那部分货币——在 G-Pm 中购买的生产手段——在一切情形下，皆须有充分的适当的比例。即，生产手段量，必须够吸收那使它转化为生产品的劳动量。如其生产手段不够，购买者对于他所支配的剩余劳动，将无从利用，且不能作何处分。在另一方面，如其生产手段量，大于可供使用的劳动量，则此生产手段因不能有充分的劳动供它吸收，也不得转化为生产品。

$$G-W \begin{cases} A \\ Pm \end{cases}$$ 过程一经完成时，购买者所支配的，将不仅是他生产有用物品所必要的生产手段和劳动力。他还支配着一个较大于代置劳动力价值所必要的实现了的劳动力，那就是，支配着一个较大的劳动量；同时，他更支配着使这个劳动量实现或对象化所必要的生产手段。那就是，他所支配的，是价值较大于诸生产因素的物品（即包含有剩余价值在内的商品量）的生产因素。这时候，他在货币形态上垫出的价值，已经采取一种现物形态了，在此现物形态中，那种（在商品形态上）产生剩余价值的价值，才能实现。换言之，他所垫出的价值，是存于那种具有创造价值和剩余价值机能的生产资本（Produktive Kapital）的形态中，我们且称这种形态中的资本为 P。

那么，P 的价值，等于 A+ Pm 的价值，与交换 A 与 Pm 的 G 相等了。G 与 P 是同一的资本价值，但其存在方法不同。即，前者是货币状态或货币形态上的资本价值，或货币资本（Geldkapital）。

因此，$$G-W \begin{cases} A \\ Pm \end{cases}$$ 过或更一般的形态 G-W，或诸商品购买的总计，或一般商品流通上的这一个过程，被看作是资本独立循环中的一个阶段，便同时是资本价值由货币形态到生产形态的转化了。简言之，同时是货币资本的生产资本化。在我们这里所讨论的循环形态当中，货币显示为资本价值的第一个担当者；从而，货币资本显现为资本所由以垫出的形态。

当作货币资本，它能尽货币的机能。就现在的情形来说，它的机能，是一般购买手段与一般支付手段的机能。（支付手段的机能，是对于劳动力而言的，因为劳动力是先购买，但要在使用过后，再行支付。生产手段如不能在市场上现成购得，而必须定购，则在 G-Pm 上的货币，也同样是当作支付手段。）货币所以具有这些机能，不是由于货币资本为资本的事实，而是由于货币资本为货币的事实。

在另一方面，货币状态下的资本价值，也只能担任货币的机能。这种货币机能之所以成为资本机能，不外因其在资本运动上，扮演了一定的角色。不外因为这种机能成就的阶段，与货币资本循环的其他诸阶段有相互关系。以我们现在所讨论的为例来说。货币在这里，是用来交换商品，这当中的结合，形成了生产资本的现物形态，但也已经潜伏的，在可能性上，包含着资本主义生产过程的结果。

在 $G-W \begin{cases} A \\ Pm \end{cases}$ 过程上担任货币资本机能的货币的一部分，在这种流通过程中，尽着一种失去资本性质而保存货币性质的机能。货币资本 G 的流通，分割为 G-Pm 与 G-A，即分割为生产手段的购买和劳动力的购买。现在让我们考察一下后一种过程的本身。G-A 是由资本家方面看到的劳动力的购买。同时从劳动力所有者的劳动者方面来说，也算是劳动力——因我们已假定工资形态的存在，故也可说是劳动——的售卖。从购买者观点所见的 G-W 即 G-A，在这种场合，正如在各种购买的场合一样，从售卖者（劳动者）的观点看，便是 A-G 即 W-G，是劳动力由劳动者出卖。这是商品的第一个流通阶段，或第一个形态变化（第一卷第三章 Ⅱ A）。在劳动力出卖者看来，那是他的商品转化成为货币形态。劳动者把他由此获得的货币，次第在可满足欲望的若干商品的购买上，即在消费资料的购买上，支出。由是，他的商品的总流通，乃表现为 A-G-W 的方式；即第一采取 A-G 或 W-G 的方式，第二采取 G-W 的方式，成为单纯商品流通的一般形态 W-G-W。货币在这场合，仅表现为一个迅即消失的流通手段，为商品对商品交换的单纯的媒介者。

G-A 是货币资本转化为生产资本的特征的阶段。以货币形态垫出的价值如要实际转化为资本，转化为生产剩余价值的价值，便须以这个阶段为本质的要素。G-Pm 所以必要，不过因为要实现依 G-A 过程购进的劳动量。G-A 这个过程，在本书第一卷第二篇"货币资本化"的题目下，已经从这种见地讨论过了。在这里，我们更须从其他见地，特别是就它和货币资本（当作资本的现象形态）的关系来考察。

G-A 被视为资本主义生产方法的一般的特征。这原因，并非因为劳动力的购买，有一种购买契约，规定应供给的劳动量，须大于劳动力价格或工资收回所必要的程度，并非因为那种购买契约，规定应供给剩余劳动，虽然这种剩余劳动是垫支价值资本化或剩余价值生产的根本条件。那宁可说是因为它的形态，因为劳动就是在工资形态上用货币购买的。这正是货币经济的显著特征。

不过在这里，我们视为特征的，并不是"货币"形态的不合理之点。我们宁可把那些不合理之点，存而不论。那些不合理之点，是存于以次的事实中，即当作价值创造要素的劳动本身，并没有何等价值，从而，一定量劳动，也没有何等可以表现在价格（即它和一定量货币的等价关系）上的价值。但我们知道，劳动工资不过是一个变装的形态。在这个形态上，劳动力一日的价格，会表现为这劳动力在一日中所实现的劳动的价格。因此，这种劳动力在 6 小时劳动内生产的价值，被表现为劳动力在 12 小时内所发生的机能或劳动的价值。

G—A 是所谓货币经济的特征或印记。因为在这场合，劳动表现为它的所有者的商品，而货币则表现为购买者。换言之，因为有这种货币关系（即人类活动的卖买）。不过，在 G 没有转化为货币资本，在一般经济制度没有在性质上发生变动以前，货币早已表现为所谓劳务（Dienste）的购买者了。

从货币的见地看来，货币究转化为何种商品，是一点关系没有的。货币是一切商品的一般等价形态。一切商品，都已由它们的价格，表示它们在观念上是代表一定额的货币，并且表示它们准备与货币交换。在它们没有和货币交换以前，它们对于所有者，不会采取使用价值的形态。劳动力一旦成为它的所有者的商品而出现于市场，或为劳动的代价（即工资）而出卖，则其买卖，与其他商品的买卖比较起来，并没有何等使人惊异的地方。其特殊的特征，不在劳动力这种商品能够买卖，而在劳动力竟表现为一种商品的事实。

在生产之物的因素和人的因素，均由商品形成的限度内，资本家是依 G—W $\Big\langle\begin{array}{c}A\\Pm\end{array}$ （即货币资本的生产资本化），来成就这两种因素的结合。假如货币最初要转化为生产资本，或者它对于它的所有者，最初要尽货币资本的功能，那在它购买劳动力以前，定然要先购买劳动建筑物，机械之类的生产手段。因为，劳动力一受他支配，就须有生产手段，使他能够把劳动力当作劳动力来利用。

以上是由资本家的观点说的。

从劳动者方面来说，那就是像下面这样。他的劳动力要在生产上应用，是必须先卖出，而与生产手段相结合，才有可能。在出卖以前，劳动力和生产手段，和它所依以实现的对象条件，是分离存在的。在这种分离状态中，它既不能直接为它的所有者从事使用价值的生产，又不能为他从事商品（他的生活，就由这种商品的售卖来维持的）的生产。但劳动力一旦出卖，而与生产手段相结合，它马上就与生产手段一样，变成它的购买者的生产资本的一部分了。

在 G-A 的阶段上，货币所有者与劳动力所有者，仅仅以购买者和售卖者资格发生相互关系，而以货币所有者对商品所有者的资格互相对立着。所以，就这方面说，他们相互的关系，无非是一种货币关系。但同时购买者又表现为生产手段的所有者，生产手段却是劳动力所有者所以能生产地支出他的劳动力的对象条件。那就是，这种生产手段，是当作他人的所有，而与劳动力的所有者相对立。在另一方面，劳动的出卖者，就当作他人的劳动力，而与购买者对立。并且，这种劳动力要实际变为生产资本，一定要先归购买者支配，一定要先和他的资本相合体。所以，资本家对工资劳动者的阶级关系，在他们在 G-A（由劳动者方面说，则为 A-G）行动上互相对立的那时候，就已经成立了，已经被假定了。这种关系，诚然是买卖关系，是货币关系，但在这种买卖中，购买者是资本家，售卖者是工资劳动者。并且，这种买卖关系，是起因于以下的事实：即，劳动力实现所必要的条件——生活资料与生产手段——都当作他人的所有，而与劳动力的所有者分离。

我们在这里，且不必论及这种分离所由以形成的原因。G-A 行动开始时，这种分离就已经存在了。我们所注意的，是 G-A 成为货币资本的一种机能，货币在这里成为资本的存在形态，并不仅因为货币在这里，是当作一种有用的人类活动或劳务的支付手段，也不是因为货币有充作支付手段的机能。货币能以这种形态支出，仅因劳动力自身与其生产手段（包括生活资料，那是劳动力的生产手段）分离了。因为这种分离，只能因劳动力出卖于生产手段所有者这一件事，得到克服，所以劳动力的实现——其限界，决不与劳动力本身的价格在再生产上必要的劳动量的限界相一致——也是属于购买者方面的事情。生产过程中的资本关系所以发生，仅因为它已经在不同的经济根本条件下，已经在流通过程内（在流通过程内，买者与卖者互相对立），换言之，已经在他们的阶级关系内，存在着。这种关系，不是由货币的性质所造成，而宁可说是有了这种关系存在，所以单纯的货币机能，得转化为资本机能。

在货币资本（在有关我们这里讨论的特殊机能的范围内）的理解上，通常伴有两种相互平行或彼此交叉的错误。第一，资本价值以货币资本资格所尽的机能，能在货币资本形态上尽的机能，普通以为是由于资本价值的资本性质。其实这是错误。那种机能的形成，仅由于资本价值的货币形态。第二，在反对方面，又有人以为，使货币机能同时成为资本机能的特殊性质，是导因于货币的性质（由此，货币与资本就被混为一谈了）。实则在这场合，货币机能的特殊性质，系以 G-A 行为的社会关系为前提条件。这些条件，决不存在于单纯的商品流通和单纯的货币流通中。

奴隶的买卖，在形式上，也是商品的买卖。但奴隶制度如不存在，货币即无从尽这种机能。要奴隶制度存在，货币方才可以在奴隶的购买上支出。反之，货币存在购买者手中的事实，决不够使奴隶制度成为可能的。

本人劳动力的出卖（在出卖本人劳动或工资的形态上）所以

不会表现成为孤立的现象，而表现为商品生产的社会的前提条件；货币资本所以能以社会的规模，成就我们在这里讨究的 $G\text{-}W\genfrac{}{}{0pt}{}{A}{Pm}$ 机能——那是以若干历史的过程为前提；因有这种前提，生产手段与劳动力的本来的结合，遂归于分解了。这些历史过程的结果，使那些以无产者资格出现的多数人民即劳动者，与拥有生产手段的非劳动者相对立。至于劳动力与生产手段在分离以前的结合，究是劳动者自身隶属于生产手段，而成为生产手段一部分，还是他们是生产手段的所有者，那是和我们这里论及的问题，无何等影响的。

潜存在 $G\text{-}W\genfrac{}{}{0pt}{}{A}{Pm}$ 行为中的事实，是分配。但这所谓分配，不是指普通意义上的分配，即消费资料的分配，而是指生产诸要素本身的分配。在那些要素中，对象的要素累积在一面，劳动力是孤立在另一面。

因此，要 $G\text{-}A$ 的行为，变为一般的社会的行为，生产手段即生产资本之对象部分，必须已经当作资本，而与劳动者相对立。

我们已经讲过，资本主义生产一度确立，在其发展中，它不仅会再生产前述的那种分离，且会把那种分离的范围，益益扩大，以至成为一般的支配的社会状态。不过，关于这个问题，还有另一个方面。为要使资本成立并支配生产，商业必须已经发展到一定的阶段，商品流通和商品生产也须已经发展到一定的阶段。因为不论何种物品，如非以出卖为目的，从而，以商品资格生产出来，它就不能在商品形态上，加入流通。但商品生产成为标准的支配的生产方法，必须立在资本主义生产的基础上。

自所谓农民解放以来，俄罗斯的地主，都迫而以工资劳动者，代替农奴式的强制劳动，来经营农业，结局，他们常为以次两件事体，鸣不平。第一，他们诉说货币资本缺乏。比如，他们说，在收获登场出卖以前，须有大宗货币额，支给工资劳动者，但这个最要紧的条件，现金，就是他们手上缺乏的。即，在资本主义生产进行以前，常须有可用以支付工资的货币形态上的资本。但对于这点，地主们是用不着焦急的。到了相当的时候，产业资本家将不仅支配他自己的货币，且会支配别人的货币。

他们鸣不平的第二件事体，还更有其特征。据他们所说，货币即使不感到匮乏，用货币去购买的劳动力，却并不是随时都能得到充分供给的。因为俄国在村落共同体制度下施行土地共有的结果，农村劳动者尚不会十分由他们的生产手段分离，从而，严格的"自由工资劳动者"，是还没有存在。但这种"自由工资劳动者"的存在，对于货币转化为商品（即货币资本转化为生产资本）的 G-W 过程，是必定不可缺少的条件。

自然，必须在资本主义生产已经发展的基础上，$G-W\cdots P\cdots W'-G'$ 的公式，即货币资本的循环的公式，才是资本循环的自明的形态。因为这个公式，是以社会那样大的工资劳动者阶级的存在为前提。我们已讲过，资本主义生产，不仅生产商品和剩余价值，并且在益益把规模增大的方法上，再生产工资劳动者阶级，并使异常多数的直接生产者，转化为工资劳动者。惟其 $G-W\cdots P\cdots W'-G'$ 过程实现的第一个条件，是一个工资劳动者阶级的经常的存在，所以，这个公式的前提，是资本已经在生产资本的形态上，并且已经有生产资本的循环。

Ⅱ 第二阶段 生产资本的机能

这里所考察的资本循环，是以 G-W 这个流通行为（即货币

转化为商品，那就是购买）开始的。因此，这个流通，必须以相反的形态变化 W-G（即商品货币化，或售卖）来补充。不过 G-

$$W \Big\langle {\,}^{A}_{Pm}$$ 的直接结果，是货币形态上垫支的资本价值的流通中断，

由于货币资本转化为生产资本，资本价值已采取一种现物形态；在此形态中，它已不能继续流通，而必须加入消费的领域，那就是加入生产的消费领域。劳动力的使用或劳动，只能实现于劳动过程中。劳动者不是资本家的奴隶，资本家不能再把劳动者当作商品贩卖。资本家由劳动者所购买的，只是在一定时间内劳动力的利用权。在另一方面，资本家所以能够利用那种劳动力，不过因为他让劳动力，把生产手段，当作商品形成的要素来利用。所以，第一阶段的终结，便是第二阶段（即资本的生产阶段）的开始。

这种运动，是以 $G-W \Big\langle {\,}^{A}_{Pm} \cdots P$ 的公式来代表。在此公式中，虚线是表示资本流通的中断。不过，资本流通虽然中断，但因资本已由商品流通领域移到生产领域，故其循环过程依旧继续。因此，货币资本化为生产资本的阶段即第一阶段，不过是第二阶段（即生产资本的机能）的先驱和前导。

$G-W \Big\langle {\,}^{A}_{Pm}$ 是以下面的事实为前提：成就这个行为的个人，

不仅支配某种使用价值形态的价值，且在货币形态上，所有这种价值，为货币的所有者。但这种行为，正好是由货币的支付构成。所以，一个人如要保留货币所有者的资格，则在交付货币的行为中，已包含货币流回的条件。而货币的流回，又只有经过商品的售卖。所以这种行为，假定货币所有者即是商品生产者。

现在让我们来考察 G-A。工资劳动者是单靠出卖劳动力而生活的。这种劳动力的保存，即劳动者的自己生存，天天需要消费。所以，他的给付，必须在极短时期内不断反复的。因为要这样，他才能反复 A-G-W 或 W-G-W 的行动，才能购买自己生存所必要的物品。惟其如此，所以资本家必须以货币资本家的资格，与工资劳动者对立；他的资本，必须以货币资本的资格出现。在另一方面，工资劳动者即直接生产者大众，如要成就 A-G-W 的行为，他们所必要的生活资料，也必须以能被购买的形态，以商品的形态，不绝与他们对立。这种状态，是假定生产物的商品资格的流通范围，即商品生产的范围，已经有很高的发展程度。依工资劳动者进行的生产，一旦达到普遍程度，商品生产一定会成为生产的一般形态。这种生产形态的一般化，以社会分工的不绝增进（即各种资本家当作商品生产的生产品益益特殊化，相互补充的诸生产过程益益分裂而独立）为条件。G-A 发展，G-Pm 以相应比例发展，那就是，生产手段的生产，以同一的比例，和用那种生产手段生产的商品，相分离。由是，生产手段也以商品的资格，与商品生产者自身，立于对立的状态中了。这种生产手段，不复是他生产的，但他会在一定的生产过程中，购买此等生产手段，此等生产手段，系生产于完全和他的生产部门相分离并且独立经营的生产部门内，并以商品的资格，加入他的生产部门，所以，那是必须购买的。商品生产的物的条件，益益当作别个商品生产者的生产物，当作商品，和他相对立。资本家也须以相应的程度，以货币资本家的资格出现，他的资本，也益益要以货币资本的资格，来发生机能。

另一方面，为资本主义生产出根本条件——工资劳动者阶级的存在——的事情也要求一切商品生产，过渡为资本主义的商品生产。随着资本主义的商品生产的发展。那些主要以个人自己直接需用为目的，而单把多余生产物转为商品的旧生产形态，乃不免蒙到解体的影响。资本主义的生产，系以生产物的售卖为主要动机，那在开始的时候，似乎对于生产方法本身，无何等影响。例如，像中国、印度、阿拉伯一类国家由资本主义世界贸易所受到的最初影响，都是如此，但在资本主义世界贸易立稳足跟的地方，则以生产者自己劳动为基础的商品生产形态，和仅把多余生产物当作商品出卖的商品生产形态，都将遭受破坏。它起初是使商品生产普遍化，然后逐渐把一切商品生产化为资本主义的商品生产①。

生产不论采取何种社会形态，劳动者与生产手段常为其因素。但这两种生产因素的任一方面，都只能在可能性上分离开来。它们必须互相结合，才能有所生产。社会结构上各种不同的经济时代，就是凭这种结合所由以成就的特殊方式，来区别的。就我们此刻所考察的情形而论，则以自由劳动者与其生产手段分离为出发点。此两者在资本家手中结合的方法与条件，那就是当作资本家的资本之生产的存在方式，我们已经考察过了。所以，现实的过程即生产过程（这样分离着的人的商品形成要素和物的商品形成要素，会连带着加入这种过程的），就成了资本的一种机能了，成了资本主义的生产过程了。关于这种过程的性质，本书第一卷已详加分析过。商品生产的每一种经营，同时皆成为劳动力的榨取过程。但只有资本主义的商品生产，会变成一个划时代的榨取方法。只有资本主义的商品生产，会在这种商品生产的历史的发展中，依劳动过程的组织与技术的可惊的进展，而把社会的经济机构全部，引起革命，并在不可比拟的程度上，凌驾在过去一切时代之上。

① 以上采自第Ⅶ稿。以下采自第Ⅵ稿。

生产手段与劳动力两者，在它们表现为垫支资本价值的存在形态的限度内，因为它们在生产过程中，在价值形成上，从而，在剩余价值的生产上担当不同的任务，所以被区分为不变资本与可变资本。又因为它们是生产资本的不同部分，所以进一步，由以次的事实而互相区别。即，就生产手段而论，在它为资本家所有物的限度内，即令在生产过程以外，仍为资本家的资本。若以劳动力而论，它就只有存于这种生产过程之内，始得为一个个别资本的存在形态。劳动力只有在它的出卖者即工资劳动者手中，才是一种商品；同时更只有在它的购买者手中，即在暂时使用它的资本家手中，才是资本。生产手段之成为生产资本的对象部分或生产资本，只有在劳动力（当作资本之人的存在形态）已经与生产手段结为一体的时候，可以谈到。正如同人类劳动力本来不是资本一样，生产手段本来也不是资本。生产手段要在一定的历史发展的条件下，才具有这种特殊的社会性质，那正如贵金属必须在一定的历史发展的条件下，才带有货币性质，货币才带有货币资本的性质。

生产资本在发生机能的当中，它会消费掉它自己的构成要素，俾能转化为一个价值更大的生产物量。劳动力仅不过当作生产资本的一个器官而行动。所以，由剩余劳动生产的超过生产资本诸形成要素价值的剩余价值，也不外是资本的果实。劳动力的剩余价值，是资本的无给劳动，它为资本家形成剩余价值，即形成无须资本家支出任何等价的价值。惟其如此，生产物就不但是一种商品，且是一种包孕剩余价值的商品了。这种商品的价值，等于 P+M，即等于生产上消费掉的生产资本价值 P，加上用这个生产资本造出的剩余价值 M。假定用 10,000 磅纱来代表这一宗商品，在这宗商品生产上所消费的，为值 372 镑的生产手段和值50 镑的劳动力。纺绩工人在纺绩过程中，把值 372 镑的因他们劳动而消费掉的生产手段，转化为纱，同时并适应着他们的劳动支出，形成一个 128 镑的新价值。由是 10,000 磅纱，就是一个 500 镑的价值的担当者了。

Ⅲ 第三阶段 W′－G′

商品，当作直接由生产过程出来的已经把价值增殖的资本价值之机能的存在形态，便成为商品资本（Warenkapital）。假若商品的生产，是以全社会为范围，而进行资本主义的经营，则一切商品，无论是生铁，是布鲁塞的花边，是硫酸或是烟草，都自始就是商品资本的要素。至若什么种类的商品在性质上被列为资本，什么种类的商品被列为普通商品的问题，不过是烦琐经济学者自己造出来的苦难之一端罢了。

资本在它的商品形态上，必须尽商品机能。构成商品资本的诸物品，自始就是为售卖而生产，且必须化为货币，必须通过 W－G 运动。

现在假定资本家的商品，为 10,000 磅棉纱。如消费在纺绩过程中的生产手段的价值为 372 镑，而造出的新价值为 128 镑，则这种纱有 500 镑的价值，那表现在同名称的价格上。这种价格，系依售卖（即 W－G 的行为）而实现。然则，使商品流通的这个单纯过程，同时成为一种资本机能的，是什么呢？并非在这单纯流通过程内部，发生何等变化。生产物的使用性质不变，因为它是当作使用对象，转到购买者手中；其价值也无改变，因为这种价值不曾有任何量的变换，所变换的，不过是形态，它在先以纱的形态存在，现在以货币的形态存在。在第一阶段 G－W①

① 译者注：原版为 W－G，据马恩研究院版改正。但马恩研究院最后阶段 W′－G′
   也误印为 W－G。

与最后阶段 W′–G′ 之间，存有一种本质的区别。在第一阶段，垫支的货币，因将由流通而转化为有特殊使用价值的商品，故具有货币资本的机能。但在最后阶段，商品必须在它们流通开始以前，已经由生产过程内部具备有这种资本性质，方才成为资本。在纺绩过程中，纺绩工人以纱的形式造出 28 镑的价值。比如，其中 50 镑，在资本家看来，仅是他对劳动力垫支的工资的等价，78 镑（在劳动力的榨取程度为 156% 时），形成剩余价值。因此，10,000 磅纱的价值，第一，包含有消费掉的生产资本 P 的价值。其中不变资本 372 镑，可变资本 50 镑，合计 422 镑，等于 8440 磅纱。这样，这种生产资本 P 的价值，等于生产资本构成诸要素的价值 W。此等构成诸要素在 G–W 阶段中，是当作在贩卖者手中的商品，与资本家对立的。第二，那 10,000 磅纱的价值还包含有 78 镑（等于纱 1560 磅）的剩余价值。因此，10,000 磅纱的价值表现 W，乃等于 W + ΔW（或 W 及其加额 78 镑之和），这种加额，因为与原价值 W 采取同一的商品形态，我们命它为 w。所以，10,000 磅纱的价值 = 500 镑，= W + w = W′。使 W（10,000 磅纱的价值表现）变为 W′ 的，不是它的 500 镑的绝对价值量，因为这种绝对价值量，和其他一切的 W（某种别的商品量的价值表现），是由各该商品量中包含的劳动量决定。所以，使 W 变为 W′ 的，宁可说是它的相对的价值量，即它和消费在生产上的资本 P 的价值相比较的价值量。这种价值，等于在其内保存着的价值，加由生产资本造出来的剩余价值。它的价值，较大于超过于这个资本价值，其超过部分，就是剩余价值 w。10,000 磅纱，为附加有这种剩余价值的已经增殖了的资本价值之担当者。而它所以具有这种担当者的资格，无非因为它是资本主义生产过程的生产物。W′ 表现一种价值关系，商品生产物价值与在生产上支出了的资本价值的关系；换言之，表示了它的价值是由资本价值与剩余价值合成的。10,000磅纱是商品资本W′，仅因为它是生产资本P的一个转化形态；并且因为在这种关系上，这种关系原来只是存在于个别资本的循环中，对资本家而言，它会用他的资本，生产纱出来。10,000磅纱当作价值担当者所以会成为商品资本，说起来，并不是一种外部的关系，而仅是内部的关系。纱这种商品所带上的资本的捺印，并不是存于它的价值的绝对量中，而是存于它的价值的相对量中，那就是，存于它的价值对它转化为商品以前的生产资本的价值之比例中。因此，如其这10,000磅纱，以500镑的价值出卖，这个流通行为，就其自体考察＝W-G，不过是同一价值由商品形态化为货币形态的转化。但这种行为，若当作个别资本循环上一个特殊的阶段，便是商品所负担的资本价值422镑与剩余价值78镑之总和之实现，从而是W′-G′，即商品资本由其商品形态化为货币形态的转化①。

现在W′的机能，乃一切商品生产物共通的机能。那就是转化为货币，是被贩卖，是通过W-G流通阶段。在已经把价值增殖的资本，仍保留商品资本形态，而留在市场的限度内，生产过程是停止着的。那既没有价值创造者的作用，也没有生产物创造者的作用。随资本舍去商品形态采取货币形态的速度的不同，换言之，随售卖速度的不同，同一资本价值所担当的生产物创造者或价值创造者的任务，会发生种种差异，因而也会以种种不同的程度，把再生产的规模扩大或缩小。一定量资本的效用程度，照我们在第一卷讲过的，是由生产过程的各种能素决定，而这诸种能素在某种程度内，是与其自身的价值量相独立的。在这里，我们又知道，流通过程，曾为资本的效用程度，为资本的伸张或收

_____

① 以上采自第 VI 稿，以下采自第 V 稿。

缩，推动一些新的和资本价值量无关的能素。

商品量 W′ 当作价值已经增殖的资本的担当者，必更进而以其全范围，通过 W′-G′ 的变形。在这里，售卖品的分量，乃本质的决定条件。各别商品，这时不过表现为总量的不可缺的成分。500 镑的价值，存在 10,000 磅纱里面。假若资本家只能售去 7,440 磅，获得 372 镑的价值，则他收回的，只是不变资本的价值，只是已经支出的生产手段的价值。如果他售去 8440 镑，他也只能收回全部资本的价值，为要实现若干剩余价值，他必须再多卖一些；设要实现全部剩余价值 78 镑（＝纱 1560 磅），他势必要把 10,000 磅纱全部售掉。资本家在所获得的 500 镑货币中，仅获得了他所卖商品的等价。他在流通过程内部的交易，是单纯的 W-G。如其他须支付劳动者 64 镑，而不是 50 镑，他的剩余价值就仅有 64 镑，而没有 78 镑，从而，劳动力榨取的程度，就不过 100%，而非 156%，但他的纱的价值仍旧不变，不过其构成部分间的比例有变化罢了。W-G 这种流通行为，依然表示以 500 镑的价值，售卖 10,000 磅纱。

W′ = W + w（＝422 镑 +78 镑）。W 等于生产资本 P 的价值；这价值，又等于 G-W 行为（即诸生产要素的购买）上垫支的价值；依照上例，即 422 镑，假若商品量是依照价值售卖，则 W = 422 镑，以 1,560 磅纱代表的剩余生产物的价值 w = 78 镑。如其我们把表现为货币的 w 称为 g，则 W′-G′ 就 =（W+w）-（G+g），而扩大形态上的 G-W…p…W-G′ 循环，也表示为 G-

$$W \left\langle \begin{array}{l} A \\ Pm \end{array} \right. \cdots p \cdots (W+w) - (G+g).$$

在第一阶段上，资本家是由严格的商品市场与劳动市场，获得其使用物品。在第三阶段上，他只是把商品投回在一个市场上，即严格的商品市场上。但是，他借着商品，由市场取得了较大于他最初投入市场的价值了，这个情形，不外是因为他投入市场的商品价值，较大于他最初由市场取出的价值。他投入市场的价值 G，由市场取出等价 W。他投入 W+w，也由市场取出等价 G + g。——就我们的例说，G 等于 8,440 磅纱的价值。但他在市场投入了 10,000 磅纱，所以投回市场的价值，比他从市场取出的价值更大。而在他方面，他得以这种增大的价值投入市场，仅因为以次的事实：即，他在生产过程内，已由劳动力的榨取，生产了剩余价值（当作生产物的可除部分，便表示为剩余生产物）。商品量，就是依着这个过程，成为商品资本，成为已经把价值增殖的资本价值的担当者的。垫支资本价值与剩余价值的实现，通是依着 W′-G′ 的行为。在 W′-G′ 行为上，这两方面的实现，可以是商品总量分为数次售卖，可以是一次售卖；但这同一的流通行为 W′-G′，会在以次的意味上，对于资本价值与剩余价值，发生差异。这就是，这种行为，对于资本价值和剩余价值，会在它们的流通上，表现相异的阶段，并会在它们在流通内部通过的变形序列中，表现相异的段落。剩余价值 w，是最初形成于生产过程内部，它以商品形态出现于商品市场，也是最初一次；这就是它最初的流通形态。所以 w-G 的行为，是它的最初的流通行为，或它的最初的形态变化。这种形态变化，也须由反对的流通行为即相反的形态变化 G-w 来补充的①。

可是资本价值 W 在同一流通行为 W′-G′ 上实行的流通，却不是这样。这种流通行为，对资本价值而言，就是流通行为 W-G。在此行为中，W=P，即等于原来垫支的货币 G。资本价值以 G 的形态，即以货币资本的形态，开始它的最初的流通行为，并

---

① 无论我们怎样分离资本价值与剩余价值，终归是这样的，10,000 磅纱含有 1,560 磅纱（=78 镑）的剩余价值，一磅纱（=1 先令），同样含有 2.496 盎司（=1.872 便士）的剩余价值。

依 W-G 行为，复归于同一形态。换言之，资本价值通过了两个对立的流通阶段，即（1）G-W 与（2）W-G，并重复回到可以重新开始同一循环过程的形态。剩余价值第一次的由商品形态到货币形态的转化，在资本价值方面看来，却是本来货币形态的复归，本来货币形态的再转化。

依着 G-W $\langle$ $_{Pm}^{A}$ 行为，货币资本转换为等价的商品量 A 及 Pm，此等商品，至是，已不复再以商品的资格售卖品的资格，发生机能。其价值，是以生产资本 p 的价值的资格，存在于购买者即资本家手中。在 p 的机能中即生产的消费中，此等商品，被转化为与生产手段实体相异的商品，即转化为纱，其价值不仅照样保存，并还增大了，由 422 镑，增加至 500 镑了。依着这种现实的形态变化，在 G-W 第一阶段上由市场取去的诸商品，就由那在实体上在价值上都不同于它自身的商品，代置了。此种商品，现在是以商品的资格发生机能，必须转化为货币，必须售卖的。所以，生产过程好像不过是资本价值的流通过程的中断，因为在这里，资本价值还只通过第一阶段 G-W，直到 W 已经在实体上价值上有了变化以后，它才通过第二阶段即最终阶段 W-G。但是，就资本价值自身考察起来，它不过在生产过程上，有了使用形态的变化。它原来是 A 和 Pm 形态上的 422 镑的价值，现在，却是价值 422 镑的 8,440 磅棉纱了。如果我们不考察剩余价值，而仅考察资本价值的流通过程的两个阶段，它就通过 G-W 与 W-G 的两个阶段，在那里，第二阶段的 W，对于第一阶段的 W，虽有不同的使用价值，其交换价值则一样。因此，G-W-G 是要求在货币形态上垫支的价值，复归到它的货币形态，复转化为货币。这个流通形态，包含商品两次方向相反的换位，即先由货币转换为商品，再由商品转换为货币。

同一流通行为 W′-G′，对于在货币形态上垫支的资本价值，是第二的最后的形态变化，即复返到货币形态，但对于同时体现在商品资本中，由商品资本交换货币而实现的剩余价值，却是第一形态变化，即由商品形态转为货币形态 W-G，最初的流通阶段。

因此，我们有两点要注意。第一，资本价值复转化为原来货币形态的最后转化，是商品资本的机能；第二，这种机能，包含着剩余价值由其原商品形态移向货币形态的最初转变。所以，在这场合，货币形态担当了两重任务。在一方面，它是原来在货币形态上垫支的价值的复归形态，那就是转归到过程开始时的价值形态。在另一方面，它是一个原来在商品形态上加入流通过程的价值的最初转化形态。假若构成商品资本的诸商品，是像我们所假定那样，依照价值售卖，则 W + w 会转化为等价的 G + g。实现了的商品资本，这时乃以 G + g（422 镑 + 78 镑 = 500 镑）的形态，存在于资本家手中。至是，资本价值与剩余价值，都是在货币形态上，即在一般等价形态上存在了。

在过程的终末，资本价值再采取它加入过程当时的形态，故能以货币资本的资格，重新开始同一的过程。正因为这种过程的开始形态与终结形态，为货币资本的形态 G，所以我们称这个循环过程为货币资本的循环。会在结局上发生变化的，不是垫支价值的形态，仅是垫支价值的量。

G + g 是一定的货币额，依照我们的例，是 500 镑的货币额。但当作资本循环的结果，当作已经实现的商品资本，这一定的货币额，包含有资本价值与剩余价值。这两种价值，不复像体现在纱中那时候一样持有有机的关联，而是相并的存在着。它们的实现，使它们两者，各皆取得独立的货币形态。上述货币额之 $\frac{211}{250}$

系代表 422 镑的资本价值；而其中 $\dfrac{39}{250}$，则是代表 78 镑的剩余价值。商品资本实现所引起的资本价值与剩余价值的分离，不仅有我们下述的形式上的意义。并且，g 究是全部，是一部，抑是全不加入到 G 里面去，换言之，前者是否再当作垫支资本的价值成分而发生机能，在资本的再生产过程上，也是重要的。g 与 G 两者，也能通过完全相异的流通。

在 G′ 上面，资本已经回复到它原来的形态 G，即它的货币形态。不过，它是在这个形态上，在这个形态上，它是当作资本实现的。

第一，这里有了分量上的差异。资本 G 原为 422 镑，现在 G′ 则为 500 镑。这个差异，表现在 G…G′ 上，那是在分量上有别的循环的二极，它们的运动，只由虚线表示的。G′ > G，G′－G＝M 即剩余价值。——不过，当作 G…G′ 循环的结果，现在还存在的，只有 G′。G′ 是形成过程终结所得的生产物，G′ 到这时是独立存在，而与促使它发生的运动分离。在这种运动完结时，G′ 便在它的位置上出现了。

由 G ＋ g 形成的 G′（照前例，是由 422 镑垫支资本，加 78 镑的加额形成的 500 镑），同时又表现着一种质的关系。但这种质的关系，不过当作一定货币额的部分与部分间的比例，当作一种量的关系的存在。垫支的资本 G，现在又回到其原来形态（422 镑），当作已经实现的资本而存在了。它不仅保存自己，且还当作资本而实现自己。它也就是用这个资格，和 g（78 镑）相区别，这个，是当作它的儿子，当作它的果实，当作它所生出的增加部分，来和它发生关系的。就因为 G 是产生较多价值的一种价值，所以会当作资本来实现。G′ 是当作一种资本关系，存在着。G 早已不复表现为单纯的货币，而显然立于货币资本的地位，表现为一个会把价值增殖的价值，它有自行增殖的特性。它会创造比它原有价值为大的价值，G 所以是资本，就因为它和 G′ 的其他部分（那是由 G 引起的以 G 为原因为基础的结果）的关系。因此，G′显示为一种表现资本关系的价值量了。这种价值量，是会区分为在机能上相异的诸部分的。

但这里所表现的，仅为结果，它并没有表示促使这个结果产生的媒介的过程。

价值的这诸部分，没有质的差别，除非把它们看作是相异诸物品的价值，看作是相异诸具体物的价值，看作是相异诸使用形态的价值，从而，看作是相异诸商品体的价值。不过像这样的差别，并不是由单纯的价值部分发生的。因为货币是一切商品的共通的等价形态，所以，商品间的一切差别，都会在货币上，归于消灭。500 镑的货币额，是由相等的一镑一镑的要素所形成。因为，在这个货币额的单纯的存在上，500 镑所由来的媒介过程是消灭了，相异诸资本部分在生产过程上所有的一切特殊的差异，都消灭了，一切的痕迹都消灭了。这里存在的差别，仅仅存在原本（即 422 镑垫支资本）与 78 镑剩余价值额的概念形态上。假定 G′ = 110 镑，其中 100 镑为原本 G，10 镑为剩余价值 M。这 110 镑的两个构成部分，是绝对同质的，是概念上无区别的。无论那 10 镑是垫支原本 100 镑的 $\frac{1}{10}$，还是这个原本以上的 10 镑超过额，它总归是 10 镑，是 110 镑总额的 $\frac{1}{11}$。所以，这个原本与增殖额（资本与剩余价值），都可表现为总额的分数部分。照前例说，$\frac{10}{11}$ 形成原本或资本，$\frac{1}{11}$ 形成剩余额。所以，在过程终结，实现了的资本，在它的货币表现上所显示的，乃是资本关系的无概念的表现。

固然，这对于 W′（＝W+w）同样适用。但有这样一种区别，就 W′（在其内，W 与 w 是同质商品量的比例的价值部分）会指示出它的起源 P（它就是 P 的直接生产物），但在 G′（一个直接由流通生出的形态），则与 P 的直接关系，消灭了。

在 G′ 表现 G…G′ 运动之结果的限度内，包含在 G′ 中的原本与增殖额间的无概念的（begriffslose）区别，只要它不是当作已经把价值增殖的产业资本的货币表现，固定着，而是积极地再以货币资本的资格发生机能，就会归于消灭。货币资本的循环，决不能由 G′（纵然 G′ 现在是当作 G 来发生机能）开始，而只能由 G 开始；换言之，决不能以资本关系的表现开始，而必须以资本价值的垫支形态开始。当这 500 镑为图重新把价值增殖，而再度当作资本垫支的时候，它早已不成其为复归点，而是出发点了。这时所垫支的资本，不是 422 镑，而是 500 镑。其货币较前为多，其资本价值较前为大，但它那两成分间的关系却消灭了。好像原来就是用 500 镑的金额，不是用 422 镑，当作资本。

把自身表现为 G′ 形态，并不是货币资本的能动的机能，那宁可说是 W′ 的一种机能，哪怕就在单纯的商品流通（1）W_1-G（2）G-W_2 上面罢，G 也仅在第二行为 G-W_2 中，才具有能动的机能。它表现为 G，那不过是第一行为的结果；依着这种行为，它才成为 W_1 的转化形态。包含在 G′ 里面的资本关系，即它所由构成的资本价值部分与价值增殖部分间的关系，要在 G…G′ 无间断的反复中，G′ 自行分割为两个流通的限度内，方才具有机能上的意义。那两个流通之一是资本的流通，其他是剩余价值的流通。在这种场合，这两部分所成就的，不仅是量上相异的机能，且为质上相异的机能，或 G 异于 g 的机能。但就其自体观察，G…G′ 的形态，并不包含资本家的消费。而仅包含增殖与蓄积，如果后一种机能，自始就表现为不断重新垫支的货币资本之周期的增殖。

$G' = G + g$ 虽是资本的无概念的形态，同时却是已经实现的形态上的货币资本，是已经产出货币的货币，不过，这与货币资本在第一阶段 $G \cdots W \Big\langle {A \atop Pm}$ 上所担当的任务不同。在第一阶段，G 是以货币的资格流通。G 当作货币资本发生机能，仅因为它在货币状态下，始能尽货币的机能；仅因为它不能由其他方法，换得那些在商品形态上和它自己对立的 P 的要素，即 A 及 Pm。它在这种流通行为上，本仅具有货币机能，但因这种行为是过程中的资本价值的第一阶段，故借着它所购买的诸商品 A 和 Pm 的特殊使用形态，它又具有货币资本的机能。反之，包含资本价值 G 和由此造出的剩余价值 g 的 G'，却表现为价值增殖了的资本价值，为资本总循环过程的目的与结果，为那种总循环过程的机能。G' 所以会在货币形态上，把这个结果表现为实现了的货币资本，那不是起因于它是资本的货币形态，是"货币"资本，反之，乃起因于它是货币"资本"，是货币形态上的资本；资本就是在这个形态上把过程开始，就是在货币形态上垫支的。前面讲过，资本之复转化为货币形态，是商品资本 W' 的一种机能，而非货币资本的机能，但若就 G 和 G' 的差别来说，g 不过是 W 的增殖部分 w 的货币形态。G' 所以 $= G + g$，仅因为 $W' = W + w$。这种差别，及资本价值对其所生产的剩余价值的关系，在它两者转化为 G' 以前，即已在 W' 内部，存在着，表现着了。G' 是一个货币额，在这个货币额上，这两个价值部分好像是独立地对立着，从而可以使用在彼此独立的判然有别的机能之上。

G' 不外是 W' 的实现的结果。G' 与 W' 两者，是增殖了的资本价值的相异形态，其一是商品形态，其他是货币形态。二者具有这个共通点，那就是它们都是价值增殖了的资本价值。双方都是实现了的资本，因为资本价值在这场合是与它所生产的果实即剩余价值一道存在的，虽然这种关系，只表现在一个货币额或一个商品价值的两部分间的比例这样一个无概念的形态中。但当作资本的表现，并就资本对它所造出的剩余价值的区别，当作已经增殖的价值，G' 与 W' 是正好相同，并且也不过是在不同形态上，表现同一的事物。它们不是以一方为货币资本，一方为商品资本区别，而只是以一方为货币一方为商品来区别。现 G' 与 W' 表现那已经把价值增殖的价值，换言之，表现那当作资本用的资本的限度内，它们是只表现生产资本的机能的结果。资本价值只能在这个机能上，生产价值的。它们的共通点，是它们都是资本的存在方法——货币资本和商品资本。其一是货币形态上的资本，其他是商品形态上的资本。所以，区别两者的特异机能，不外就是货币机能与商品机能的区别。商品资本，是资本主义生产过程的直接产物，会指示它的资本主义的起源。从而，这种形态，比较货币资本，也更为合理，更不难理解。在货币资本中，资本主义生产过程的一切痕迹全归消灭了。就一般而论，商品一切的特殊的使用形态，都会在货币上消灭。G' 要把它的奇怪形态脱除，仅能在以次的场合：当它自身显示为商品资本的场合，当它显示为生产过程直接的生产物，而非那种生产物的转化形态的场合，那就是，在货币材料本身的生产的场合，例如，在金的生产上，其

公式将为 $G-W{<}{A \atop Pm}\cdots P \cdots G'$ $(G+g)$。在这场合，G' 将显示为一种商品生产物。因为 P 这时所提供的金额，比较当初在 G 形态（即货币资本）上，为金的各种生产要素，而垫支的金额更大。在这场合，$G \cdots G$ $('G+g)$ 这个表现的不合理之点，就消灭了。那个不合理之点，是：一定额货币的某一部分，表现为同额货币的其他部分的母体。

Ⅳ 总循环

我们讲过，在第一阶段 $G-W\!\!\begin{smallmatrix}A\\ \swarrow\\ Pm\end{smallmatrix}$ 之后，流通过程即为 P 所中断，那在市场购得的商品 A 及 Pm，就当作生产资本之物质的成分与价值的成分，而被消费。这种消费的结果，就是一种新商品 W'，其物质与价值，都变化了。中断的流通过程 $G-W$ 必须由 $W-G$ 来补足。在物质方面和价值方面都和 W 不同的商品 W'，便是这个第二的终结的流通阶段之担当者。所以流通的系列，开始显示为 $G-W_1$，其次显示为 W'_2-G'。在这第二阶段上，由于 P 的机能所引起的流通的中断，即由 W 诸要素（生产资本 P 的存在形态），生产出 W' 的生产过程，生出了一个和 W1 不同而有较大价值，和相异使用形态的 W'_2。反之，资本（第一卷第四章）出现在我们面前的第一现象形态 $G-W-G$（或分解为（1）$G-W_1$；（2）W_1-G'），却指示同一商品的二度出现。即，同一商品，在第一阶段由货币转化成，在第二阶段再转化为较多额的货币。但其间虽有这种本质的区别，但在第一阶段货币转化为商品，在第二阶段商品转化为货币的事实，却是这两个流通共有的特质。所以在第一阶段支出的货币，会在第二阶段复归来。即，两者共通的特质，是在一方面货币复归到它的起点，在另一方面，复归的货币，超过先前垫支的货币。在这限度内，公式 $G-W-W'-G$，好像是包含在一般的公式 $G-W-G'$ 中。

由此，我们可以进而达出以次的结论：同时存在的相等的价值存在（Wertexistenzen），在 $G-W$ 与 $W'-G'$ 所代表的流通的两个形态变化中，是立于互相反对的地位，并互相代置。价值的变化，仅发生于 P 的形态变化中，仅发生于生产过程中。所以，与流通之单纯形式上的形态变化比较起来，这种生产过程，显示为资本之现实的形态变化。

现在让我们来考察总运动 $G-W\cdots P\cdots W'-G'$ 或其更明晰的形态 $G-W\begin{smallmatrix}A\\\\Pm\end{smallmatrix}\cdots P\cdots W'$ $(W+w)-G'$ $(G+g)$。在这场合，资本表现为一个价值，它通过一系列相互关系相互限制的变化，一系列的形态变化，那就是通过那许多代表着总过程的阶段。在那些阶段中，有两个阶段是属于流通领域，有一个阶段是属于生产领域。在这每个阶段中，资本价值都有一种和它的特殊机能相适合的不同的形态。在这种运动内部，垫支的价值不单是保存，并还增大，把它的量增大了。最后，在终结的阶段，这种价值回复到总过程开始当时的形态。所以，这个总运动，是循环过程。

资本价值在它诸流通阶段内采取的两种形态，是货币资本形态与商品资本形态。它在生产阶段内采取的形态，是生产资本形态。而在总循环过程中，采取这各种形态，跟着又放弃这各种形态，以便成就各种特殊机能的资本，即是产业资本（industrielles Kapital）。这里所谓产业，包括一切在资本主义基础上经营的生产部门。

因此，货币资本，商品资本，生产资本，在这里，不是指独立的资本种类，也非指它们在各种独立分离的生产部门上的机能。在这里它所指示的，只是产业资本在这三者间依次采取的特殊的诸机能形态（Funktions-formen）。

资本的循环，在各相异阶段赓续不断的限度内，方得正常进行。假若资本暂时停在第一阶段 $G-W$，货币资本就会硬结为货币贮藏的形态；假若资本停滞在生产阶段，则生产手段失其机能，劳动力也无人使用；假若资本停滞在最后阶段 $W'-G'$，则滞销的商品，将滞积起来，遮断流通的流。

在另一方面，从事物的本性来说，资本的循环，包含一个条件：在循环各阶段上，资本会在一定时间内固定着。在每一阶段中，产业资本会被拘束在一定的形态中，或为货币资本，或为生产资本，或为商品资本。必须在已经实行和它当时形态相适应的机能以后，它方才会采取别个形态，俾能加入新的转变阶段。为要把这一点说明白，我们曾在我们的例中，假定，在生产阶段造出的商品量的资本价值，等于原来依货币形态垫支的价值总额；换言之，以货币形态垫支的全部资本价值，会由一阶段，移入其次的阶段。不变资本的一部分，例如机械那样的严格的劳动手段，常在同一生产过程的多少次数的反复中，不断重新地利用，因而它的价值，也仅断片地，转移到生产物上面。（第一卷第六章第146页以下）至若这事实，究会依何种程度，变化资本的循环过程，那要到后面再考察。现在只作以次的说明就行。依照我们的例，422镑的生产资本价值，只包含工厂建筑物机械等平均计算的磨损部分。换言之，它所包含的，只是这个价值部分，那会在10,600磅棉花转化为10,000磅纱当中，移转到一周60小时纺绩过程的生产物即纱上面的。从而，在372镑垫支的不变资本所转化成的生产手段中，劳动手段，建筑物，机械等，很可认为是以每星期支付租金的办法，在市场上租进来的。但这种事实，并不会引起问题的何等变化。关于购进的并且在一定年数内消费掉而转移到纱上面的劳动手段的全部价值，我们只须把一周生产的10,000磅纱的数量与那一定年数内所包含的周数，相乘即得。所以很明白，在垫支货币资本能够用作生产资本 P 以前，它显然要首先转化为生产手段，即须已经通过第一阶段 G—W。并且，照我们前例来说，又很明白，在生产过程中，体现在纱上面的422镑的资本价值总额，也要10,000磅纱已经完成之后，方能成为10,000磅纱的价值的一部分，方能加入 W′—G′ 流通阶段。纱要已经纺绩成功，才能出卖。

在一般的公式上，P 的生产物，被视为与生产资本诸要素相异的物质体，是一个和生产过程相离开的存在物，是一个和诸生产要素具有相异使用形态的对象物。生产过程的结果，常是采取物的形态；即使其中有一部分会当作生产要素再加入更新的生产过程，也是这样。例如，谷物虽然为了自己的生产，会当作种子使用；其最后的生产物，常是谷物；对那些连同谷种用在生产上的劳动力，器具，肥料一类要素，它常具有相异的形态。然也有些独立的产业部门，其生产过程的生产物，不是一种新的对象的生产物，不是一种商品。在此等产业部门中，于经济上重要的，只有交通产业（Kommunikationsindustrie），如以搭客载货为目的的严格的运输业，以及以传达书信电报为目的的通讯业皆是。

乍蒲洛夫（A. Tschuprow）[1] 关于这点说："制造业者会首先生产物品，然后寻求消费者。"（他的已经在生产过程完成的生产物，会当作一种和那种过程分离的商品，加入流通过程。）"因此，生产与消费乃在空间与时间上，显示为判然各别的两种行为。在不造出何等新生产物，仅搭客运货的运输业上，这两种行为却是同时并行的。运输业的劳务（场所的变更），必得在生产出来的同一瞬间被消费。所以，铁道能够求得顾客的范围，充其量，只限路线两侧五十俄里（五十三公里）之处。"

不论是搭客，还是载货，其结果那是场所变更，例如，把英国生产的纱，运往印度。

但运输业，这一种产业所售卖的，也就是这种场所变更（Ortsveranderung）。由此发生的效用，与运输过程，（即运输业的生产过程）不可分离地结合着。人与商品是藉着运输手段的移动

---

① 乍蒲洛夫著：《铁道经济》，1875 年莫斯科版第 69—70 页。

而移动；这种移动，这种场所变动，就是运输手段所引起的生产过程；惟有在这种生产过程的持续中，运输的效用能被消费。这种效用，不是当作一种离开这种过程的使用物，存在的。别样的使用物，必须在生产之后，方能当作商品来发生机能，来流通，但它不是如此。不过这种效用的交换价值的决定，却是和任何其他商品的交换价值的决定相同，也是取决于所消费的诸生产要素（劳动力与生产手段）的价值，加运输业劳动者的剩余劳动所造成的剩余价值。它对于消费的关系，也和其他一切商品对于消费的关系相同。假如那是由个人消费，其价值将同时在消费中消灭。假若它是供生产的消费，因而成为那运输中的商品的一个生产阶段，其价值就会当作追加价值，移转到商品本身上去。就因此故，运输业的公式为 $G-W \Big\langle {A \atop Pm} \cdots P-G'$。因为在运输业上所购买的，所消费的，是生产过程本身，不是可以和这个过程分离的生产物。运输业上的这种形态，大体和贵金属生产所采取的形态相同；所不同的，不过是在这场合，G′是代表生产过程持续中产生出来的效用的转化形态，而在贵金属方面，G′是代表在生产过程内获得并由生产过程解放出的金或银的自然形态。

在产业资本的形态上，资本的机能不仅是占有剩余价值或占有剩余生产物，并且是生产剩余价值或剩余生产物。但也只有在产业资本这个资本存在方法上，是这样。所以，产业资本，须以生产取得资本主义性质为条件。其存在包含资本家与工资劳动者的阶级对立。这种资本越是支配社会生产，劳动过程的技术与社会组织会越是变革，社会之经济的历史的类型，也会越是变革。在产业资本出现以前，尚有其他各种资本，已经在过去的或正在衰落中的社会生产状态下出现。现在，这其他各种资本，不仅须从属于产业资本，不仅须随产业资本而改变其机能的结构，且须运行于产业资本的基础之上，而与那种基础共生死存亡。在独立经营部门上发生机能，而与产业资本相并存在的货币资本与商品资本，不过是产业资本在流通领域内时而采取时而放弃的诸相异机能形态的存在方法；那种存在方法，是由社会的分工而独立化和偏面发展的。

在一方面，$G\cdots G'$ 的循环，与一般商品流通相交错。这种循环，发轫于一般商品流通，加入一般商品流通，而成为这种流通的一部分。在另一方面，对于个别的资本家，这种循环是他的资本价值的独立运动。这运动一部分发生于一般商品流通之内，一部分发生于一般商品流通之外，但时常保持着它的独立的性质。其所依据的理由，第一，发生于流通领域的两个阶段 $G-W$ 与 $W'-G'$，当作资本运动的阶段，具有机能上确定的性质；在 $G-W$ 上面，W 在物质方面是决定当作劳动力与生产手段；在 $W'-G'$ 上面，资本价值是连带剩余价值，得到实现。第二，是生产过程 P，包含着生产的消费。第三是货币复归到它的起点，使 $G\cdots G'$ 运动，成为一种以自身为归宿的循环运动。

因此，在一方面，各个别资本，通过 $G-W$，和 $W'-G'$ 两阶段，而成为一般商品流通的一个作用要素。这要素，当作货币或商品，与这流通相连结，并由是在商品界的一般变形序列中，成为一个肢体。在另一方面，它并在一般流通内部，通过它的独立的循环。在这循环中，生产领域成为一个经过阶段；在这循环中，它也在同一形态上，复归到它的起点。这循环包含着生产过程上的现实的形态变化。在这转变中，它会在它本身的循环之内，变更它的价值量。它并不单是当作货币价值，而是当作增大了的发育了的货币价值复归的。

最后，让我们把 $G-W\cdots P\cdots W'-G'$，当作资本循环过程的特殊形态来考察。这种形态，是和我们后面待分析的别种形态，并存着的。下列诸点，可以显示它的特征。

（1）这种循环，显示为货币资本的循环。因为在货币形态上的产业资本，当作货币资本看的产业资本，形成它的总过程的出发点与回归点。这种循环公式本身，表现了以次的事实：在这里，货币不是当作货币支出的，而是垫支的，所以只是资本的货币形态，只是货币资本。并且，这个公式还进一步表现了，资本运动的决定目的，不是使用价值，而是交换价值。正因为这种价值的货币形态，是可以捉摸的独立的现象形态，所以起点与终点都由现实货币形成的 $G\cdots G'$ 流通形态，也最明白地，表现了资本主义生产的驱使的动机，即赚钱的动机。生产过程，仅表现为赚钱上的一种不可少的中介，表现为一种必要的恶害。一切采行资本主义生产方法的国度，都在周期为一种诈欺——不经过生产过程而实行赚钱——所侵袭。

（2）在前述循环上，生产阶段即 P 的机能，表示为 $G-W\cdots W'-G'$ 两流通阶段的中断，而这两流通阶段，又仅表示为 $G-W-G'$ 单纯流通上的媒介。在循环过程的形态上，生产过程在形式上表现上，都表现得和在资本主义生产方法里面那样，即表现为垫支价值的单纯的价值增殖手段。从而，致富表现为生产的自目的。

（3）因为诸阶段的系列是由 $G-W$ 开始，所以流通的第二环节为 $W'-G'$。换言之，起点为待把价值增殖的货币资本 G，终点为价值已经增殖的货币资本 G' 即 $G+g$。在这里，G 是当作已经实现的资本，g 是它的结果。此点使 G 的循环，与 P 与 W' 的两循环，由两方面发生区别：在一方面，G 的循环的两极，皆为货币形态。货币是价值之独立的可捉摸的存在形态，是生产物在其独立价值形态上的价值，在这里，商品的使用价值的痕迹，都消灭了。在其他方面，$P\cdots P$ 公式，并不一定转化为 $P\cdots P'$（$P+p$）；

并且在 W′-W′ 形态上，不能在两极间看出价值的差异。——所以，G-G′ 公式的特征，从一方面说，就在这点：资本价值是它的起点，已经把价值增殖的资本价值是它的终点，结局，资本价值的垫支显示为整个操作的手段，已经把价值增殖的资本价值则显示为整个操作的目的。从另一方面说，这种关系是在货币形态（独立的价值形态）上表现着，故货币资本是产生货币的货币。由价值而生出剩余价值的生产，不仅表现为这种过程的开头（alpha）与终结（Omega），且明显地，表现在光辉的货币形态内。

（4）G′ 即已经实现的货币资本，当作 W′-G′（那是 G-W 补充的完结的形态）的结果，和第一循环开始当时的形态，是绝对相同的，所以，它能以增大了的（蓄积了的）货币资本的资格，或以等于 G+g 的 G′ 的资格，再开始同一的循环。至少在这循环的重复上，g 的流通会和 G 的流通相分离这个事实，是没有表现在 G-G′ 形式中的。设只就其一次形态来考察，则货币资本的循环，仅仅表现为价值增殖过程与蓄积过程。$G-W\begin{cases} A \\ Pm \end{cases}$ 公式所显示的消费，是生产的消费。惟有这种消费，包含在个别资本的上述循环中。但 G-A 就是劳动者方面的 A-G 或 W-G，所以就是促成劳动者个人消费的流通 A-G-W（此处 W 指生活资料）的第一阶段。第二阶段 G-W 不再加入个别资本的循环内，但那是由个别资本的循环所导出，并且以个别资本的循环为前提。因为劳动者要不绝在市场上，充作资本家榨取的材料，他最先就须得生存，须得依个人的消费，维持自身的生存。不过，这种消费，在这里，仅是资本能对劳动力实行生产的消费之先决条件。所以，在这里，我们考察它，仅因为劳动者须依他个人的消费，来保存并再生产他的劳动力。实则，加入资本循环的严格的商品 Pm，才是生产的消费之营养料。A-G 行为，只促成劳动者的个别消费，促使生活资料转化成他的肉和血。当然，资本家要成就他的资本家的机能，他也须得生存，须得生活与消费。为了这种目的，他实际也是像劳动者一样消费。所以，在流通过程的这种形态上，不必再假定别的什么。并且，这一点也没有在公式上面表示出来；因为上面所说的公式，是由 G′，这样一个结果完结的，这个 G′，马上可以当作增大了的货币资本，再发生机能的。

在 W′-G′ 公式上，直接包含 W′ 的售卖。但一方面的 W′-G′ 即售卖，即是另一方面的 G-W 即购买。在最后的分析上，商品的购买，单是以它的使用价值为目的。所购商品依其不同的性质，有的可充生产的消费，有的可充个人的消费，但把中间的售卖暂置不论，结局都不外加入消费的过程。但这种消费，并不加入以 W′ 为生产物的个别资本的循环内。这种生产物也会当作待卖的商品，而由流通内部排出。这个 W′ 显然注定要给他人消费的。就因此故，我们且注意若干重商主义（这个主义系以 G-W…P…W′-G′ 公式为基础）代辩者的以次的哓舌教言罢！他们主张：个个资本家，必须仅以劳动者的资格消费；资本家国家，必须把他们的商品的消费，乃至一切消费过程，委于比较愚钝的国家，他们则竭其毕生之力，专门从事于生产的消费。这些教言，在形式上，在内容上，都往往使我们想起教会神父们类似的禁欲的诫条。

* * *

因此，资本的循环过程，为流通与生产的合一，包含有二者在内。在 G-W 与 W′-G′ 两阶段为流通过程的限度内，资本的流通，为一般的商品流通的部分。但当它们在资本循环（那不仅包含流通领域，且包含生产领域）内，当作机能上确定的阶段和段落的限度内，资本就在一般的商品流通内部，实行它自己的循环。一般的商品流通，在第一阶段上，是使资本具有一种姿态，能够实行生产资本的机能；在第二阶段上，是消除那种使资本循环不能更新的商品形态①，同时，并使资本自己的循环，能与它所造出的剩余价值的流通分离。

由是，货币资本的循环，就是产业资本循环之最片面的，从而，最明确的最有特征的现象形态了。产业资本的目标与驱使动机——即价值的增殖，即货币的获取与蓄积——就由此毫无隐饰地呈露了（为贵卖而买）。第一阶段 G—W，还表明生产资本诸成分怎样从市场上出来，并且表明了资本主义生产方法要以流通，以商业为条件性。货币资本的循环，不仅是商品生产。这种循环自身，唯有仰赖商品流通始得成立，并以商品流通为其基础。这一点，只要看到，那属于流通的形态 G，代表垫支资本价值之最初的纯粹的形态，就可了然。但在流通其他两种循环形态上面，就不是这样了。

在这限度内，货币资本的循环，仍常为产业资本的一般的表现。因为这种循环，常含有垫支价值增殖的意味。在 P…P 公式上，资本的货币表现，仅表现为诸生产要素的价格，表现为用计算货币表示的价值，并以这种形态，记入账簿内。

只要新出现的资本，开始是以货币形态垫支，然后回复到同一形态，（不论那是由一营业部门移向其他营业部门，还就是由该营业部门收回的）该产业资本循环的特殊形态，都是 G…G′这种形态，包含那原来以货币形态垫支的剩余价值的资本机能。当剩余价值是在其生产来源以外的营业部门实行资本机能时，这种形态就会最适当地，表现出来的。G…G′可以是一个资本最初的

① 译者注：据马恩研究院版改正。原版误为"商品机能"。

循环；可以是它最终的循环，也可以看作是社会总资本的形态。它是新投下的资本的形态，不管这新投下的资本，是新在货币形态上蓄积的资本，还是因为要由一营业部门移向他营业部门才完全转化为货币的旧资本。

资本的一部分，即可变资本，是产生剩余价值的。资本这一个部分的循环，就常常是由货币资本——那是一切循环都包含着的形态—实行的。工资垫支的正常形态，即是用货币支付。因为劳动者的生活是从手到口的，所以这种过程，必须在短的时间距离内不绝更新。由是，就劳动者方面说，资本家，必须不断是货币资本家，他的资本，必须以货币资本的资格出现。并且，在这场合，不能像在生产手段的购买，或所产商品的售卖上面那样，实行直接的或间接的抵账办法。（在上述两个场合，货币资本的大部分，事实上是以商品的形态存在，货币仅以计算货币的形态存在，最后，仅在差额计算上使用现金。）在另一方面，由可变资本产出的剩余价值的一部分，会由资本家费在他私人的消费上。这是属于零卖商业范围内的。并且，这一部分剩余价值无论经过怎样的曲折，最后常是以现金支出，即在货币形态上支出。至若这一部分的剩余价值究有多少，那与问题的本身无关。可变资本往往会重新表现为投在工资上面的货币资本（G-A），g 则当作剩余价值，为资本家满足私人的欲望而支出的。所以，当作垫支的可变资本价值的 G 和当作它的增殖额的 g，都必然要在货币形态上保存，俾能在货币形态上支出。

公式 $G-W\cdots P\cdots W'-G'$ 及其结果 $G'=G+g$，在它们的形态内，包含一种欺瞒，带着一种欺瞒的性质；这种性质，乃起因于：垫支的价值和增殖了的价值，都存在它的等价形态上即货币形态上。上面这个公式的着重点，不在价值的增殖上面，而在于这个过程的货币形态；因为在流通中结局能在货币形态上取出的价值，会较大于它原来投下的价值。那就是，它的着重点，是在那属于资本家的金银量的增加。所谓货币主义（Monetörsystem），不过是这个无概念的公式 G—W—G′ 的表现。G—W—G′ 不过是专门发生在流通内部的一种运动罢了。从而，这两种行为（1）G—W（2）W—G′，也只能说明 W 在第二阶级是在价值以上出卖，由是，从流通中取去的货币，也较在购买时投在流通内的货币为多。反之，G—W…P…W′—G′，当作流通的唯一形态，就是更高度发展的重商主义（Merkantilsystem）的基础，因为在这个公式内，不但商品流通，商品生产也表现为必要的要素。

G—W…P…W′—G′ 形式，只要固定下来，不当作流动的不断更新的形态，换言之，只要它不被视为是循环诸形态的一个形态，而被视为是循环的唯一形态，它的幻惑的性质，以及和它相应的幻惑的意义，就会发生。但它本身就指示着其他诸形态。

第一，这种总循环，是以生产过程的资本主义的性质为前提，并且以这个生产过程及由这个生产过程规定的特殊社会状态为基础。$G-W = G-W \begin{cases} A \\ Pm \end{cases}$，但 G—A 假定工资劳动者，并假定生产手段为生产资本的一部分，并假定劳动过程与价值增殖过程，即生产过程，已经是资本的机能。

第二，假若 G…G′ 反复着，那货币形态的复归，就和第一阶段上的货币形态同样会立即消灭的。G—W 消失而让位于 P。不断在货币形态上的再垫支，与不断在货币形态上的复归，在一般的循环上，都不过显示为循环中的立即消灭的阶段。

第三，反覆的公式，采取下面的形态：

$$G—W…P…W′—G′. G—W…P…W′—G′. G—W…P…ete.$$

在循环第二度复演时，在 G 的第二次循环完成以前，P…

W'-G'. G-W…P 的循环已经出现了；并且，每次进一步的循环都可看为是采取 P…W'-W…P 的形态，所以第一循环的第一阶段 G-W，不过是生产资本的不绝反覆的循环之立即消灭的准备。最初以货币资本形态投下的产业资本，实际就是这样的。

在其他方面，在 P 的第二循环完成以前，第一循环，即表现在 W'-G'. G…W…P…W'（或简式 W'…W'）公式上的商品资本的循环，已经通过了。因此，第一形态，已经包含其他二形态；在货币形态不单是价值表现，并且是等价形态上即货币形态上的价值表现的限度内，货币形态是会消失的。

最后，如其我们考察的是第一次通过 G-W…P… W'-G'的新资本，G-W 就是准备的阶段，就是这个资本所通过的最初的生产过程的准备。所以这个 G-W 阶段，不是前提，宁可说是由生产过程设定的，限定的。不过，这种事实，只适用于个别资本。不论何时，只要我们假定资本主义生产方法存在，并假定依那种生产方法规定的社会状况存在时，产业资本循环的一般形态，总是货币资本的循环。因此，资本主义生产过程是当作一个先决条件而被假定的。虽然就新投下的在货币资本最初循环内的产业资本说不是这样，但除此之外，我们就尽可以这样说的。这种生产过程的不断的存在，假定 P…P 循环的不断的更新；哪怕在第一阶段 G-$W \Big\langle \begin{smallmatrix} A \\ Pm \end{smallmatrix}$ ，也显出这种基本条件。因为那在一方面既假定工资劳动阶级的存在，而在另一方面，生产手段购买者所见的 G-W，即是生产手段售卖者所见的 W'-G'所以，W' 的存在，已经假定商品资本的存在，假定商品是资本主义生产的结果，并以生产资本的机能为前提。

第二章

生产资本的循环

生产资本的循环，具有 $P\cdots W'-G'-W\cdots P$ 这个总公式。这公式指示生产资本之周期的更新的机能，换言之，指示与价值增殖过程有关的再生产或当作再生产过程看的生产过程。那不但指生产，并且指剩余价值的周期的再生产。那是产业资本在生产形态上的机能，但这种机能，不是一次的，而是周期反覆着的，所以终点会成为再开始的点。W' 可以有一部分，直接以生产手段的资格，再加入商品所由产出的同一劳动过程中（产业资本的投资部门，就有时有这种情形）。但由此，不过商品价值转化为现实货币或货币记号的转化被省去了，不过商品仅能由计算货币取得独立的表现罢了。这个价值部分，将不加入流通内部。那就是，不加入流通过程的价值，会加入生产过程。被资本家当作剩余生产物而在自然形态上消费掉的 W' 的一部分，也是这样。但对于资本主义的生产，这是没有多大关系的。至多，那不过在农业方面，值得注意。

在这形态上，有两件显而易见的事实。

第一，在第一形态 $G\cdots G'$ 上面，P 的机能即生产过程，会把货币资本的流通阻断，而只在 $G-W$ 和 $W'-G'$ 两阶段间，当作一个媒介；在这场合，产业资本的总流通过程，产业资本在流通领域的总运动，不过是诸生产资本间的一个中断，从而是诸生产资本间的媒介，这种生产资本，当作最初的极端，是把循环开始，当作最后的极端，是在相同的形态，从而在循环再开始形态上，把循环结束。真正的流通，仅显示为周期更新的并由这种更新而继续不断的再生产之媒介。

第二，总流通所取的形态，与流通在货币资本循环上所采取的形态相反。把价值的决定抛开不讲，则在货币资本的循环上，它的形态是 G-W-G（G-W，W-G）；同样把价值的决定抛开不讲，在生产资本的场合，便是 W-G-W（W-G，G-W）。这就是单纯商品流通的形态。

I 单纯再生产

首先让我们考察 W′-G′-W 过程。这过程是在 P⋯P 二极之间，进行于流通领域之内的。

这种流通的起点，为商品资本 W′ = W+w = P+w。商品资本的机能 W′-G′（这种机能，是把那包含在 W′中，现在当作商品 W 的成分存在着的资本价值 P 实现，并把那包含在 W′中，现在当作同一商品量的成分存在着，并具有 w 价值的剩余价值实现），已经在循环的第一形态内考察过了。但在那里，上述的机能，是形成中断了的流通之第二阶段，和全循环之终结阶段。在这里，它形成循环的第二阶段，和流通的第一阶段。第一循环，以 G′而终；并且因为 G′与原来的 G 同样得以货币资本的资格，重新开始第二循环，所以包含在 G′中的 G 与 g（剩余价值）究竟是一同继续进行，抑是各别进行，那暂时没有研究的必要。要到我们进一步论究第一循环的更新那时候，这种研究方才是必要的。但若我们是考察生产资本的循环，这个问题却是必须确定的。因为生产资本第一循环的决定，就依存于这一点，并且因为在生产资本上的场合，W′-G′是显示为必须由 G-W 补充的第一流通阶段。上述的公式，究是代表单纯再生产，还是代表规模扩大的再生产，那要看这种决定来定的。循环的性质，会随这种决定而变更。

现在，让我们先就生产资本的单纯再生产来考察。一切情形，皆照第一章所假定，并假定商品是依照价值买卖的。在这诸假定下，全部剩余价值，都是供资本家个人的消费的。当商品资本 W′转化为货币时，代表资本价值的那一部分货币，会继续流入产业资本的循环内部；别一部分，即已经镀金的剩余价值，则加入一般的商品流通中。这种流通，虽然也是从资本家出发的货币流通，但却是发生在他个人的资本的流通之外。

依照我们的例假定有 10,000 磅纱的商品资本 W′，价值 500磅。其中，422 磅代表生产资本的价值，它当作 8,440 磅纱的货币形态，继续那以 W′开始的资本流通。而当作 1,560 磅纱的货币形态的 78 磅，即剩余价值，即商品生产物的剩余部分，则脱出这种流通，而在一般商品流通之内，踏上一个分离的轨道。

$$W' \begin{cases} W \\ + \\ w \end{cases} \!\!\cdots\!\cdots \}\!-G' \begin{cases} G \\ + \\ g \end{cases} \!\!\begin{matrix} -W \!\!< \!\!\begin{matrix} A \\ Pm \end{matrix} \\ \\ -w \end{matrix}$$

G-w 所表示的，是一系列以货币为媒介的购买。资本家或把这个货币用在真正的商品上，或把它用在他自己尊体或家族所需要的劳务上。这一列购买，是零碎地在不同的期间内实行的。所以，这种货币，为要供逐渐的消费的支出，会采取货币库存（Geldvorrat）或货币贮藏的形态。因为流通中断中的货币，就有贮藏的形态的。这种货币充作流通手段——那同样包含暂时的货币贮藏的形态——的机能，并不加入货币形态 G 上的资本的流通。因为这种货币，不是垫支的，而是支出的。

我们曾假定：垫支的总资本，不断会把全部由一阶段，移向其他阶段。在这里，我们也假定：由 P 生产的商品生产物，代表生产资本 P 的总价值 422 镑，加在生产过程内造出的剩余价值 78 镑。依照我们的例（在这个例上面，我们是把那可以个别分离的商品生产物作研究对象的），剩余价值是在 1,560 磅纱的形态上存在；设以一磅纱为计算基础，则是采取 2,496 盎斯纱的形态。但是，如其商品生产物是值 500 镑的一架机械，而其价值构成，与纱相同，这架机械的价值的一部分，即 78 镑，也是剩余价值，但这 78 镑，不得存在于总机械以外。要由这架机械分出价值与剩余价值，不把机械本身破碎，不把它的使用价值乃至交换价值破坏，是绝无可能的。就因此故，价值的两部分，就只能在观念上，由商品体的成分来代表，而不能表现为商品 W′ 的独立的要素，决不能像纱一样的。在纱的场合，每一磅纱，都是10,000 磅纱里面的可分离的独立的要素。在机械的场合，代表商品资本的总商品，必须在 g 能加入特殊的流通之前，已经全部卖出。反之，当资本家已经卖去 8,440 磅纱的时候，其余 1,560磅纱的售卖，将以 w（1,560 磅纱）–g（78 镑）— w（消费品）的形态，代表一个完全分离的剩余价值的流通。但 10,000 磅纱生产物中的个个部分的价值要素，可以表现在生产物的部分上，像表现在总生产物上一样。10,000 磅纱全部，得区分为不变资本价值（c）纱 7,440 磅，价值 37 镑，可变资本价值（v），纱1,000 磅，价值 50 镑，和剩余价值 m，纱 1,560 磅，价值 78镑。同样，每一磅纱，也得区分为 c 纱 11.904 盎斯，价值8.928 便士，v 纱 1.600 盎斯价值 1.200 便士和 m 纱 2.496 盎斯，价值 1.872 便士。此外，资本家还可分次售卖其 20,000 磅纱的各部分，并分次消费那包含在这各部分中的剩余价值要素，而分次实现 +v 的总额。不过，这种过程，结局同样要假定，10,000 磅纱全部出卖，从而，由 8,440 磅纱的出卖，代置 c+v 的价值。（第一卷第七章第 2 节）

不论如何，包含在 W′中的资本价值与剩余价值，都是由 W－G′的运动而取得可以分离的存在，那就是当作各别的货币额存在。在上述二场合，G 与 g 实际都为价值的转化形态，此等价值，原来只是当作商品的价格，在 W′中，有观念的表现。

w－g－w 公式，代表单纯的商品的流通。这种公式的第一阶段 w－g，是包含在商品资本的流通 W′－G′中，那就是包含在资本的循环中。同时，这第一阶段的补足阶段 g－w①，却在这种循环之外，是一般商品流通中一个和这种循环相分离的过程。W 与 w 的流通，即资本价值与剩余价值的流通，在 W′转化为 G′以后，就相互分立了。于是，发生以次诸结论。

第一，因为商品资本由 W′－G′或 W′－（G+g）过程而实现，所以在 W′－G′过程内尚相互结合而体现于同一商品量中的资本价值与剩余价值的运动，就可以分离了；因为在此以后，它们两者当作货币额，是有互相独立的形态。

第二，在这种分离发生以后，g 会当作资本家的所得而支出，G 却在由循环决定的轨道上，当作资本价值之机能的形态继续下去。而与其继起行为 G－W 与 g－w 相关联的 W′－G′行为，也可以当作两种相异的流通，即 W－G－W 和 w－g－w 来代表；从一般的形态来考察，这两种流通，都是属于普通商品流通的系列。

以不能分解的有连续性的商品体而论，诸价值部分仍会在习惯上，予以观念的分离。试以伦敦的建筑业为例。这种营业，大

---

① 译者注：据马恩研究院版改正，原版误为"w－g"。

体是凭信用经营的。建筑承揽者，会在房屋建筑进行的诸相异阶段上，领收垫支金。这些建筑阶段，没有一个可以代表房屋全体；而仅能在一个将要完成的建筑物内，代表一个实际存在的部分。不过，这各阶段的现实性，虽都不过在观念上代表全房屋的一个部分，但当作领收追加垫支额的担保，却是够实在的。（关于这点，可参照第十二章。）

第三，假若在 W 及 G 形态上尚相互结合的资本价值与剩余价值的运动，仅仅部分地分离（那就是剩余价值一部分不当作所得来支出），或全不分离，则资本价值的循环尚未完成以前，它本身必定在那种循环内部，发生一种变化。依照我们的例，生产资本的价值，等于 422 镑。设这种资本继续以 480 镑或 500 镑，通过 G-W，它就会第作一个超过原价值 58 镑或 78 镑的价值，通过循环的次一阶段。这种变化，同时会伴以资本价值构成的变化，也是可能的。

W′-G′ 是流通的第二阶段和第一循环（G…G′）的最后阶段。它在我们现在所说明的循环上，是第二阶段，在商品流通上是第一阶段。在以流通为问题的限度内，这种阶段，必须由 G-W′ 补足。但 W′-G′ 不仅通过了价值增殖的过程（在这场合，是当一阶段，即 P 的机能），且已实现它的结果，即商品生产物 W′。因此，资本的价值增殖过程，和已经增殖的资本价值所依以表现的商品生产物的实现，都是由 W′-G′ 完成的。

以上的说明，是以单纯再生产为前提，假定 g-W 和 G-W 完全分离。就一般的形态而论，w-g-w 与 W-G-W 两流通，都属于商品流通，没有显示出两极间的价值差异。所以，很容易像庸俗经济学那样，把资本主义的生产过程，看为是单纯的商品生产，好像这种生产，纯然为某种消费的使用价值。依照庸俗经济学的错误的说明，资本家从事这种商品生产，其目的仅在获得或换取有别种使用价值的商品。

W′自始就显示为商品资本。全过程的目的，即致富（价值增殖），并不排斥以次的事实：资本家的消费，会随剩余价值（从而，随他的资本）增殖而增大。反之，它还会促进资本家的日益增大的消费。

实在说来，在资本家的所得的流通上，生产出来的商品 W，或在观念上在商品生产物 W′中相当于 w 的部分，只是首先转化为货币，更由货币转化为个人消费所需的其他一列商品。不过，在这点上，我们不要忽略了这件平常事体。即这个商品价值，是没有花费资本家什么的，它是剩余劳动的体现，它本来是当作商品资本 W′的一个部分而登场。由其存在而论，这 w 已与过程中的资本价值的循环相联系。并且，假如这种循环停顿，或受到何等搅扰，那就不但 w 的消费会蒙受限制，或全归停止，而与 w 相交换的一列商品的销路，也会发生问题。又若 W′-G′发生阻碍，或 W′仅一部分卖出，情形也是这样的。

我们讲过，代表资本家所得的流通的 w-g-w，只有在 w 为 W′的价值部分的限度内，（W′为商品资本这个机能形态上的资本），加入资本的流通。但只要它在 g-w 中通过了，换言之，只要它通过了 w-g-w 全形态，它就不会加入资本家垫支的资本的运动中，虽然它是由这种资本出来的。w-g-w 流通与资本运动，在资本的存在以资本家的存在为前提的限度内，方才发生联系；而资本家的存在，又以剩余价值由资本家消费这件事为条件。

在一般的流通内部，W′（例如纱）仅当作一种商品。但若当作资本流通上的要素，它所成就的，就是商品资本的机能。商品资本的姿态，乃是资本价值交替采取和舍弃的形态。纱出卖于商人以后，它就脱出它所由生产的资本的循环过程。不过，它仍会以商品的资格，不绝移到一般流通的循环中的。一个商品量，纵令不复为纺绩家资本的独立循环的要素，它的流通仍会继续进行。所以，资本家投在流通中的商品量之现实的最后形态变化 W-G，那就是商品结局归于消费的事实，就可以在空间上时间上，和该商品量当作商品资本发生机能的形态变化，相分离了。已在资本流通上完成的形态变化，仍在一般流通的领域中，等待完成。

这当中的问题，并不因纱再加入别一个产业资本循环，而有所改变。一般的流通，包括社会资本各独立部分循环的错综，即个个资本的总体，但也包括那些不当作资本投入市场而仅充个人消费的价值的流通。

资本的循环，或为一般流通的部分，或为一个独立循环的环节。这两种意味上的资本循环间的关系，在我们考察 G′ 或 G + g 的流通时，可以进一步得到理解。当作货币资本的 G 会继续资本的循环。而在 g-w 行为上当作所得支出的 g，则加入一般流通，从资本的循环逃出。由是，只有那当作追加货币资本而发生机能的部分，会加入资本的循环。在 w-g-w 流通上，货币只有铸币的机能，而这种流通的目的，便是资本家个人的消费。把不加入资本流通的循环，把仅当作所得，供人消费的那部分价值生产物的流通，视为是资本之特征的循环，正好表示庸俗经济学的庸俗。

在第二阶段 G-W 上，资本价值 G（等于 P，在这场合，为开始产业资本循环的生产资本的价值）与剩余价值分离，它重复出现时，它的价值量，和货币资本循环第一阶段 G-W 上的价值量，正好相同。尽管位置不同了，货币资本（商品资本就是转化为货币资本的）的机能却还是这样：那就是转化为 Pm 与 A，即转化为生产手段与劳动力。

在 w-g 这个过程进行当时，资本价值在商品资本的机能

$W'-G'$ 内，会通过 $W-G$ 阶段，并出现在 $G-W\begin{smallmatrix}A\\Pm\end{smallmatrix}$ ，这个补充

阶段上。所以它的总循环，为 $W-G-W\begin{smallmatrix}A\\Pm\end{smallmatrix}$ 。

第一，在第一形态（$G{\cdots}G'$ 循环）上，货币资本 G 显示为资本价值垫支的本来形态，但在这里，它自始就显示为商品资本通过流通第一阶段 $W'-G'$ 所转化的货币额的一部分，自始就显示为商品生产物售卖所促成的生产资本 P 到货币形态的转化。在这里，货币资本自始就非当作原来的也非当作终局的资本价值形态。因为补充 $W-G$ 阶段的 $G-W$ 阶段，必须再舍弃货币形态，才能完成。因此，同时又为 $G-A$ 的 $G-W$ 部分，现在不复显示为货币在劳动力购买上的单纯的垫支，却宁说是这样一种垫支，那值 50 镑并在劳动力创出的商品价值中占一部分的纱 1,000 磅，就是在这种垫支上，以货币形态，垫支给劳动者的。这里垫支于劳动者的货币，仅是劳动者自己生产的商品价值的一部分转化成的等价形态。就因此故，$G-W$ 的行为，在就是 $G-A$ 的限度内，决不仅是以一种使用价值形态上的商品，代置一种货币形态的商品，它同时还包括有别的与一般商品流通相独立的诸要素。

G' 为 W' 的转化形态。W' 本身是 P 在生产过程上过去所尽机能的生产物。因此，总货币额 G'，乃过去劳动之货币表现。依照我们的例，值 500 镑的纱 10,000 磅，乃纺绩过程的生产物。在这 10,000 磅纱中，有 7,440 磅代表垫支的不变资本 c（值 372 镑），1,000 磅纱代表垫支的可变资本 v（值 50 镑），有 1,560 磅代表剩余价值 m（值 78 镑）。假若在 G' 上面，仅只 422 镑原资本重新垫支，则在其他一切情形不变的限度内，劳动者次周在 $G-A$ 上所领受的，仅是他在本周生产的 10,000 磅纱的一部分（纱 1,000 镑的货币价值）。货币，当作 $W-G$ 的结果来看，

常是过去劳动之表现。假若 G-W 那种补充行为在商品市场上发生，并且 G 是用来交换那些存在市场上的商品，那种补充行为也是过去劳动再由货币形态到商品形态的转化。不过，从时间上说，G-W 与 W-G 自有区别。固然，这两种行为，例外地，也可发生于同一时期。例如，实行 G-W 行为的资本家，和视这种行为为 W-G 的其他资本家，会在同时，相互装运商品。这样，G 的用途，将仅在平衡差额。但 W-G 的实行与 G-W 的实行，可以在时间上发生很显著或不很显著的差别。当作 W-G 的结果的 G，虽然是代表过去劳动，但如就 G-W 的行为来说，G 也可代表那些尚未上市而到将来才上市的商品的转化形态。因为 G-W 的交易，要在 W 重新生产出来之后，才必须进行的。G 也可代表那些与 W（以 G 为货币表现的 W）同时产生的商品。例如，在 G-W 的交易（生产手段的购买）上，石炭得在它从地中采掘以前，购买。在 g 不当作所得而支出而用在货币蓄积的场合，它也可代表下年度方才生产出来的棉花。在资本家的所得的支出 g-w 上，也是这样。50 镑的工资 A，也是这样。这个货币，不仅是劳动者过去劳动的货币形态，同时还是现方实现或将来才会实现的劳动的一种凭票。劳动者可以用他这宗货币，购买到下周方能制好的上衣。至若那些——生产出来马上就为要避免腐烂而立即消费掉的大多数必需生活资料，尤其是这样。因此，劳动者虽是领受货币，而由这种货币受得工资的给付，但他在这种货币上受得的，却是他自己或别个劳动者的未来劳动的转化形态。资本家以劳动者过去劳动的一部分，当作劳动者对于他自己的未来劳动的凭票，给予劳动者。劳动者的过去劳动，是用劳动者当时或将来的劳动（那形成尚未存在的库存品）支付的。在这里库存品形成（Vorratbildung）的观念，是全归消灭了。

第二，在 $W-G-W{\Large\langle}^{A}_{Pm}$ 流通上，同一货币更换了两次位置。资本家首先以卖者的资格，受得货币，更以买者的资格，投出货币。商品化为货币形态的转化。其功用仅在使它由货币形态再转化为商品形态。因此，资本的货币形态，或它当作货币资本的存在，在这种运动上，不过是一个立即会消灭的阶段；或者说，在这种运动进行的限度内，货币资本在当作购买手段时，仅显示为流通手段。但当资本家们相互购买并只要清算他们的支付差额时，货币资本还只表现为严格的支付手段。

第三，货币资本不论是单单当作流通手段，还是当作支付手段，其机能终不外是以 A 及 Pm 代置 W，换言之，即以诸生产要素，代换生产资本的结果即商品生产物棉纱（把当作所得使用的剩余价值除去）。这就是说，货币资本的机能，不外是把商品形态上的资本价值，再转化为构成这种商品的诸要素。而在结局上，则是借着这种货币资本机能的媒介，使商品资本再转化为生产资本。

为了使循环可以照常进行，W′必须按照它的价值，完全卖掉。加之，W-G-W 行为，不仅包含一个商品由别一个商品代换的事实，且包含同一价值比例上的代换，这就是我们在这里的假定，但揆诸实际，生产手段的价值，究有种种变动。因为劳动生产力的不断变动，乃资本主义生产的特征：单依据这种事实已可知价值比例的不断变化，是资本主义生产最常见的事象了。但关于诸生产因素价值上的这种变动，我们要留待后面讨论，在这里，只要把这种事实指明就行了。诸生产要素转化为商品生产物，即 P 转化为 W′，系发生于生产的领域；而 W′再转化为 P，则是发生于流通领域。这种再转化，虽是以单纯的商品形态变化为媒介，但其内容，却是再生产过程全体的一个阶段。当作资本的流通形态的 W-G-W，包含一种机能上确定的物质代谢作用。W-G-W 过程假定，W 与商品量 W′的诸生产要素相等，并假定这诸要素相互维持本来的价值比例。这就是假定：商品不但依照它们的价值购买，而且在它的循环中，不发生何等的价值变化。不然的话，这个过程是无法照常进行的。

在 G···G′行为上。G 是资本价值的本来形态。它为了将再被采取而被舍掉。然在 P···W′-G′-W···P 上的 G，却是在过程内部采取的形态，它会在过程尚未终了的当中，再被舍弃掉的。在这过程上，货币形态不过表现为资本价值之转瞬即灭的独立的形态。W′形态上的资本，虽渴望采取这种形态，但资本一经蛹化为货币形态，它又同样渴望舍弃 G′这个形态，俾再转化为生产资本的形态。资本在采取货币形态的限度内，它不会以资本的资格发生机能，从而，不会增殖价值。它是休闲着的。G 在这种场合，是当作流通手段，不过是曾作资本的流通手段。资本价值的货币形态，在资本价值循环的第一形态（即货币资本的循环）下，具有独立的外观，但这外观，在这第二形态下，会消灭的。因此，这第二形态，就是第一形态的批判，并把第一形态化为一个特殊的形态。如其第二形态变化 G-W，遭遇何等障碍——例如碰着市场上没有何等生产手段——那资本的循环，即再生产过程之流，就会中断，像资本被拘束在商品资本形态下面一样。其间的区别在：资本在货币形态上，要比较在通过的商品形态上，能保持得更长久一点。第一，资本在货币形态上总有货币资本的机能；但若它长久保持它的商品资本的机能，它的商品资格，甚至它的使用价值资格，都会取消。其次，资本在货币形态上，能够放弃本来的生产资本形态，而采取别一种生产资本的形态，但在 W′形态当中。它一般是不能采取其他何等形态的。

从形态上说，W′-G′-W 仅对 W′而言，包含有流通的行为。

这流通行为，就是 W′ 再生产上的各阶段。然要完成 W′-G′-W，必须有实际的再生产，使 W 转化为 W′。不过，这种再生产，是以那一些进行于这个个别资本 W′ 再生产过程外部的再生产过程为条件的。

在第一形态上，$G-W{<}_{Pm}^{A}$ 仅准备由货币资本移向生产资本的第一转化，在第二形态上，它却是准备由商品资本移向生产资本的再转化；这就是，在产业资本投资保持不变的限度内，准备商品资本再转化为它所从出的源泉即同一的诸生产要素。所以，$G-W{<}_{Pm}^{A}$ 过程，在第二形态上，如同在第一形态上一样，表现为生产过程的准备阶段；不过，在第二形态上，它同时又显示为生产过程的复归，为生产过程的更新，换言之，显示为再生产过程的前驱，从而，显示为价值增殖过程的反复。

这里须得注意，G-A 不仅为单纯的商品交换，且为助成剩余价值生产的商品 A 的购买。G-Pm 的手续，则是成就这种目的在物质方面不可少的。

当 $G-W{<}_{Pm}^{A}$ 完成时，G 即再转化为生产资本 P。由是循环重新开始。

P…W′-G′-W…P 的明细形态如下：

$$P \cdots W' \begin{Bmatrix} W \\ + \\ w \end{Bmatrix} - \begin{Bmatrix} G \\ + \\ g \end{Bmatrix} -W \begin{matrix} A \\ < \\ Pm \end{matrix} \cdots P$$

货币资本的生产资本化，就是为商品生产的目的购买商品。必须是生产的消费，消费才属于资本自身的循环。这种生产的消费的条件是，借这样消费的商品，会产生剩余价值。这事实，和生产，甚至和以生产者生存为目的的商品生产，都颇不相同。为生产剩余价值而以商品交换商品的交换，和那单以货币为媒介的生产物交换，完全是两件事体。然而，有些经济学者，竟把这个事实，视为是生产过剩没有发生可能的证据。

G 转化为 A 及 Pm，而为生产的消费。但在此外，上述的循环，还包含有第一分列 G-A，这在劳动者方面看来，就是 A-G 或 W-G。在劳动者方面的流通 A-G-W 中，包含有劳动者的消费。但在这流通中，只有第一分列，当作 G-A 的结果，属于资本循环的领域。其第二行为 G-W，虽是由个别资本的流通产生出来，但不属于那种流通。不过劳动阶级的继续存在，从而，由 G-W 促成的劳动者的消费，也是资本家阶级所必要的。

W'-G' 行为所要求的，无论就资本价值的循环的继续说，抑就资本家对于剩余价值的消费说，都是把 W' 转化为货币，即把它卖掉。W' 之所以被购买，当然只因为 W' 这种物品，是一种使用价值，并可供个人的或生产的消费。但是，就使 W'（拿棉纱作例），在购买它的商人手中继续流通，那对于纺绩业者——他生产棉纱并把棉纱卖给商人——的个别资本的循环的继续，也没有何等妨阻。全过程会继续进行，并且那些以这个过程为条件的资本家与劳动者的个人消费，也会同时继续进行。这一点，在恐慌的考察上是重要的。

W' 一被售卖而转化为货币，它马上就能再转化为劳动过程上的，从而再生产过程上的现实因素。因此，这种商品，由终局的消费者购买也好，由企图再贩卖它的商人购买也好，都于问题无何等直接的影响。由资本主义生产所造出的商品量的大小，是由这种生产规模，和企图不断扩大这生产规模的欲望所决定；而非由需要和供给的预定范围所决定，非由待满足的欲望的预定范围所决定。大量生产的直接购买者，除了其他生产部门的产业资本家外，就只有大商人即批发商人。在一定限界之内，尽管由再生产过程排出的商品，在现实上不加入个人的或生产的消费，那种再生产过程，仍得以同一的或更大的规模进行。商品的消费，并不包含在生产商品的资本的循环中。例如，棉纱一经贩卖，这被贩卖的棉纱不论变成怎样，由它代表的资本价值的循环，就可以重新开始。从资本家生产者的立场看来，生产物是被卖掉了，一切都在正规地进行着。他所代表的资本价值的循环，不致于中断。假若这种过程扩大（这种扩大，包含生产手段之生产的消费的扩大），资本的这种再生产，就会伴有劳动者方面的个人的消费（即需要）的扩大；因为这种个人的消费，是由生产的消费所诱发所媒介的。这一来，剩余价值的生产，以及与这种生产相伴而起的资本家个人的消费，自会增大起来，再生产的全过程，也会在极其畅旺的状态中；但商品的一大部分，也许还只是在表面上加入消费，在现实上，并未贩卖掉，只不过保持在转卖者手中，依然在实际上留在市场内。这时，商品的潮一层一层涌到市场上来，以前涌入的潮，不过在表面上为消费所吸收罢了。各商品资本，相互在市场上争取位置。希望能够卖掉的后来流入的商品，只好在价格以下售卖了。以前流入的商品还没有实现，支付的期限却已经满了。在这场合，商品的所有者，不得不表示他无力支付，不然，如要履行义务，就只好随便什么价格都卖了。这种售卖，绝对与现实的需要状态无关；与它相关的，只是支付的需要，换言之，只是把商品转化为货币的绝对必要。接着恐慌袭来了。这种恐慌，显然不是起因于消费需要（即个人消费需要）上的直接减退，而是起因于资本对资本之交换的减少，起因于资本再生产过程的减退。

G 为要成就它的货币资本机能，为要再转化为决定当作生产资本用的资本价值，会转化为商品 A 及 Pm；假若这些商品是在不同的时期被购买或被支付，以致 G-W 是代表顺次进行的一列购买或支付，那么，当 G 有一部分通过 G-W 阶段时，它的别一部分可还未脱却货币形态，要到这种过程自身条件所决定的时期，它对于同时通过的或依次通过的诸行为 G-W，才会有作用的。G 的这一部分，为要在一定时期发生作用，发生机能，不过暂时要由流通领域退出。它在一定时期这样被贮藏的事实，乃是一个由流通决定并以流通为目的的机能。它当作购买基金与支付基金而存在的事实，它的运动停止的事实，它留在流通中绝状态下的事实，不外表示货币在曲尽其货币资本机能之一。我把它看作货币资本。因为在这场合暂时留在休止状态下的货币，其自身就是货币资本 G（即 G′减去 g）的一部分，是商品资本——那等于 P，即当作循环起点的生产资本的价值——的价值的一部分。在另一方面，由流通领域退出的一切货币，是采取贮藏货币的形态。在这场合，货币的贮藏形态，成了货币资本的机能，这恰如在 G-W 上当作购买手段或支付手段的货币的机能，成了货币资本的机能一样；并且是因为，资本价值在这场合是以货币形态而存在，在这场合，货币状态乃是产业资本在它的一个阶段内，由循环关联所规定的一种状态。但在这场合我们同时又看到，货币资本在产业资本循环的内部，没有成就货币机能以外的何等机能；并且，这种货币机能，在它和这种循环的其他各阶段发生关联时，方才有资本机能的意义。

当作 g 对 G 之关系的 G′ 的表现，当作资本关系的 G′ 的表现，直接地说，并不是货币资本的机能，而宁是商品资本 W′ 的机能。这种商品资本，又当作 w 对 W 的关系，单表现为生产过程的结果，为资本价值在生产过程内部自行把价值增殖的结果。

假若流通过程的进行遭逢障碍，以致 G 不能不因为市况一类的外部情形，而中止它的 G—W 机能，并由是使它在或长或短的期间内，保持它的货币状态，货币的贮藏状态就要发生的。这种贮藏状态，与单纯商品流通上，由 W—G 到 G—W 的推移，因外部情形而中断时所生的货币贮藏状态，相类似。它所形成的，系非任意的货币贮藏。在这里，货币是采取休止的潜伏的货币资本形态。不过，关于这个问题，我现在不打算作进一步的考察。

但在以上两种场合，货币资本在货币状态上的停止，都表现为运动中断的结果，不管这种运动中断，是与目的相一致的或相反的，是任意的或非任意的，是与货币资本机能一致的或相反的。

Ⅱ 蓄积及扩大的再生产

因为生产过程可能扩大的比例，不是任意的，而是技术上规定的，故以资本化为目的而实现的剩余价值，往往要由若干次循环的反覆，蓄积到那时候，才能达到够充分的规模，使它实际能够当作追加的资本而作用，或加入过程中的资本价值的循环。所以，剩余价值会硬结为贮藏货币，而在这种形态上成为潜伏的货币资本（latente Geldkapital）。我们所以称它为潜伏的，因为在它固执在货币形态的限度内，它无从发生资本的作用①。所以，在这场合，贮藏货币的形成，遂显示为一种包含在资本主义蓄积过程中的现象；这现象，与资本主义蓄积过程相连伴，但同时本质上却与那种过程有区别。因为再生产过程本身，不会因为有潜伏

---

① "潜伏的" "latent" 一语，是由物理学上的潜热观念借用过来的。这个观念，现在几乎为能力转化学说所代替了。因此，马克思在此后操作的第三卷中，都用 "Potentieller Energie" 的观念。他是用 "Potentielles" 那个字，或仿照塔伦伯尔（D'Alemlberte）"可能速度" 一语，把它称作 "virtueller Kapital"（可能资本）。——F. E.

的货币资本，便扩大的；反之，潜伏的货币资本的成立，宁说是资本家生产者不能立即扩大其生产规模的结果。假若他把他的剩余生产物，卖于金或银的生产者，（他们会把新的金或银，投在流通中）或者结局一样的，卖于那些为要偿付国民剩余生产物的这一部分，而由国外输入追加金银的商人，他的潜伏的货币资本，那固然会在国民的贮藏金银中，成为一个加额。但在此外一切场合，存在商人手中的流通手段，例如 78 镑，就不过是在资本家手中采取贮藏货币的形态，那不过使国民手中已有的贮藏金银在分配上发生变化罢了。

假若货币在资本家的交易上，是当作支付手段而作用，例如要经过或长或短的期间才由购买者支付商品的代价，那么，以资本化为目的的剩余生产物，就不会转化为货币，而转化为等价的债务请求权（Schuldforderungen），等价的所有权证（Eigentumstitel）；这一定的等价，购买者也许已经有了，也许将来有希望有。这种剩余生产物，就和投放在有息证券等上面的货币一样，不加入循环的再生产过程中；虽然它能够加入其他个别产业资本的循环中。

资本主义生产的全部性质，是由垫支资本价值的价值增殖所决定，换言之，即第一由尽可能多量的剩余价值的生产所决定，第二由（参照第一卷第二十二章）资本的生产，即由剩余价值的资本化所决定。我们在第一卷讲过：蓄积或扩大的再生产（那表现为不断把剩余价值生产扩大并使资本家财富增进的手段，表现为资本家自身的目的，并包含在资本主义生产的一般倾向中），会随资本主义生产的发展，进一步成为各个资本家当前的必然性。资本的不断增大，会成为资本保存的条件。但关于这个问题，我们已经讲过了，这里没有复述的必要。

首先，我们所考察的，是单纯再生产。在那里，我们假定全部剩余价值，是当作所得而支出的。然实际在常态关系下，剩余价值常只有一部分当作所得而支出，其余一部分就被资本化。在一定时期内生产的剩余价值，究还是全部消费呢，还是全部资本化呢，那在这场合是没有何等关系的。就运动的平均——一般的公式，只不过代表这种平均——而论，这两个情形都行得通；然为要使公式不过于复杂起见，顶好是假定，剩余价值全部都被蓄

积起来。$P \cdots W' - G' - W' \overset{A}{\underset{Pm}{<}} \cdots P'$ 公式，是代表那以扩大规模，

用更大价值进行再生产的生产资本，并当作已经增殖的生产资本，开始它的第二循环，或更新它的第一循环。第二循环一经开始，P 又重为起点。不过，这场合的 P，比之最初的 P，已经是较大的生产资本。因此，$G-G'$ 公式的第二循环，虽由 G' 开始，但这 G' 所担任的仍是 G 的机能，那就是当作分量已经规定的垫支货币资本。它较大于第一循环起点上的货币资本。然这个 G'，一经在垫支货币资本的机能上出现，它由剩余价值资本化而增大的一切关系，都会归于消灭。它的起源，就会在它开始循环的货币资本形态下，消失去。如果 P' 是当作一个新循环的起点而作用，那个 P' 也会是这样。

假若我们以 $P \cdots P'$ 与 $G \cdots G'$ 比较，或与第一循环比较，我们就会发现这两者完全没有相同的意义。当作个别的孤立循环来看，$G \cdots G'$ 所表现的，不过是：货币资本（或在循环中当作货币资本的产业资本）G 是产生货币的货币，是产生价值的价值，换言之，会产生剩余价值。但在 P 的循环上，价值增殖过程就会在第一阶段即生产过程完了的同时告终。在第二阶段（流通的第一阶段 $W'-G'$）终了之后，资本价值与剩余价值的总和，就已当作被实现的货币资本而存在了，当作第一循环终极的 G' 而存在了。剩余价值已被生产的事实，在最初考察的 $P \cdots P$ 公式（参照

前揭的明细的公式）上，由 w-g-w 表现了。w-g-w 在它的第二阶段上，被投到资本流通的外部，而表现为当作所得的剩余价值的流通。所以，在这个全部运动由 P…P 代表的形式上，两极间也没有价值上的差别，在这种形式中，垫支价值的增殖，剩余价值的生产，与表现在 G…G′ 上的，正好相同。不过，在 G…G′ 上的最终阶段，即循环的第二阶段 W′-G′，在 P…P 上，乃表现为流通的第一阶段。

在 P…P′ 上，P′ 所表现的，不是剩余价值已被生产的事实，而是被生产的剩余价值已被资本化，从而，资本已被蓄积的事实；所以，与 P 相异的 P′，是由原资本价值，加上由这个运动而蓄积的资本价值，构成的。

就自体考察起来当作 G…G′ 之单纯的结果，G′ 和表现在这一切循环内部的 W′，都不是表现运动，宁是表现运动的结果。即它们所代表的，是在商品形态或货币形态上已经实现的资本价值的价值增殖，从而是当作 G＋g 或 W+w 的资本价值，是当作资本价值对其子体（即剩余价值）的关系看的资本价值。它把这个结果，表现为已经增殖的资本价值之不同的流通形态。然不论那种结果是采取 W′ 形态，还是采取 G′ 形态，这当中发生的价值增殖，总非货币资本或商品资本的一种机能。当作与产业资本的特殊机能相照应的特殊的相异的形态与存在方法，货币资本不过能尽货币机能，商品资本不过尽着商品机能。两者的区别，不过是商品与货币的区别罢了。同样，在生产资本形态上的产业资本，也只能和每一个产生生产物的劳动过程，由相同的诸要素构成；那些要素，在一方面，是对象的劳动条件（生产手段），在另一方面，是在生产上运用的合目的的劳动力。产业资本在生产领域内部，只能在那和生产过程一般（非资本主义的生产过程，也非例外）相照应的构成上存在，而在流通领域内部，便只能在两个和它相照应的形态即商品形态或货币形态上存在。然诸生产要素的总和，自始就是由以次的事实，显示它的生产资本的性质；即，劳动力是他人的劳动力，资本家要从其他商品所有者手中购买生产手段，同样要由劳动力所有者购买劳动力。所以，生产过程本身，就表现为产业资本之生产的机能；同样，货币及商品，则表现为同一产业资本之流通形态，货币及商品的机能，也表现为这种产业资本之流通机能。这种流通机能，有时是诱发生产资本的机能，有时是由生产资本的机能发生。货币机能及商品机能，在这场合，同时虽为货币资本及商品资本的机能，但那究不外是产业资本在其循环过程诸相异阶段上应尽的诸机能形态相互关联的结果。所以，由货币及商品的资本性质，推论货币之货币的特性与机能，商品之商品的特性与机能，就是一个错误了；而在反对方面，由生产资本在生产手段上的存在方法，推论生产资本的特质，也同样是一个错误。

当 G′ 或 W′ 一被确定为 G + g 或 W + w，即一被确定为资本价值和子体（即剩余价值）的关系，这种关系，就由它们，一方面在货币形态上表现，他方面在商品形态上表现。这件事，对于问题的本身，不会引起任何变化。这种关系，既非产生于货币本身的特质及机能，也非产生于商品本身的特质及机能。无论在 G′ 的场合抑在 W′ 的场合，资本之特征的性质（产生价值的价值），都不过表现为结果，W′ 常为 P 的机能的生产物，而 G′ 则常不过是 W′ 在产业资本循环中的转化形态。因此，实现了的货币资本，一经再开始它的货币资本的特殊机能，它早已不复表现那包含在 G′ = G + g 中的资本关系。在 G…G′ 已经通过，并且 G′ 又重新开始循环时，其中所含的剩余价值，纵令全部资本化了，G′ 也不复表现为 G′，而是表现为 G。照前面我们的例子，第一循环以 422 镑的货币资本开始，第二循环则以 500 镑开始。开始第二循环的货币资本，比第一循环的货币资本多 78 镑。这种区别，把一个循环与其他循环加以比较，就可看出；但它不存在于各个别循环之内。在这里，当作货币资本垫支的 500 镑，虽包含有先前当作剩余价值存在的 78 镑，但这 500 镑，与其他资本家开始第一循环时即已使用的 500 镑，是演着同一的节目。就生产资本的循环而论，也是这样。增大了的 P′，一当作 P 而开始新的循环，那就和单纯再生产 P⋯P 上的 P，没有两样。

在 $G'-W'{<}{\begin{smallmatrix}A\\Pm\end{smallmatrix}}$ 阶段上，增大了的量仅由 W′ 表示，而不由 A′ 及 Pm′ 表示。因为 W 为 A 和 Pm 的总计，故 W′ 已足够表示，包含在 W′ 中的 A 及 Pm 的总和，较大于本来的 P。其次，A′ 及 Pm′ 的记号，还是不正确的，因为我们知道，资本的增大，会伴有资本的价值构成的变动；在这种变动的进步中，Pm 的价值增大，A 的价值却常相对地减少，并且往往是绝对地减少。

Ⅲ　货币蓄积

货币化的剩余价值 g，是否立即加到过程中的资本价值，由是与资本 G 结合，而以 G′ 的量，加入循环过程，那是取决于那种种情形，那种种情形，都和 g 的单纯的存在，没有关系。如其 g 要在一个与第一营业相并的第二营业上，当作货币资本用，那显然要把具有这种营业所须的最低限量，不然，就不能使用在这种目的上。而且，哪怕就是把它用在原来营业的扩张上，P 诸物质因素的关系及其价值比例，也使 g 必须先有一定的最低限量。使用在这种营业上的一切生产手段，不仅在质上有相互的比例，并且在量上也有相互的比例，有一种比例的量。构成生产资本诸因素间的这种物质上的比例，和这种比例所担当的价值比例，决定 g 所必须有的最低限量。必须有这最低限量，它才能当作生产资本的追加部分，转化为追加的生产手段及劳动力，或仅转化为生产手段。例如，纺绩业者如不把梳刷器和预纺机的数量重新调整，他是不能增加纺锤之数的——当然，棉花和工资的增大的支出，对于营业的这种扩张，也有必要，但我们姑不说此了。因此，要实行这种营业扩张，剩余价值必须已经达到相当的额数（通常每新装一个纺锤，需要费用一镑）。在 g 没有达到这种最低限量的限度内，要把逐次生产的 g 的总额，与 G 结合，而尽其

在 $G'-W'{<}^{\text{A}}_{\text{Pm}}$ 内的机能，势非把原资本作几度的反覆不可。例

如，在纺绩机械上尽管只有部分的变化，但若那变化会增进这种机械的生产性，则纺绩材料的支出必须增加，预纺机等也必须扩大。所以，g 会在当中的时间被蓄积着。这种蓄积，不是 g 自身的机能，宁说是 P…P 反覆的结果。在它已由价值增殖循环的反覆，从外部受到一种追加，使它自身达到它积极发生机能所必要的最低限量以前，它自身的机能，是止于货币状态中。因为 g 必须已经达到这种限量，方才可以在现实上当作货币资本，方才可以当作方在机能中的货币资本 G 的蓄积部分，并参加 G 的机能。在这当中的时间内，它只是在蓄积着，只是在一个方在形成过程中发育过程中的货币贮藏形态上存在。由是，货币的蓄积，即贮藏货币的形成，在这场合，是一个暂时陪伴现实蓄积（即产业资本规模扩大）的过程。我为什么说是暂时呢？因为货币在贮藏状态下，不是当作资本发生作用，也没有参与价值增殖过程，它在未脱出这种状态的限度内，还是这样一种货币额，它必须和一个没有它就已经存在的其他货币，投在同一金库之内，方才可以增大。

货币贮藏形态，是不存在于流通内部的货币的形态，它在它

的流通上中断了，并以货币的形态贮藏着。贮藏货币的形成过程，对于一切商品生产是共通的，但以自身为目的的货币贮藏，却只在不发达的前资本主义的商品生产形态下，有它的任务。但以当前的问题而论，货币贮藏是当作潜伏的货币资本而表现着；就因为这种缘故，并在这限度内，贮藏货币乃表现为货币资本的形态，贮藏货币的构成，则表示为与资本蓄积暂时陪伴的一个过程。因为在这场合，贮藏货币的构成，换言之，即以货币形态存在的剩余价值的贮藏货币状态，对于剩余价值转化为现实机能资本的转化，是一个在机能上规定了的预备阶段。这个阶段，是在资本循环之外进行的。贮藏货币所以是潜伏的货币资本，就是由于这种决定的。这是因为，它在加入过程以前所必须达到的数量，就是由各个场合的生产资本的价值构成，决定的。但是，在它留在贮藏货币状态的限度内，它并没有成就货币资本的机能，它不过是休眠的货币资本。它不是以前所说的机能中断了的货币资本，而是还不能尽其机能的货币资本。

我们在上面所讨论的，是本来的现实形态上的货币蓄积，那是当作现实货币的贮藏。但这货币蓄积，也可采取单纯贷借金的形态，当作售卖 W′ 的资本家的债务请求权。此外，这种潜伏的货币资本，在达到必需的最低限量以前，还可以采取别的形态当作产生货币的货币，如银行的有息存款，如汇票，如各种有价证券之类，但我们不要在这里论究它。因为实现在这种货币形态上的剩余价值，所成就的，是特殊的资本机能，这种机能，是属于产业资本的循环圈外的；第一，它与产业资本循环自身无何等关系，第二，它所代表的，是与产业资本机能有别的资本机能，这种资本机能，在这里，还不曾予以说明。

Ⅳ　准备基金

在上面考察的形态上，剩余价值是当作贮藏货币存在的，那是货币蓄积基金，是资本蓄积暂时采取的货币形态，在这限度内，还是资本蓄积的条件。不过，这种蓄积基金，也还可以担任特殊的副机能。这就是说，即令资本的循环过程，不采取 P…P′，的形态，即令资本主义的再生产不扩大，这个蓄积基金也可以加入资本的循环过程。

假若 W′–G′ 过程，延迟到通例的限度以上，以致商品资本向着货币形态的转化过于迟滞；又或假若在这种转化完成以后，生产手段（货币资本必须转化为生产手段的）的价格昂腾到循环开始当时的水准以上，则当作蓄积基金而作用着的贮藏货币，可被用来代替货币资本的全部或一部。这一来，货币蓄积基金，就是当作准备基金，以平衡循环的搅乱。

当这种蓄积基金当作这样的准备基金而使用时，它与我们论究 P…P 循环当时所考察的购买手段及支付手段的基金是不同的。后面这种基金，是在作用中的货币资本的一部分，从而，是方在过程中的资本价值的一部分的存在形态。其各部分，是在不同时期，依次发挥它的机能。它会在生产过程持续中，不绝形成准备货币资本。因为，我们会在今日，缔结日后支付的购买契约；会在今日把大量商品卖出，但要到日后，才买进大量商品。所以这中间，流动资本的一部分，会不绝以货币形态存在。但准备基金不是在作用中的资本的一部分，尤其不是在作用中的货币资本的一部分，而是方在通过其蓄积预备阶段的资本的一部分，是尚未转化为能动资本的剩余价值的一部分。自然，在金融紧迫时，资本家决不会顾虑他手中的货币本来决定要用在那一种机能上。为了不使资本循环过程中断，他会使用他手中所有的一切。就我们前面的例子来说，G = 422 镑，G′ = 500 镑。如其 422 镑资本的一部分，当作支付手段及购买手段的基金而存在，当作货币库存而存在，那是因为打算的结果，觉得在其他情形不变的限度内，这一资本部分，可望其全部加入循环，并足够达成这种目的。但准备基金则是 78 镑剩余价值的一部分。如非 422 镑资本的循环发生变化，它就无从加入这种循环过程。因为，它是蓄积基金的一部分，它在这场合存在，是因为再生产的规模还没有扩大。

货币蓄积基金，已经是潜伏的货币资本的存在；从而，是货币的货币资本化。

生产资本循环——那包括单纯再生产与扩大的再生产——的总公式，是下面这样：

$$P\cdots \underbrace{\frac{1}{W'-G'}}\cdot \underbrace{\frac{2}{G-W}} \begin{matrix} A \\ \diagup \\ Pm \end{matrix} \cdots P\ (P')$$

如 P = P，（2）项的 G = G′-g；如 P = P′，（2）项的 G 就较大于 G′-g。这即是说在后一场合，g 的全部或一部分，转化为货币资本了。

古典派经济学就是在生产资本循环的形态上，考察产业资本的循环过程。

第三章 商品资本的循环

商品资本循环的总公式如次：

$$W'-G'-W\cdots P\cdots W'$$

W'不只表现为前述二循环的结果，且表现为这二循环的前提。因为，如果生产手段至少有一部分，是别一个方在循环中的个别资本之商品生产物，则在这限度内，一个资本的$G-W$，就已经包含别个资本的$W'-G'$。以我们前面的例子说，煤和机械等，是采矿业者，资本家机械制造业者等的商品资本。而且，如我们在第 I 章第 4 节表示过的，在$G\cdots G'$，最初反覆的时候，在货币资本这第二循环了结以前，不仅$P\cdots P$的循环被假定了，$W'\cdots W'$的循环也被假定了。

如其再生产在累进扩大的规模上进行，终点的W'，会较大于起点的W'。从而，这终点的W'，可以用W'来表示。

这第三形态与第一第二两形态，可由以次诸点来区别。第一、第三形态上的总流通，是以相对立的两个阶段而开始循环，但第一形态上的流通，是由生产过程被弄得中断，第二形态上的总流通，具有相互补充的两个阶段，不过表现为再生产过程的媒介，由是成为$P\cdots P$间的媒介的运动。在$G\cdots G'$上的流通形态，虽$G-W\cdots W'-G'=G-W-G'$在$P\cdots P$上的流通形态，则为其相

反的 $W'-G' \cdot G-W=W-G-W$。在 $W'\cdots W'$ 场合的流通，也与后者具有同一的形态。

第二，当第一及第二两循环反覆时，终点的 G' 及 P'，纵令为更新的循环的起点，但它们双方原来被造出的形态，却归于消灭。$G'=G+g$ 和 $P'=P+p$，但它们是作为 G 及 P，而开始新的过程。但在第三形态起点 W，就在循环以同一规模更新的场合，也不能不以 W' 来表示。其理由是这样：第一形态的 G'，以其自身开始一个新的循环时，它就是尽着货币资本 G 的机能，就是当作一种可以增殖资本价值的货币形态上的垫支。垫支货币资本的量，由第一循环中实行的蓄积而增大了。不论垫支货币资本量，为 422 镑，抑为 500 镑，它总归是表现为单纯的资本价值。G' 早已不是当作价值增殖了的即含有剩余价值的资本，不是当作资本关系。它要在过程内部，才会把价值增殖的。就 $P\cdots P'$ 而论，也是这样，P' 必须常当作 P，当作产生剩余价值的资本价值，并须进一步发生机能，而把循环更新。——商品资本的循环，却不是以单纯的资本价值开始，而是以商品形态下已经增殖的资本价值开始；从而，它自始就不仅包含以商品形态存在的资本价值的循环，且包含有剩余价值的循环。因此，如其是单纯再生产在这种形态上进行，则其起点，其终点，就会出现同样大的 W'。剩余价值的一部分，如加入资本循环中，在终点出现的，诚非 W'，而为增大的 W' 即 W''，即较大的 W'，然继续进行的循环，依旧是以 W' 开始，不过这个 W'，较大于它前此循环上的 W'。它是以较大的蓄积资本价值，从而，是以在比例上较大的新生产的剩余价值，开始新的循环。不管在何种场合，W' 常是当作一个等于资本价值与剩余价值之和的商品资本，开始循环。

在一个产业资本的循环上当作 W 的 W'，不表现为这种资本的形态，那是表现为别一个产业资本的形态，如果其一的生产手段，就是他一的生产物。这第一资本的 G—W（或 G—Pm），从这第二资本看来，就是 W′—G′。

在 G—W $\langle$ $\begin{smallmatrix} A \\ Pm \end{smallmatrix}$ 流通过程上，A 与 Pm 在卖者手中，是同一意味的商品。在一方面，劳动力的卖者为劳动者，在另一方面，生产手段的卖者，则为拥有生产手段的人。对于购买者，这种货币，在这场合，虽是当作货币资本发生机能，但 A 与 Pm 在尚不曾由他购买的限度内，从而，在它们还是当作他人所有的商品，而和他的在货币形态上的资本相对立的限度内，还是表示为商品。在这场合，Pm 与 A，仅由以次的关系，来显示区别，即 Pm 如在卖者手中是等于 W′，就无论它是在卖者手中还是在买者手中，当作资本的商品形态，它都是资本；至若 A，则对于劳动者常常只是商品，必须在买者手中，构成 P 的一部分，方才成为资本。

惟其如此，W′就决不能单以 W 的资格，当作资本价值的单纯商品形态，开始任何循环了。当作商品资本来看，它常有两重性质。即从使用价值的观点说，它是 P 的机能的生产物（以前例而言，即为棉纱），而当作商品，来自流通领域的要素 A 及 Pm，仅①当作这种生产物的形成要素而发生作用。其次，从价值的观点说：它是等于资本价值 P，和由 P 发生机能所产生的剩余价值 m 之和。

只有在 W′自身的循环上，由 W（等于 P）所代表的资本价值，始得由那包含剩余价值的 W′一部分（代表剩余价值），由剩余生产物分离，并且必须与它分离。至若这两部分，在实际是能够分离（如在棉纱的场合），抑是不能够分离（如在机械的场

---

① 译者注：据马恩研究院版改正。原版误"仅（nur）"为"现在（nun）"。

合），那没有何等关系。总之，W′一被转化为 G′，它们就常是可以分离的。

如其全部商品生产物，如像在上述 10,000 磅纱的场合那样，能够分割为相互独立的同样的部分，从而，W′-G′的行为，得由逐次进行的诸次贩卖的总和来代表，则在商品形态上的资本价值，就能够在剩余价值实现以前，在当作全体的 W′实现以前，成就 W 的机能，而与 W′相分离。

在具有 500 磅价值的 10,000 磅棉纱中，值 422 磅的 8440 磅的价值，等于由剩余价值分离的资本价值。资本家如首先以 422 磅的价格，卖这 8440 磅棉纱，那么，这 8440 磅棉纱，就是代表商品形态上的资本价值 W。而包含在 W′中的其余 1560 磅剩余生产物（即 78 磅的剩余价值），则是要到后来方始流通的。由是，资本家在剩余生产物流通 w-g-w 进行以前，已能完成 W-

$$G-W\begin{cases} A \\ Pm \end{cases}$$ 的行为了。

不然的话，如最初以 372 镑的价值，卖 7440 磅棉纱，其次，再以 50 镑的价值，卖 1000 磅，他就能以 W 的第一部分，收回生产手段（不变资本部分 c），以 W 的第二部分，收回劳动力（可变资本部分 v）；以后的过程，则照上面讲的那样进行。

但是，假若是这样逐次进行售卖，循环的诸条件又允许它这样进行，资本家就不会把 W′分割为 c+v+m，而宁可就 W′的各可除部分，作这种分割了。

例如，在 W′（10,000 磅纱 = 500 镑）中代表不变资本部分 7440 磅纱（= 372 镑）的部分，可以再分割为三部分，一部分仅为收回不变部分（在棉纱 7440 磅生产上消费掉的生产手段的价值）的 5535.360 磅（= 276.768 镑），一部分仅为收回可变资本的 744 磅（= 37.200 镑），一部分仅为剩余生产物而代表剩余价值的 1160.640 磅（＝58.032 镑）。这即是说，当售卖 7440 磅时，他就能以其中 6279.360 磅售卖的价格 313.968 镑，收回这 7440 磅中所含的资本价值，他并能以剩余生产物 1160.640 磅的价值 58.032 镑，当作所得而支出。

更进，等于可变资本价值的 1000 磅棉纱（＝50 镑），也可同样分割，顺次售卖。那就是，一部分为价值 744 磅（＝37.200 镑），代表 1000 磅棉纱中的不变资本价值；一部分为 100 磅（＝5 镑），代表当中的可变资本部分；那就是 844 磅棉纱，价值 42.200 镑，收回 1000 磅棉纱中包含的资本价值。最后一部分是代表其中的剩余生产物，并能当作剩余生产物而消费的 156 磅棉纱（＝7.800 镑）。

最后，残余的棉纱 1560 磅（价值 78 镑），也在完全卖掉的场合，作以次的分割：以 1160.640 磅售卖的价格 58.032 镑，收回棉纱 1560 磅中所含的生产手段的价值，以 156 磅售卖的价格 7.800 镑，收回可变资本的价值，即合计以 1316.640 磅 ＝ 65.832 镑，收回资本价值的总额，最后，剩余生产物 243.360 磅（＝12.168 镑）仍当作所得而支出。

正如棉纱中存在的各要素 c、v、m，得各个分割为相同的三要素一样，值 1 先令或 12 便士的每磅棉纱，也得同样分割如下：

c＝棉纱 0.744 磅＝8.928 便士

v＝棉纱 0.100 磅＝1.200 便士

m＝棉纱 0.156 磅＝1.872 便士

c＋v＋m＝棉纱 1.000 磅＝12.000 便士

如总计前述三种部分售卖的结果，则与一举把 10000 磅棉纱卖掉所得的结果正同。

就不变资本而言

第一贩卖——棉纱 5535.360 磅＝276.768 镑

第二贩卖——棉纱　744.000 磅 = 37.200 镑

第三贩卖——棉纱　1160.640 磅 = 58.032 镑

　　　合计　　棉纱　7440.000 磅 = 372.000 镑

就可变资本而

第一贩卖——棉纱　744.000 磅 = 37.200 镑

第二贩卖——棉纱　100.000 磅 = 5.000 镑

第三贩卖——棉纱　156.000 磅 = 7.800 镑

　　　合计　　棉纱　1000.000 磅 = 50.000 镑

就剩余价值而言

第一贩卖——棉纱　1160.740 磅 = 58.032 镑

第二贩卖——棉纱　156.000 磅 = 7.800 镑

第三贩卖——棉纱　243.360 磅 = 12.168 镑

　　　合计　　棉纱　1560.000 磅 = 70.000 镑

　总　　计

不变资本——棉纱　7440.000 磅 = 372.000 镑

可变资本——棉纱　1000.000 磅 = 50.000 镑

剩余价值——棉纱　1560.000 磅 = 78.000 镑

　　　合计　　棉纱　10000.000 磅 = 500.000 镑

　　就 $W'-G'$ 自体观察起来，不过是 10000 磅棉纱的售卖罢了，这 10000 磅棉纱，和其他一切棉纱，同是商品。购买者所关心的，是每磅一先令或每 10000 磅 500 镑的价格。假若他在商业上，就价值构成加以分析，那不过是他想以阴险的意向，证明棉纱能以每磅少于一先令的价格售卖，并且，就用那种价格售卖，售卖者也尚有利可图。不过他所购买的棉纱量，是取决于他的要求。例如，他如果是机织工厂的所有者，他所购买的棉纱量，就是取决于他投在这工厂中运用的资本如何构成，而非取决于出卖棉纱的纺绩业者的资本如何构成。W' 在一方面必须收回它生产上所消费的资本（或这种资本的种种部分），在另一方面必须当作剩余生产物，而成就剩余价值的支出，或资本的蓄积，这种情形，只存在于那以 10000 磅棉纱为商品形态的资本的循环内部，而与售卖本身，无何等关系。在这里，我们还假定：W' 是依照价值售卖，所以，我们论到它，只因为它会由商品形态转化为货币形态。在售卖的当中，价格与价值，是否一致呢？如其不一致的话，究在那种限度不一致呢？这种事体，对于 W'（它是这个个别资本循环中的机能形态，生产资本是必须由此收回的），自然是极其重要的问题。然因我们在这里只想考察单纯的形态区别，所以没有顾虑这个问题的必要。

在第一形态 $G\cdots G'$ 上，生产过程表现为资本两个相互补充相互对抗的流通阶段的中点。在终末阶段 $W'-G'$ 开始以前，生产过程就已告终了。货币当作资本先是垫支在诸生产要素上，更由此等要素，转化为商品生产物。再由这种商品生产物，转化为货币。这就是一个完整的营业循环，其结果便是一般人都能使用的货币。这种循环的更新，不过只有可能性而已。$G\cdots P\cdots G'$ 可以是最后的循环，而由营业退出，并完结一个个别资本的机能；也可以是一个重新开始机能的资本的最初循环。在这场合，一般运动，就是 $G\cdots G'$，即由货币到更多的货币。

在第二形态 $P\cdots W'-G'-W\cdots P$（P'）上，总流通过程，随在第一 P 之后，而先于第二 P，与第一形态相比，它是行着反对的顺序。最初的 P，为生产资本，它的机能，就是生产过程，就是继起的流通过程所由以限定的生产过程。但结尾的 P，则不是生产过程。它不过是产业资本在生产资本形态上的复归。它是后一流通阶段的结果；在这后一流通阶段上，资本价值转化成为 A 及 Pm，这二者，当作生产资本之主观因素与客观因素，结合起来，便形成生产资本的存在形态。资本，不论它是 P，抑是 P'，结局都会再采取这一种形态，在这形态上，它会重新成就生产资本的机能，且必须通过生产过程。P⋯P 运动的一般形态，即是再生产的形态；这种形态，与 G⋯G′ 不同，它不指示价值增殖（那是过程的目的）。因此，这种形态，使古典派经济学极容易忽视生产过程之确定的资本主义的形态，而主张生产过程的目的，即在于生产本身。惟其如此，古典派经济学就把问题的中心，看为是尽可能的大量生产，尽可能的廉价生产，并从尽可能最多的方面，一部分为了生产的更新（G-W），一部分为了消费（g-w），而使生产物和其他生产物交换。在这场合，G 及 g 都不过被视为转瞬即灭的流通手段，故货币与货币资本的特质，极容易被忽视。结局，全部过程，就显得是单纯的自然的了，那就是，具有了浅薄的唯理主义者所说的自然性。同样，就商品资本说，也有时把利润忽略了，当讨论生产循环总体的场合，这种资本，不过当作商品被提及。要在价值成分成为问题时，它才当作商品资本讨论的。至关于蓄积，无疑是和生产同样被看待。

在第三形态 W′-G′-W⋯P⋯W′ 上，循环是由流通过程的两个阶段开始的。其顺序，与第二形态 P⋯P 上相同。循环开始后，P 继之出现，这 P 与第一形态上之 P，同样是以生产过程为其机能。并且以这种生产过程的结果 W′，把循环结束。像第二形态上以 P（它不过是生产资本的单纯的再存在）为终点一样，这第三形态，是以 W′（那表现为商品资本的再存在）为终点。在第二形态上，采取 P 这个终结形态的资本，必须把这个过程作为生产过程，开始其循环；同样，在第三形态上，产业资本要在商品资本形态上的再现，则循环必须以流通阶段 W′-G′ 重新开始。这两种循环形态，都是未完成的，因为它们都不是以 G′（即再转化为货币并且成就了增殖功能的资本价值）为结束。所以，这两种循环，都必须继续下去，包含着再生产过程。第三形态上的总循环。就是 W′…W′。

使第三形态与第一第二两形态互相区别的事实，是：只有在这第三循环上，表现为价值增殖过程的起点的，不是原来的待增殖的资本价值，而是既经增殖了的资本价值。在这场合成为起点的 W′，是当作一种资本关系，它在全循环上具有决定的影响。因为在 W′ 的第一阶段中，就已包含有资本价值剩余价值的循环。剩余价值，即使就各个别循环说不是，就平均而论，总有一部分会当作所得而支出，而通过 w-g-w 流通过程，一部分则必须当作资本蓄积的要素，来发生机能。

在 W′…W′形态上，商品生产物全部的消费，被假定为资本循环正常进行的条件。劳动者个人的消费，和剩余生产物的不蓄积部分的个人的消费，包含着全部个人消费，由是，消费的全部，即个人的消费与生产的消费之合计，就成为 W′ 循环的条件了。生产的消费（当然包含有劳动者个人的消费在内，因为，就一定的限界而言，劳动力就是劳动者个人消费之连续的生产物），是由各个别资本自身实行的。个人的消费（除了是维持个别资本家生存所必要的），也仅被视为是一种社会的行为，不被视为是个别资本家的行为。

在第一第二形态上，总运动表现为垫支资本价值的运动，在第三形态上，采取总商品生产物姿容的增殖过了的资本，即为起点。这种资本，具有自行运动的资本形态，即具有商品资本的形态。一直要到它转化为货币以后，这种运动才开始分割为资本的运动与所得的运动。社会总生产物的分配，和个别商品资本形态上的生产物的特殊分配——它们都是一方供充个人消费基金，一方供充再生产基金——就是在这个形态上，被包含在资本循环中。

在 G…G′中，包含有循环之可能的扩大。这种扩大程度，就看那加入更新循环的 g 的大小而定。

在 P⋯P 上，P 可以是以同一的甚或较小的价值，开始新的循环。但虽如此，它依旧可以代表规模扩大的再生产。例如，在劳动生产力增进，因而商品诸要素变为低廉的场合，就是这样。反之，如果诸生产要素变为昂贵了，在价值上增大了的生产资本，也可代表物质规模已经缩小的再生产。就 W′⋯W′ 说，也是如此。

在 W′⋯W′ 上，商品形态上的资本，成了生产的前提。它会在这种循环内部当作这样的前提条件，再显示为第二 W。假若这 W 还不曾生产或再生产，循环就是阻断了。这 W，大抵要当作别一个产业资本的 W′，而再生产。所以，在这种循环上，W′ 为运动的起点通过点及终结点，不断地存在着。它是再生产过程的永久条件。

W′⋯W′ 还可依其他要素，与第一第二两形态区别。资本所依以开始循环过程的形态，就是它所依以结束的形态，它由是再见于发端形态上，而重新开始同一的循环。这种事实，是三个循环所共通的。发端形态 G、P、W′，常是资本价值（在第三形态上，它是和它的增殖部分即剩余价值结合着的）被垫支的形态，换言之，是资本价值在循环内的本来形态。同时，终末形态 G′、p、W′，则常为一种在循环内部先于最后形态而又与原形态不同的机能形态之转化形态。

所以，第一循环上的 G′，为 W′ 的转化形态第二循环终点上的 P，为 G 的转化形态；（这第一第二循环上的转化，都起因于单纯的商品流通过程，换言之，即起因于商品与货币之形式的换位。）第三形态上的 W′，乃是生产资本 P 的转化形态。不过，第一，这第三循环上的转化，不仅关系资本之机能的形态，并也有关其价值量；其次，这转化，并不是流通过程领域内的单纯形式上的换位之结果，而是生产资本诸商品部分的使用价值和价值在生产过程内所经验到的现实的转化之结果。

发端形态 G、P、W′，常为第一第二第三循环之各别的前提。在终点上恢复的形态，由循环本身的形态变化序列所规定所限制。W′当作个别产业资本循环之终点，仅以同一产业资本在流通外部所采取的形态 P 为前提，它就是这个 P 的生产物。G′，在第一循环终点，是 W′的转化形态（W′—G′），那是以购买者手中的 G 为前提。这个 G，虽是存在 G…G′循环的外部，但却由 W′的售卖，导入了这种循环内部，并变成为它的终末形态。同样，在第二循环上的终点 P，则是以 A 和 Pm（W）为前提，它们也存在循环外部，但由 G—W 而结合于循环，并成为其终末形态，但我们如把终点暂置不论，则个别货币资本的循环，不是以货币资本一般的存在为前提；个别生产资本的循环，也不是以它循环内部的生产资本的存在为前提。在第一循环上，G 可以是历史舞台上最初的货币资本；在第二循环上，P 也可以是历史舞台上的最初的生产资本。但在第三循环

$$W'\begin{cases} W- \\ -G' \\ w- \end{cases}\begin{cases} G-W \begin{matrix} A \\ Pm \end{matrix} \cdots P\cdots W' \\ g-w \end{cases}$$

那存在于循环外部的 W，却在两重意义上被假定。它首先是在

$$W'-G'-W \begin{matrix} A \\ Pm \end{matrix}$$ 循环上被假定。这 W 从它由 Pm 构成的限度内

看来，是存在卖者手中的商品。在它为资本主义生产过程的生产物的限度内，它自身就是商品资本，如其不然，它也表现为商人手中的商品资本。其次，就说在 w—g—w 公式上第二 w 吧，这 w 也必须已经当作商品存在，才能被购买。要之不管是商品资本也

好，不是商品资本也好，A 和 Pm，是和 W'同为商品，并且相互间维持着商品的关系。就 w-g-w 上的第二 w 说，也是如此。所以在 W'＝W（A+Pm）的限度内，它是必须以商品为它自身的诸构成要素，且须由流通中的相等商品代置。同样，在 w-g-w 上的第二 w，也必须由流通中的相等商品代置。

在支配的资本主义生产方法之基础上，在售卖者手中的一切商品，皆须是商品资本，这种商品，就在移到商人手中以后，依旧维持着这种性质。不然，就是最初原非商品资本，等到移到商人手中，始成为商品资本。再不然，它就必须是输入品之类的商品，这类商品，代置原来的商品资本，从而，不过使这个原来的商品资本，得到一个不同的存在形态。

构成生产资本的商品要素 A 及 Pm，当作 P 的存在形态来看，它们的姿容，和它们在不同诸商品市场上存在而被搜集时的姿容是不同的。它们现在是相互结合起来了，它们要这么结合，然后才能成就生产资本的机能。

W 只有在这第三形态上，才在循环内部显示为 W 的前提条件。因为商品形态上的资本，就是这个循环的起点。这种循环，是由 W'（不管它已由剩余价值的追加，而增大没有，但必须在它当作资本价值而作用的限度内）转化为生产要素所依以构成的诸商品的转化为开始。这种转化，包括有 W-G-W（＝A+Pm）全部流通过程，并为其结果。W 在这场合被位置在流通过程的两极。但第二极，是由外部商品市场，通过 G-W 而取得的 W 形态的。这第二极，并非循环的终极，不过是那包括流通过程的最初二阶段的终极。它的结果，就是 P，它的机能（生产过程）是此后发生的。W'表现为循环的终点，并与起点 W'采取同一的形态，那不是当作流通过程的结果，而是当作这种生产过程的结果，反之，在 G…G' 及 P…P，其终极 G' 及 P，则为流通过程的直接结果。所以，在这二场合，只有在结局上，我们假定一方的 G′ 和他方的 P，已存在于他人手中。在循环是在两极间进行的限度内，一方的 G，既不表现为他人的货币，他方的 P，也不表现为他人的生产过程，它们都不表现为循环的前提条件。W′…W′ 循环，却假定 W（＝A＋Pm）是别人的已在别人手中的商品。这些商品，是由发端的流通过程，导入循环内部，而转化为生产资本；并当作这种生产资本的机能的结果，再度成为循环的终末形态。

W′…W′ 循环在进行的当中，是以采取 W（＝A＋Pm）形态的其他产业资本的存在为前提。而且 Pm 还包括有其他种种色色的资本，就前例而言，如机械、煤、油等，所以，这种循环，当然不仅可以当作一般循环形态来考察，不仅可以当作各个产业资本（最初投下的场合除外）所共具的社会形态，从而，当作一切个别产业资本共具的运动形态来考察，且可当作个别诸资本的总合（即资本家阶级的总资本）的运动形态来考察。在这种总资本的运动之下，个别产业资本的运动，不过表现为互相结合并互为条件的部分运动。例如，我们如考察一国逐年产出的商品生产物总额，并分析那以总额一部分代置一切个别营业上的生产资本，以其他部分供各阶级个人消费的运动，则 W′…W′ 就可视为是社会资本及社会资本所生产的剩余价值或剩余生产物的运动形态。社会资本，等于个别诸资本（它包括股份资本，而在政府对矿山铁道等方面使用生产的工资劳动，并当作资本家来尽机能的限度内，它还包括有国家资本）的总额这件事，以及社会资本的总运动，则为个别诸资本的运动之代数的总和这件事，与下述二情形，并不抵触，（1）这种运动，当作隔离的个别诸资本的运动看，会表现一种现象，若当作社会资本总运动的一部分看，不把它和别的部分的运动分开来看，它会表现不同的现象。（2）我们必须把这种运动，当作是社会资本总运动的一部分，那一个必须在个别资本循环的考察上假定为已经解决而不是由这种考察得到解决的问题，才能得到解决。

W′⋯W′，是这样的唯一的循环，在此循环中，原来垫支的资本价值，仅构成运动起点的价值的一部分，并且，这运动，最初即显示它为产业资本的总运动；它包括着代置生产资本的生产物部分的运动，和剩余生产物部分的运动，平均说来，这剩余生产物，有一部分当作所得而支出，有一部分则当作蓄积要素而使用。剩余价值在所得形态下的支出，既包含在这种循环中，个人的消费，也包含在这种循环中。而且，个人的消费，更因起点 W（即商品）系当作某种使用品而存在的理由，包含在这种循环中。但依资本主义方法生产的各物品，不论从其使用价值形态看，是供充生产的消费，是供充个人的消费，抑是供充二者，它都是商品资本。G⋯G′仅指示价值方面，仅指示当作全过程目的而进行的垫支资本价值的增殖。而 P⋯P（P′），则仅指示当作再生产过程（那或是用同样大的生产资本，或是用较大的生产资本即蓄积）的资本生产过程。W′⋯W′在其起点上，已经显示了资本主义商品生产的姿容，它自始就包含生产的消费与个人的消费；生产的消费，和包含于其中的价值增殖，不过表现为这种运动的分枝。最后，因为 W′得采取一种不复能加入任何生产过程的使用形态，所以，以下的事实在一开始的时候，就被指示了：由各生产物部分表现的 W′的种种价值部分，必然要看 W′⋯W′为社会总资本运动的形态，抑为个别资本的独立运动，而站着不同的位置。凡此诸种特质，皆指示这第三循环所包含的，不仅是一个个别资本的相互隔绝的循环而已。

在 W′⋯W′公式上，商品资本或资本主义生产的总生产物的运动，表现为个别资本独立循环的前提条件，同时又受这种循环规制。因此，假若这种公式的特质被把握住了，单是像下面那样说，是决不会满意的。依照这种说法，W′-G′ 及 G-W 这两种形态变化，一方面是资本形态变化上的机能上限定了的阶段，他方面是一般商品流通的分节。我们还须进而把这个个别资本的形态变化和别一个个别资本的形态变化之错综关系，以及它和总生产物中那决定供个人消费的部分之错综关系，弄个明白。由是，我们在分析个别产业资本的循环时，我们主要须以最初的两种形态为基础。

例如在要计算逐年收获的农业上，W″…W′ 的循环，也表现为个别的单一的资本之形态。但在第二公式上，谷种成为起点，在第三公式上，收获成为起点。或如重农学派说，前者是由垫支出发，后者是由收入出发。在第二公式上，资本价值的运动，自始只表现为一般生产物量的运动一部分，而在第一及第三公式上，W′ 的运动，不过是单一资本的运动的一个阶段。

在第三公式上，存在于市场上的诸商品，为生产过程及再生产过程之不断的前提条件。因此，如果把这个公式看成固定的，则生产过程的一切要素，就似乎是来自商品流通，并专由商品而成。像这样拘执一偏的见解，是把生产过程上的那与商品诸要素相独立的诸要素忽视了。

因为在 W′…W′ 上是以总生产物（总价值）为起点，所以指示了，在生产力不发生变化的限度内，规模扩大的再生产限于在以次的场合发生（外国贸易暂置不论）；即在剩余生产物的资本化部分中，已经含着追加生产资本的物质的要素。所以必须某一年的生产，是当作下年度生产的基础。必须那规模扩大的再生产，能与同一年间的单纯再生产同时进行，剩余生产物才会在能当作追加资本用的形态下，产生出来。生产力的增进，得仅增加资本的物质，而不增大其价值。但这显然会由此为增殖价值，造出追加的材料。

　　W′…W′为魁奈《经济表》的基础。他选定这个形态，而不用 P…P 形态，当作 G…G′（重商主义者树立的个别隔离的形态）的反对形态，正好表示了他的才识的伟大与正确。

如以 Ck 表示总流通过程，上述三个公式，就可作以下的表现：

（Ⅰ）$G-W{\cdots}P{\cdots}W'-G'$

（Ⅱ）$P{\cdots}Ck{\cdots}P$

（Ⅲ）$Ck{\cdots}P（W'）$

设总括这三个形态来考察，则过程的前提，通统表现为它的结果，表现为过程自身所造出的前提。一切的要素，都表现为起点经过点及复归点。总过程表现为生产过程与流通过程的统一。生产过程成为流通过程的媒介，流通过程也成为生产过程的媒介。

所有这三个循环，有一共通之点：它们都是以价值的增殖，为决定的目的，为发动的动机。在第一形态，这一点已由它的形态表现了；第二形态，是以价值增殖过程的 P 开始；若第三形态，就在运动以同样规模反覆的场合，其循环也系以增殖了的价值开始，以新增殖的价值终结。

如果从购买者看来，$W-G$ 即是 $G-W$，从售卖者看来，$G-W$ 即是 $W-G$，则在这限度内，资本的流通，不过表现为普通的商品形态变化；我们在第一卷第三章 Ⅱ 所分析过的关于流通货币量的诸法则，在这里也是适用的。但是，如其我们不拘泥于这种形式方面，而宁考察各相异个别资本形态变化的实际关联，换言之，如其我们要研究那个别诸资本的循环（当作社会总资本再生产过程的部分运动看）的关联，则货币与商品间之单纯的形态变化，并不能在这里说明什么。

在不断回转的循环上，无论那一点，都同时是起点与复归点。如其这种回转中绝，则任何起点，都不复为复归点。我们已经知道：不但各特殊循环，内中要以其他循环为条件；并且，一种形态上的循环反覆，还内含有其他形态上的循环的进行。所以，整个区别，单是表现为形式上的区别，单是表现为主观上的只在观察者心目中存在的区别。

若此等循环的每一循环，都被看为相异诸个别产业资本运动的特殊形态，则在此限度内，它们相互间的差异，常常只是个别的。然在现实上，国可个别产业资本，都同时在这三循环之内。这三种循环，这三个资本形态的再生产形态，是相互并存地连续地进行着。例如，现在作为商品资本而作用着的资本价值部分，被转化为货币资本；同时，资本价值的其他部分，则离开生产过程，作为新的商品资本，而加入流通内部。所以，W′…W′循环形态，在不断进行着。就其他两形态说，也是如此。不论在那一形态，在那一阶段，资本再生产，都和这些形态的形态变化，和它们通过三阶段的连续进行一样，是连续的。所以，总循环乃是这三个形态的现实的统一。

在我们的考察上，我们假定，资本价值是以其价值量全部，作为货币资本，或作为生产资本，或作为商品资本。比如，我们在前例，就假定422镑，最初是全部当作货币资本而存在的，以后，其全部转化为生产资本，最后，又全部转化为商品资本，即值500镑（其中含有78镑的剩余价值）的棉纱。在这场合，各

种阶段是有同样多的中断。例如，在上述 422 镑保持货币形态的

限度内，换言之，即在购买 $G-W\begin{smallmatrix}A\\[2pt]Pm\end{smallmatrix}$ 成就以前，全部资本都不

过当作货币资本而存在，而尽其机能，但当它一旦转化为生产资本，它就既不是成就货币资本的机能，也不是成就商品资本的机能了。它的全部流通过程中断了，当总资本全部停留在两流通阶段之一阶段上，成就 G 的机能，或成就 W′的机能时，全部流通过程会中断，像从别一方面说，全生产过程会中断一样。因此，P… P 循环，并不单表现为生产资本之周期的更新，它并以同一程度，在流通过程完成以前，表示生产资本的机能（即生产过程）的中断。生产不是连续地进行，而是断续地进行。其更新，须依照流通过程两阶段的缓速，而在不定的持续期间中进行。例如，就中国的手工劳动者说罢，他只是为私人的顾客劳动，他的生产过程必须停顿到有新顾客定做的时候。

上面的说明，在实际上，适用于各个在运动中的资本部分；资本的一切部分，都是连续通过这种运动的。例如，前面述及的10,000 磅棉纱，系某一纺绩业者一周间的生产物。这 10，000磅棉纱会全部由生产部面转到流通部面。其中所含的资本价值，必须完全转化为货币资本。而这种资本价值，在它保持货币资本形态的限度内，也不能重新加入生产过程。它必须先加入流通过程，再转化为生产资本要素 A＋Pm 资本的循环过程，在不断中绝。它由一阶段到以次的阶段，舍弃一种形态而采取其他形态。此等阶段的每一阶段，不仅是以次的阶段的条件，且还排除它。

但连续是资本主义生产的特征，它为资本主义生产之技术的基础所必要，虽然它不是无条件可以达成的。且看它在现实上是怎样进行的罢。比如，10,000 磅棉纱作为商品资本，投到市场，转化为货币（不问它是支付手段，是购买手段，抑是单纯的计算

货币）时，它是由生产过程上的新的棉花、石炭等所代替，它经过货币形态及商品形态，再转化为生产资本形态，而开始生产资本的机能。在第一个 10,000 磅棉纱要转化为货币的时候，以前的 10,000 磅，已经通过流通的第二阶段，即由货币再转化为生产资本的诸要素。资本的一切部分，顺次通过循环过程，并都在资本循环过程中，同时占着种种相异的阶段。所以，产业资本在它循环的连续中，是同时在它一切的循环阶段上，及与其相应的各式各样的机能形态上。当产业资本中那刚欲由商品资本转化为货币的部分，开始 W′…W′ 循环时，当作运动的全体看的产业资本，却已通过 W′…W′ 循环了。以一只手垫出货币，以另一只手收回货币。在某一点上 G…G′ 循环的开始，同时就是同一循环在其他点上的复归。就生产资本说，也是如此。

所以，产业资本的连续的现实循环，不单是流通过程与生产过程的统一，并且是三个循环的统一。不过，这种统一，只能行于以次的场合；在那场合，资本的相异诸部分，依次通过相互连续的循环诸阶段；由一阶段，一种机能形态，推移到了其他阶段，其他机能形态，由是，当作此等部分之总体看的产业资本，乃同时存在于各种阶段及机能之下，同时通过三循环全体。在这场合，各部分的继起性，系以它们的并存性，换言之，以资本的分割为条件。所以，在有组织的工厂制度之下，生产物由一生产部面移到其他生产部面，但仍能在它的形成过程上，不断占着相异的各阶段。因为个别的产业资本表现一个一定的量（那是由资本家资力的大小而定的，并且就各产业部面说，都有一定的最低限），所以，在个别产业资本的分割上，必须依从一定的比率。可资利用的资本的大小，制约着生产过程的范围；生产过程范围，又制约着与生产过程同时成就其机能的商品资本与货币资本的大小。使生产得以连续进行的并存性所以能保持，只因为资本诸部分，会依次通过各种阶段。这种并存性，本身不过是继起性的结果。例如，假如资本一部分的 W′-G′ 停顿了，商品卖不出去了，那么，这种资本部分的循环就会中断，它的生产手段就会不能代置，而接着以 W′ 形态，由生产过程移出的各资本部分，将为其先行部分所阻止，以致不能发生机能的变化。如其这情形继续到相当期间，生产自遭受限制，全部过程将归于休止。继起性上的停顿，将会使并存性陷于混乱。某一阶段一度发生停顿，那不但会使该资本部分的循环发生或大或小的障碍；个别资本总体的总循环，也会由此发生或大或小的障碍。

这种过程所依以表现的直接形态，就是各阶段的连系，资本进入一新的阶段，乃因它脱却了其他一阶段。所以，各特殊循环，都有资本的机能形态之一，为其起点及终点。在另一方面，总的过程，实际就是这三种循环的统一，而那三种循环，即过程连续性所依以表现的相异诸形态。就资本的各机能形态说，总循环都表现为它的特有的循环。而此等循环的每一循环，都成为总过程连续性的条件。一种机能形态的循环，使其他机能形态的循环成为必要。总生产过程同时须为再生产过程，并为其各要素的循环；这件事，从总生产过程本身看来，特别是从社会资本看来，是必要的条件。资本的各部分，依次通过各阶段及各机能形态。各种机能形态，虽都常常在它里面表现资本一个其他的部分，但却和别的机能形态，是同时通过它自己的循环。资本的一部分（那是不绝变动，不绝再生产的一部分），是当作要转化为货币的商品资本而存在；其他部分，是当作要转化为生产资本的货币资本而存在；第三部分，则是当作要转化为商品资本的生产资本而存在。至若这三种形态所以都能不断存在着，那是因为，总资本是经过上面这三个阶段而循环的。

所以，当作全体看的资本，是同时并存在它的各阶段上。不过，它的各部分，在不绝顺次由一阶段，一机能形态，移向其他阶段，其他机能形态，并顺次成就它在一切阶段内的机能。此等形态，是流动的，其同时并存性，是以继起性为媒介的。每一种形态，都随在其他形态之后，又行在其他形态之前。所以，一个资本部分复归到这个形态，须以其他部分复归到其他形态为条件。各部分不绝进行它自己的循环。不过，随着采取这一个形态的，常为资本的其他一部分，并且，这些特殊的循环，都只是总循环之同时的和连续的部分。

必须三循环合一，总过程的连续性才能实现，才不致有上述的中断。社会的总资本，常有这种连续性；其过程，常常是三循环的合一。

以个别诸资本而论，再生产的连续，是往往不免有多少中断的。第一，价值总量，在相异的时期，往往是以不等的比率，配分于各阶段及各机能形态。第二，这种分配比率，须视那待要生产的商品性质，从而，视资本所投下的特殊生产部面，而发生差异。第三，在有季节性的生产部面上，不管那是自然条件的结果（如农业，渔业等），抑是因袭情形的结果（如所谓季节劳动），生产的连续，固不免多少中断，但这过程在工厂及采矿业上，却是最规则最划一地进行着。然各生产部门间的这种差异，并不会在循环过程的一般形态上，引起何等差异。

当作一个会把价值增殖的价值，资本还不仅含有阶级关系，不仅含有一种以工资劳动为基础的一定的社会性质，它还是一种运动，一个会通过各种阶段的循环过程。而这种过程本身，又包含三个不同的循环过程形态。因此，它仅能当作运动来把握，不能当作静止物来把握。把价值独立化（Verselbständigung）看为是单纯抽象的人，忘记了，产业资本的运动，就是这种抽象的实现。在这场合，价值会通过种种形态，种种运动，使它自己保持，同时并使自己发展增大。但我们在这场合要研究的，是单纯的运动形态，故资本价值在其循环过程中会遭遇的诸种革命，只好不加考虑了。可是，不论价值革命（Wertrevolutionen）如何，资本主义的生产，显然要在资本价值会把价值增殖的限度内，要在它当作独立化的价值，而通过循环过程的限度内，换言之，要在价值革命能以某种方法克服或平衡的限度内，才能存在，才能持续。资本的运动，表现为若干个别产业资本家的行动，他成就商品购买者和劳动力购买者的机能，成就商品售卖者的机能，成就生产资本家的机能；循环过程，也就是由他的这些行动推进的。假若社会的资本价值，经历一种价值革命，他的个别资本，就会因为它不能适应这种价值变动的诸条件，而受到牺牲，而归于灭亡。价值革命越是变为尖锐，越是变为频繁，则独立化的价值之自动的以一种元素自然过程的强力来发生作用的运动，将越是与个别资本家的先见与打算相对抗，而正常的生产过程，越是要屈服于变则的投机之下，以致于个别资本的存在，益益冒着危险。所以，此等周期的价值革命，正好证明了它们被人们援引来否定的事实；那就是价值当作资本所经验到的，并由资本运动而维持而加强的独立性。

过程中的资本之形态变化序列，包含原价值与在循环中变化的资本价值量之不断的比较。与价值形成力（即劳动力）相对而言，价值的独立性，在 G-A 行为（即劳动力的购买）导入了，并在生产过程的持续中，被实现为劳动力的榨取；在这场合，这种价值的独立化，不再表现于这种循环内部。在这种循环内部，货币与商品与诸生产要素，仅为过程中的资本价值之相互替代的形态，并且，在那里，过去的价值量，是与资本现在的变化了的价值量相比较。

价值的独立化，是资本主义生产方法的特征。培利反对这一说，他认为这只是若干经济学者的幻想。他说："价值是同时存在的商品与商品之间的关系，因为只有这样的商品能相互交换。"他反对相异时期的商品价值得相互比较的说法。实则，一度把各时期的货币价值固定，这种比较，就不过是比较这各种商品的生产在不同时期所需的劳动支出而已。他所以会这样主张，是因为他的一般的误解。他认定交换价值即是价值本身，他把价值的形态与价值本身混为一谈。照此见解，商品价值在它们没有积极尽着交换价值机能的限度内，从而在事实上它们不能互相交换的限度内，就不能互相比较了。他丝毫没有注意以次的事实；即，价值这东西必须在那些决非同时存在而是继起的种种循环阶段中，维持它自身的同一性，并和它自身比较，它才是当作资本价值或资本，而尽其机能。

要在纯粹形态上考察循环公式，仅假定商品依照价值售卖，是不够的。还须假定这种售卖，是行于其他情形不变的条件之下。现在且以 P⋯P 形态为例。生产过程内部所生的一切技术上的革命，会把某一些资本家的生产资本的价值减低的，但我们在这里暂把这点不论；生产资本诸价值要素的变动，会影响既存的商品资本的价值（假若商品资本为库存品，其价值得因此变动而或昂腾，或低减），但我们也暂把这点不论。我们且假定 10,000 磅棉纱 W′，系照其价值 500 镑卖掉。其中，以等于 422 镑的 8440 磅，代置那包含在 W′ 中的资本价值。但是，假若棉花煤炭等的价值增高了（因为我们在这里并不计较单纯的价格变动），这 422 镑，也许不够代置全部生产资本的要素，在这场合，追加的货币资本，成为必要了，货币资本要受拘束了。若棉花煤炭等价格低落，那就会生出反对的结果，货币资本会游离出来。所以，如要这种过程正常进行，必须价值比例维持不变。设在循环反复中生出的诸种搅乱，相互归于均衡，这过程在事实上是会照常进行着的。但是，此等搅乱愈大，产业资本家就愈不得不有较大量的货币资本，俾能等待那种均衡化过程的成立。惟其在资本主义生产进行中，各个别生产过程的规模会扩大，从而，垫支资本的最低限量也会增大，所以又多有一种事情，使产业资本家的机能，益益转化为大货币资本家（个别的或结合的）的独占。

我们有一点要附带表明：诸生产要素的价值一有变化，一方面的 G…G′ 和他方面的 P…P 及 W′…W′ 之间，就要显示一种差异。

把 G–G′ 看作是首先以货币资本出现的而新投下的资本的公式。在这公式上，如其像原料，补助材料一类生产手段的价值低落，则开始一定营业规模所需投下的货币资本，就要比较这种价值低落以前为少。因为在生产力的发展程度不生变化的限度内，生产过程范围的大小，乃依存于一定量劳动力所能处理的生产手段的分量及范围。它不是依存于这种生产手段的价值，也不是依存于劳动力的价值。劳动力的价值，仅会影响价值增殖的大小。反之，如生产资本诸要素（即商品的诸生产要素）发生价值腾贵现象，则开始一定营业规模所需的货币资本，就得加大了。在这两种场合蒙受影响的，只是新投下的货币资本量。如果新的个别产业资本要在一定生产部门照常进行，则货币资本在第一场合会成为过剩，在第二场合会受到拘束。

要 P 及 W′ 的运动，同时含有蓄积的意味，从而，要追加的货币 g 转化为货币资本，P…P 及 W′…W′ 的循环才会表现得和 G…G′ 样。把这一点除外，此等循环由生产资本诸要素的价值变动所受到的影响，就和 G–G′ 循环所受到的影响不同。在这里，我们且不论这种价值变动，对于那已经在生产过程中的资本诸成分，会生什么反应作用。在这场合受到直接影响的，并非原来的投资，并非在最初循环中的产业资本，而是那已在再生产过程中的产业资本，换言之，是 $W' \cdots W \begin{smallmatrix} A \\ < \\ Pm \end{smallmatrix}$ （即商品资本再转化为那由商品构成的商品诸生产要素）。当价值或价格低落时，有三种场合是可能的：第一，生产过程以同一的规模继续下去。在这场合，现实的蓄积（扩大的再生产）虽未曾发生；在这以前或以后产生的 g（剩余价值），也未转化为蓄积基金，但从前的货币资本的一部分，却会被游离出来，因而发生货币资本的蓄积。第二，在技术比例许可的限度内，再生产过程依较大的规模扩大。第三，像原料及其他物品之类的库存量，将会增大。

假若商品资本的代置要素（Ersatzelemente）的价值昂腾，势将发生相反的结果。在这场合，再生产不复依正常的范围进行了（例如缩短从业时间）；不然，为要维持原来范围，不得不使用追加的货币资本（那就是货币资本的拘束）；不然，就是可以动用的蓄积货币基金（Akkumulations-Geldfonds），将其全部或一部分，移作维持旧规模经营之用，不被用来把再生产扩大。在这一场合，货币资本也要受到拘束。但其不同之点，只是在这场合的追加货币资本，不是来自外部，不是来自货币市场，而是来自产业资本家自身的财源。

不过，在 $P \cdots P$ 及 $W' \cdots W'$ 的循环上，得发生诸种变异情形。例如，假若我们前例上的棉纺绩业者，在堆栈里存有多量棉花，从而，他的生产资本有一大部分，是当作棉花库存品而存在，则在这场合，如果棉花价格下落，他的这一部分生产资本价值就要减少。反之，如果棉花价格昂腾，他的这一部分生产资本的价值，也会腾贵起来。在另一方面，如果他使他的大部分资本，固定在商品资本形态上，例如在棉纱上，那棉花价格跌落的结果，他的商品资本的一部分，或者他在循环中的资本的一部分，就难免引起价值的减少。反之，在棉花价格昂腾的场合，则会发生反对的结果。最后，在 $W'\text{-}G\text{-}W\begin{smallmatrix}A\\\\Pm\end{smallmatrix}$ 过程上，如 $W'\text{-}G$（即商品

资本的实现），发生在 W 诸要素价值变动以前，则资本仅在上述

第一场合，即仅在第二流通行为 $G\text{-}W\begin{smallmatrix}A\\\\Pm\end{smallmatrix}$ 上蒙到影响。不过，

这种价值变动，如发生于 $W'\text{-}G$ 以前，则在其他情形不变的限度

内，棉花价格的下落，会引起棉纱价格相应的下落，反之，棉花

价格的昂腾，则会引起棉纱价格相应的昂腾。即投在同一生产部

门内诸个别资本所受的影响，得随此等资本的存在情形，而极不

一致。货币资本的游离或拘束，同样可由流通过程的持续期间的

差异，从而，由流通速度的差异而产生。但这种事实，应留待考

察资本周转（Umschlag）的时候讨论。我们在这里关心的，只是

就生产资本诸要素价值的变动，考察 $G\cdots G'$ 与循环过程的其他两

形态之现实的区别。

以资本主义生产方法发达了支配了的时代而论，在 $G\text{-}$

$W\begin{smallmatrix}A\\\\Pm\end{smallmatrix}$ 流通阶段上，构成生产手段的诸商品，有一大部分，其

自身就是他人的机能中的商品资本。所以，从卖者方面看来，就

是 $W'\text{-}G'$，即商品资本的货币资本化。不过，这并不是绝对适用

的。反之，在产业资本当作货币或商品而作用着的流通过程内

部，产业资本当作货币资本或商品资本而通过的循环，同时会和

那在种种色色的社会生产方法（如果那同时是商品生产）下进

行的商品流通，相交错。商品不论是奴隶制度生产的产物，是自

耕农民（中国的农民，印度的农夫）的产物，是共同体（荷领

东印度）的产物，是国家经营（如俄罗斯历史上前一个时代的

在农奴制基础上的生产）的产物，抑是半野蛮狩猎部族的产物，

它总是当作商品和货币，与代表产业资本的商品及货币相对立，并且和商品资本内包含的剩余价值——在它当作所得而支出的限度内——一样，加入产业资本的循环，即加入商品资本的两个流通部门。它们的生产过程究竟有什么性质，在这里，没有何等关系。它们当作商品，在市场上尽着机能，并当作商品，加入产业资本的循环，并加入产业资本所生出的剩余价值的流通。显示产业资本流通过程之特色的，是商品的由来的普遍性质，是市场的成为世界市场。以上是就外国商品而言。但适用于外国商品的，也适用于外国货币。商品资本对外国货币不过尽单纯的商品机能，同样，这种货币对商品资本也不过尽单纯的货币机能。在这场合，货币是当作世界货币而作用的。

但在这里有两点必须注意。

第一，G-Pm 行为一经终了，商品 Pm 早已不成其为商品，而变为产业资本在其机能形态 P（生产资本）上的存在样式之一。由是，商品的由来，被抹消了。商品现今不过当作产业资本的存在形态而存在，与产业资本合为一体了。但要代置它，它仍有再生产的必要。在这限度内，资本主义生产方法，是以横在它发达阶段外部的生产方法为条件的。不过，在可能范围内，使一切生产转化为商品生产，仍是资本主义生产方法的倾向。它成就这种倾向的主要手段，就是把其他一切生产，拉入资本主义生产方法的流通过程内部。发展了的商品生产，即是资本主义的商品生产。产业资本的侵入，到处促进这种转化，同时并使一切直接生产者，转化为工资劳动者。

第二，加入产业资本流通过程的诸商品（包含再生产劳动力所需的生活资料，可变资本在支付给劳动者以后，便会转化成这种生活资料的），不拘其来源如何，不拘其所由来的生产过程的社会形态如何，早就当作商品资本，以商品经营资本（Warenhandlungskapital）或商人资本形态，与产业资本自身对立。这种商人资本，在性质上，包含一切生产方法下的商品。

资本主义生产方法，不仅以大规模的生产为前提，且必然要以大规模的售卖为前提。那不是售卖于个个消费者，而是售卖于商人。自然，如果这种消费者自己就是生产的消费者，就是产业资本家，换言之，如果某生产部门上的产业资本供给其他生产部门以生产手段，则在这限度内，某一产业资本家，也会以定购等方式，直接售卖于其他许多资本家们。在这限度内，各产业资本家都是直接贩卖者，自身就是商人；就其余各点说，他售卖于商人时，也是这样的。

当作商人资本的机能，商品经营即商业，是资本主义生产的前提，那会随资本主义生产的发达而益形发达。所以，我们虽不时把它用来例解资本主义流通过程的各个方面，但在资本主义流通过程的一般分析上，我们却假定商品是直接贩卖，没有商人作媒介；因为商人介在其间，会隐蔽运动的种种要素。

且看西斯蒙第关于这个问题的素朴的说明罢。他曾说：

"商业要应用多量资本。这资本，一看似乎不是进行上述运动的资本的一部分。布店中的布匹的价值，一看似乎和富者为使贫者劳动，以工资名义支给贫者的年生产物部分，无何等关系。但这种资本，不过代置我们前面讲的别一个资本罢了。为要明白理解富之进步，我们首先由富的形成论起，然后到它的消费。由是，可知那使用在制造业（例如织物制造业）上的资本，常没有变动。而这种资本在它与消费者的收入相交换时，不过是分割为两个部分。一部分，当作利润，作为资本家的所得，别一部分当作工资，作为从事新织物制造的劳动者的所得。

"但不久我们就知道，这种资本相异诸部分相互代置的办法，对于一切关系者，都有利益。例如，100,000 台娄尔如够制造业者与消费者间的全部流通，那就不妨以这 100,000 台娄尔，等分于制造业者、批发商人和零售商人之间。这一来，从前要用全部处理的同一工作，现在有三分之一就可以对付了。因为，制造工作一经完了，制造业者无需求消费者或购买者，因此，他可以在更早得多的时候，把商人找到。在另一方面，批发商人的资本，也将遥为迅速的，为零售商人的资本所代置。……垫支的工资额，与最终消费者所支付的购买价格间，有一个差额，这个差额是可以看做此等资本的利润的。这种利润，一当制造业者，批发商人，零售商人分途成就机能的瞬间，就被配分于他们三者之间。那虽然要求三个人，要求把一宗资本分为三个部分，但所成就的工作，并无何等变化"（《新经济学原理》第 I 卷第 139、140 页）。——"一切（商人），都间接于生产有所贡献。因为生产是以消费为目的，生产物未达到消费者手中以前，生产不能视为已经完结。"（同上第 137 页）

在循环的一般形态之论究上，统而言之，在这第二卷全卷，我们所称的货币，都不是象征的货币，因为那不过是一定国家的特殊现象，是单纯的价值记号；也不是尚在未曾说明的信用货币，而是金属货币。因为第一，这符合于历史的程序。在资本主义生产的初期，信用货币只尽着很少的功能，甚至毫无何等功能可言。第二，这个程序的必然性，可在理论方面，由以次的事实证明。即，杜克（Tooke）及其他学者，虽曾就信用货币予以若干批判的说明，但结局，他们常不得不归着到这个问题：在单纯金属流通的基础上，情形将如何呢？不过，我们决不要忘记：金属货币能成就购买手段的机能，也能成就支付手段的机能。为使说明单纯化起见，本卷大体只就这第一种机能形态来考察。

产业资本的流通过程，不过是产业资本之个别的循环过程的二部分。在它只代表一般商品流通内部的一列过程时，它是由前面（第一卷第三章）说明过的诸种法则所决定。货币的流通速度愈大，各个产业资本通过其商品转形系列或货币转形系列愈速，则由同一货币量（比如 500 镑）依次流通的产业资本（或在商品资本形态上的个别资本）将愈多。由是，货币当作支付手段而尽的机能越是显著，例如，一宗商品资本由其生产手段代置时越是只须清算差额，并且支付期间（如在工资支付的场合）越是短，则使同一量资本价值流通所必要的货币量，也越是小。在另一方面，如假定流通速度和其他一切情形不变，那么，应当作货币资本流通的货币量，是由诸商吊的价格总量（商品量乘价格）所决定；假若商品量及其价值不变，则这个货币量，就是由货币自身的价值所决定。

但是，一般商品流通的法则，仅适用于资本流通过程为一系列单纯流通过程的场合。但若资本流通过程为个别产业资本循环上的机能确定的阶段，则不适用。

为明了此点，我们考察流通过程时，顶好是把流通过程放在它的无间断的关联上，那有如下列二式。

$$
(\text{Ⅱ})\ P\cdots W'
\begin{cases}
W- \\
-G' \\
W-
\end{cases}
\begin{cases}
G-W \overset{A}{\underset{Pm}{<}} \cdots P\ (P') \\
g-w
\end{cases}
$$

$$
(\text{Ⅲ})\ W'
\begin{cases}
W \\
-G' \\
W-
\end{cases}
\begin{cases}
G-W \overset{A}{\underset{Pm}{<}} \cdots P \cdots W' \\
g-w
\end{cases}
$$

流通过程不论表现为 W-G-W，抑表现为 G-W-G，但要是当作流通经过的系列，它就不过显示为商品形态变化上两个互相对立的系列。但在其中，每一个形态变化，都包含和它对立的他人的商品或货币之相反的形态变化。

商品所有者方面的 W-G，就是购买者方面的 G-W。商品的第一形态变化 W-G，就是表现在 G 形态上的商品的第二形态变化。就 G-W 说，则适得其反。所以，在资本家尽着商品购买者及售卖者的机能，他的资本，当作货币而与他人的商品对立，或当作商品而与他人的货币对立的限度内，关于某一阶段上的商品形态变化，和其他阶段上的其他商品的形态变化之交织，我们所有的说明，都可适用于资本的流通，不过，这种交织，并非同时即是资本形态变化的交织之表现。

第一，我们已经讲过：G-W（Pm）可以表现种种个别资本的形态变化之交织。例如，棉纱纺绩业者的商品资本即棉纱，一部分由石炭代置。他的资本的一部分，虽在货币形态上存在，并由货币形态转化为商品形态，但同时从事石炭生产的资本家的资本，却在商品形态上存在，从而要由商品形态转化为货币形态。在这场合，同一流通行为，表现两个（属于相异生产部门）产业资本之对立的形态变化，从而，表现此等资本的形态变化系列的交织。但是，我们还知道，G 转化为 Pm，但 Pm 无须是严格意义上的商品资本。换言之，不必是产业资本的机能形态，不必是由资本家生产的。那常常是一方面的 G-W 和他方面的 W-G，但不常常是资本诸形态变化的交织。至于 G-A 即劳动力的购买，则决不表示资本诸形态变化的交织。因为劳动力虽为劳动者的商品，但要卖到资本家手中以后，才成为资本。在另一方面，W'-G'过程上的 G'，并不一定要代表转化了的商品资本；它可以是商品劳动力的货币化（工资），也可以是由独立劳动者，奴隶，农奴，或共同体所生产的生产物的货币化。

第二，如其我们假定世界市场的总生产，是由资本主义经营，则个别资本的形态变化在流通过程内部所扮演的机能上确定的角色，不一定就在别的资本的循环上，代表与它相应但与它相反的形态变化。例如，在 P···P 循环上，使 W′货币化的 G′，从购买者方面来看，可以只是他的剩余价值的货币化（如果这种商品，是消费品）。在蓄积资本也参加进来的 $G'-W'\begin{smallmatrix}A\\ \\Pm\end{smallmatrix}$ 上，从 Pm 的贩卖者看来，G′不过当作他的资本垫支的代置，而加入；不然的话，就是全然不再加入他的资本流通，却不过是当作所得来支出。

总之，诸个别资本，不过是社会总资本的独立作用的诸成分。这社会总资本的相异诸部分相互间，不论在流通过程中作任何样式的代置，就资本说也好，就剩余价值说也好，都不是从商品流通上的单纯的形态变化的交织，引起的。这种交织，为资本流通的诸行为和一切其他的商品流通所共有。要了解以上的事实，我们有采用别种研究方法的必要。从来经济学者关于这个问题，总是使用一些表示漠然的文句，把那些文句加以严密分析，它们实不过包含一些不确定的观念，那都不过是由一切商品流通所共有形态变化的交织，借用过来的。

产业资本循环过程的最显明的特质之一，从而，资本主义生产的最显明的特质之一，是这个事情，即在一方面，生产资本的诸构成要素，必须由商品市场而来，不绝由这种市场更新，并当作商品而购买；在另一方面，劳动过程的生产物，则当作商品由那里出来，须不绝当作商品而售卖。试把苏格兰低地的近世租地农业家，和欧洲大陆的小自耕农民加以比较罢。前者售卖其生产物的全部，并须在市场上，代置其生产物的一切要素，即种子也非例外。至于后者，则是直接消费其生产物的最大部分，他尽可能的少买少卖，就是器具衣物等，都尽可能的自己制造。

由此，人们常把自然经济（Naturalwirtschaft），货币经济（Geldwirtschaft），信用经济（Kreditwirtschaft）看作社会生产上三

个特征的经济运动形态，而使它们对立起来。

但是，这三个形态，第一，并不代表对等的发达阶段。在信用经济与货币经济都表现生产者自身间的交易机能或交易方法的限度内，所谓信用经济，不过是货币经济的一种形态。在发达了的资本主义生产之下，货币经济仅表现信用经济的基础。因此，货币经济与信用经济，不过适应于资本主义生产的各不同的发展阶段，决非两种不同的独立的与自然经济相对立的交易形态。如果可以这样看，我们也可以把自然经济的极不相同的诸形态，看作对等的，使它们和那二者对立。

第二，人们在货币经济及信用经济这两个范畴上，既然不是重视经济，不是重视生产过程自身，也不以它们为区别的特征，而只注意这两种经济下相异诸生产代理人或生产者间的交易方法，所以，为并排起见，第一范畴一定也要这样看才行。这样，那不是自然经济，而是交换经济了。像秘鲁印开国家的完全孤立隔绝的自然经济，就不属于这些范畴中的任一个范畴了。

第三，货币经济对于一切商品生产是共通的。生产物会在各种各样的社会生产组织下表现为商品。由是，使资本主义生产取得它的特征的，只是这件事：生产物在什么范围内当作交易品，并当作商品生产出来，并且，那种生产物自身的诸形成要素，又在什么范围内，必须再当作交易品，再当作商品，再加入它所由来的经济中。

在实际，资本主义生产，是当作生产一般形态的商品生产。但资本主义生产之所以成为这样的商品生产，并在其发展中，益益成为这样的商品生产，那只是因为资本制度下的劳动自身，表现为一种商品，并因为劳动者对于劳动，即对于它自己的劳动力的机能，是像我们假定的那样，依照它的由再生产费用决定的价值售卖。劳动越是成为工资劳动，生产者就依同比例，越是成为产业资本家。惟其如此，资本主义生产（从而商品生产），一直到直接农业生产者也成为工资劳动者那时候，方才及于全体范围。在资本家对工资劳动者的关系上，货币关系即买者对卖者的关系，成为一种内在于生产本身的关系。然这种内在关系，是以生产之社会的性质为基础，而非以交易方法之社会的性质为基础。后面这种社会性质，其实是由前面一种社会性质产生出来。但从资产阶级的眼界出发，却不是在生产方法性质中，求适应于生产方法的交易方法之基础。刚好相反。在资产阶级的眼界内，是只把商业买卖，放在脑中的。①

*　　*　　*

资本家以货币形态投入流通内部的价值，比较他由流通内部取出的价值为小，这是因为，他以商品形态投入流通内部的价值，比较他以商品形态由流通内部取出的价值为大。在他当作资本的人格化而尽机能，当作产业资本家而尽机能的限度内，他的商品价值的供给，常较他对商品价值的需要为大。就这关系说，说他的供给与需要一致，等于说他的资本，没有成就价值的增殖；他的资本，未尽生产资本的机能；他的生产资本，转化成为不包孕剩余价值的商品资本；在生产持续中，它不会由劳动力，引出商品形态上的剩余价值，从而，不曾发生资本的作用。在实际，资本家必须是"所卖贵于其所买"。但他所以能所卖贵于其所买，仅因为资本主义生产过程，使他能够把所含价值较少而低廉的商品（他所购买的商品），转化为价值较大而贵的商品。他卖得更贵，并不是在商品价值以上售卖的结果，那是因为他的商

---

① 以上，采自第五稿。以下至本章末，则系 1877 年或 1878 年所成草稿中的一个注释，那是夹在其他著述摘录中的。

品，比诸生产成分的价值总额，有较大的价值。

资本家的供给与需要之差愈大，换言之，他所供给的商品价值，愈超过他所需要的商品价值，则他增殖其资本价值的比率也愈大。他的目的所在，不在使这种供给与需要归于平均，而宁是在可能范围内，使它们越不平均越好。那就是使他的供给超过他的需要。

就各别资本家说是如此，就资本家阶级全体说，也是如此。

在资本家单纯为产业资本的人格化的限度内，他自身的需要，不外就是对生产手段与劳动力的需要。他对于 Pm 的需要，就价值方面言，要较他的垫支资本为小；他所购买的生产手段的价值，已较他的资本的价值为小，所以，较他所供给的商品资本的价值，是更小得多。

就他对于劳动力的需要说罢。这需要，在其价值上，乃是由 v∶C 比例，即可变资本对总资本的比例而定。从而，就比例来考察，在资本主义生产下，这种需要，比他对生产手段的需要，还要增加得少。购买者对于 Pm 的需要，比他对 A 的需要，是不断在增大的。

劳动者通常要把他的工资，转化为生活资料（其中最大部分为生活必需品），在此限度内，资本家对于劳动力的需要，间接就算是对于归劳动者阶级消费的生活资料的需要。不过，这需要只等于 v，一点不会多（如其劳动者把他的工资的一部分贮蓄起来——在这场合，一切信用上的情形，都必然在视线之外——那就是他把工资一部分转化为贮藏货币，则在这限度内，他还不是以需要者购买者的资格出现）。资本家的需要的最大限界，为 C＝c+v，他的供给，则等于 c+v+m。因此，他的商品资本的构成，如为 80c+20v+20m，他的需要就是等于 80c+20v，从价值上看来，那较之供给，小了 $\frac{1}{5}$。他所生产的 m 量的百分率（即利润率）愈大，他的需要，就比较供给愈小。随着生产的发展，资本家对于劳动力，从而间接对于生活必需品的需要，比他对于生产手段的需要，固然愈小，但在另一方面，我们又不要忘记：他对于 Pm 的需要，如日日平均计算，也常较他的资本为小。惟其因此，他对生产手段的需要，就必须常在价值上，较小于别个资本家的商品生产物；那资本家，是以等额资本，和他在相同诸条件下从事，并供给他以生产手段的。即令供给他的生产手段的，不是一个资本家，而为多数资本家，那也于这种问题无何等影响。且假定他的资本为 1000 镑，其不变部分为 800 镑。在这场合，他对于所有这些资本家的需要，为 800 镑。如其利润率相等，则他们以 1000 镑资本（不论在其中他们各各所占的部分多少，也不论他们各各占有的资本量，在总资本上所占的比率大小）合计供给的生产手段的价值，为 1200 镑。那就是，买方资本家的需要，不过占有卖方供给的 2 3。同时，他自身的需要总额，从价值的大小看来，不过是他自身的供给额的 $\frac{4}{5}$。

在这里，我们必须预为考察一下资本周转的问题。假定资本家的总资本为 5,000 镑，其中 4,000 镑为固定资本，1,000 镑为流动资本。而这 1,000 镑，照前面的假定，系由 800c＋200v 所构成。为使他的总资本每年周转一度，他的流动资本必须每年周转五度。这一来，他的商品生产物，就成为 6,000 镑，较垫支资本大 1,000 镑。由是我们再得到了上面说的那样的剩余价值率：

5000C：1000m＝100（c＋v）：20m

因此，这种周转，并未在他的总需要与总供给的比率上，引起何等变化。前者依然较后者小 $\frac{1}{5}$。

假定他的固定资本，每十年必须更新一次。那么，固定资本的价值，逐年要偿还 $\frac{1}{10}$（400 镑）。到第二年，他手中存有在固定资本形态上的 3600 镑，加上在货币形态上的 400 镑的价值。在必需修缮，但其程度不超过平均程度的限度内，那种费用，不外是他后来加投的资本。我们在考察这个问题时，可以这样看，好像他在估计他的投资的价值时，已经把这种修理费用计算在内（在它加入每年商品生产物中的限度内），好像这种费用也已包含在上述 $\frac{1}{10}$ 的年偿还额中。如其所需修缮，实际在平均以下，他就将在此限度以内受到利益；反之，若在平均以上，他就将在此限度以内蒙到不利。不过，这种得失，就同一产业部门的资本家全阶级看来，是相互抵消的。无论如何，虽说他的总资本，经年一度周转后，他在一年间的需要，依然为 5,000 镑，等于最初垫支的资本价值；但这种需要，就流动资本部分言，确实是在增大，而就固定资本部分言，则在不绝减少。

现在再转到再生产问题上来，假定资本家把剩余价值 g 全部消费掉，单使原资本量 C 再转化为生产资本。在这场合，资本家的需要，等于他的供给的价值。但就他的资本的运动言，则不是如此，他以资本家资格所需要的价值，不过相当于他所供给的价值的 $\frac{4}{5}$，而相当于残余 $\frac{1}{5}$ 的价值，则是他以非资本家的资格消费的。即是说，他对于这一部分价值，不是在他的资本家的机能上消费的，那是为满足他个人的欲望或享乐而消费的。

在这场合，他以百分率表现的计算，是像下面这样：

当作资本家……需要 = 100　　供给 = 120

当作生活者……需要 = 20　　　供给 = —

合　　　　计……需要 = 120　　供给 = 120

以上这种假定，就等于假定资本主义生产不存在，从而假定产业资本家自身不存在。因为，我们如其假定资本主义的发动机，非为致富，而是享乐，那就无异在根底上把资本主义扬弃了。

但这种假定，在技术上是不可能的。资本家为要对付价格的变动，为要等待买卖上最有利的市况，都有形成一个准备资本的必要；不但此也，为要扩大生产，为要把技术上的进步，并合在他自己的生产组织体中，他还有蓄积资本的必要。

为要蓄积资本，他首先就须把货币形态上的由流通内部流出来的剩余价值的一部分，由流通取出，并将其贮藏，使其达到扩张旧营业或开始新营业所必要的金额。在这种货币继续贮藏的限度内，资本家的需要，是不会增大的。货币是休止着。他虽曾为所供给的商品，从商品市场取出货币等价，但不曾从商品市场，为货币等价，取去任何的商品等价。

关于信用问题，这里暂不讨论。如果资本家把货币蓄积的结果，当作有息的活期存款，存于银行，这已经是信用范围以内的问题了。

第五章

流通时间

我们已经讲过：通过生产领域与流通领域两阶段的资本的运动，是依照时间的顺序进行的。资本留在生产领域的时间，即是资本的生产时间（Produktionszeit）。留在流通领域的时间，即是资本的流通时间（Zirkulations-oder Umlaufszeit）。从而，资本通过循环的全时间，就等于生产时间与流通时间之和。

生产时间，自然包含劳动过程的期间在内，但劳动过程的期间，却不包含生产时间。关于这点，我们先得牢记着：不变资本的一部分，是在像机械，建筑物一类劳动手段的形态上存在的。此等物件在磨灭以前，是在不绝更新的反复的同一劳动过程上，尽其功能。劳动过程之周期的中绝（例如在夜间），虽使此等劳动手段的机能中绝，但它们在生产场所的位置依然保持，劳动手段在尽其机能时，固属于生产场所，在不尽其机能时，还是属于生产场所。在另一方面，资本家如其在进行生产过程时，不愿依赖每日的偶然的市场供给，而要在或长或短期间内，依照预先决定的规模进行，他就必须在仓库中，预备一定的原料与补助材料。原料之类的库存品，是要在生产上渐次消费的。由是，在它的生产时间①与机能时间（Funktionszeit）之间，就要生出差异来了。即生产手段的生产时间，拢总包括有以次三个期间：（一）是生产手段当作生产手段来尽机能的期间，换言之，就是生产手段在生产过程中尽其作用的期间；（二）是生产过程中绝，从而，被包含在生产过程中的生产手段机能也中绝的休止期间；（三）是生产手段虽已作为生产过程的条件而存在，从而，虽已代表生产资本，但还未加入生产过程内部的期间。

像上面所考察的差别，常是指生产资本留在生产领域（Produktionsspäre）内部的期间，与留在生产过程内部的期间之差别。然生产过程本身，又有使劳动过程中断，从而，使劳动时间中断的必要。在那种中断上，劳动对象会不经人类劳动的协助，单受物理过程的影响。在这种场合，劳动过程虽然中绝，从而，生产手段作为劳动手段所尽的机能虽然中绝，生产过程乃至生产手段的机能，则还继续着。这可由种种事例见到，如播在地上的谷种，如在地窖中发酵的葡萄酒，如在揉皮业一类制造业上方在化学过程内的劳动材料等，皆是如此。在此等场合，生产时间较劳动期间为大。而此两者间之差，不外就是生产时间在劳动时间以上的超过分。这超过分，常根源于以次的事实：生产资本不在生产过程本身之内发生作用，而潜伏地，留在生产领域内部；或不参与劳动过程，而在生产过程内部发生作用。

当作生产过程的条件准备着潜伏着的那部分生产资本，如像纺绩业上的棉花石炭等，既不是当作生产物形成要素，也不是当作价值形成要素，而是休眠着的资本。它这种休眠，是生产过程无间断流动的一个条件。保存生产库存品（潜伏资本）所必要

① 生产时间一语，这里要在能动的意味上去解释。即，这里所谓生产手段的生产时间，不是指生产手段被生产的时间，而是指生产手段参与商品生产物的生产过程的时间。——F. E.

的建筑物器具等，是生产过程的条件，从而是垫支生产资本的构成部分。此等物件所尽的机能，是把诸生产要素保存在预备阶段上。如其劳动过程在这个阶段上成为必要，原料及其他物件的价格，就会因而增高。这个阶段上的劳动，也是生产的劳动，也会造出剩余价值，因为这种劳动，像其他工资劳动一样，是有一部分，完全没有代价的。但全生产过程在正常的中断期间，即在生产资本不尽机能的期间，既不产生价值，也不产生剩余价值。所以，努力使劳动者在夜间工作，就成了一种倾向了（第 I 卷第Ⅷ章Ⅸ）。——劳动对象在生产过程持续中所必须通过的劳动时间的中断时间，虽不产生价值，也不产生剩余价值，但却会促进生产物的完成，形成生产物之生涯的一部分，并形成生产物不得不通过的一种过程。器具这一类物件的价值，则比例于此等物件发生机能的全时间，而移转到生产物之上。生产物系由劳动本身安置于这个阶段。而此等器具的使用，正和棉花一部分变作尘埃飞散一样，是生产的条件；它们虽不成为生产物的要素，但却把它自身的价值，转移到生产物上了。潜伏资本的其他部分，如像建筑物、机械之类，即仅由生产过程之规则的休止而中断其机能的劳动手段——若因生产规模缩小，因恐慌等引起的不规则的中断，则为纯粹的损失——就只会附加价值，但不加入生产物的形成过程。潜伏资本这一部分所附加于生产物的总价值，系由这个资本部分平均的存续期间而定。它不论在成就生产资本机能时，抑在不成就生产资本机能时，都会损失价值，因为它不论在什么时候，都会损失它的使用价值。

最后，劳动过程纵然中断，继续存在于生产过程内部的不变资本部分的价值，却会再现在生产过程的结果上。在这场合，生产手段系由劳动本身位置在一种条件下，并在其内，通过一定的自然过程。此等自然过程的结果，就是一定的利用效果，就是生产手段使用价值的一种转化形态。劳动在实际把生产手段消费在合目的的形态上的限度内，常会把生产手段的价值，转移于生产物上。在这里，劳动或单是为这种结果，而不断借助于劳动手段以作用于劳动对象，或单是给以刺激，把生产手段，位置于一定条件下，不更以劳动加于生产手段，而单使它在自然过程内发生所欲的变化。但那在问题上是不会发生何等影响的。

生产时间可因种种理由，超过劳动时间：如生产手段仍是潜伏的生产资本，对于现实的生产过程，还未脱却预备阶段啦；如在生产过程内部，生产手段机能，因这种过程的休止而中断啦；又如生产过程自身，使劳动过程的中断，成为必要啦，总之，无论在那种场合，生产手段总暂时失却劳动吸收器的机能。它们既不会吸取劳动，自无从吸取何等剩余价值。所以，纵令劳动增殖过程的实现，与这种机能休止，是如何不可分地结合着，生产资本在超过劳动时间以上的那一部分生产时间内，仍不因此而有丝毫的价值增殖。生产时间与劳动时间愈近于一致，则一定生产资本在一定期间内的生产力与价值增殖，就愈增大，这是很明白的。因此，资本主义生产的倾向，就是要尽可能缩小生产时间对劳动期间的超过分。不过，资本的生产时间虽与它的劳动时间不一致，但前者常包含后者，甚至前者超过后者这件事的本身，也成了生产过程的条件。所以，生产时间，常常是指这种时间，在这时间内，资本会生产使用价值，会增殖自己的价值，会当作生产资本而作用；虽然在这当中，也包含资本停在潜伏状态的时间，或资本从事生产，而不增殖价值的时间。

在流通领域内，资本是尽着商品资本及货币资本的机能。资本所通过的两流通过程，要不外是由商品形态转化为货币形态，和由货币形态转化为商品形态。在这里，商品的货币化，同时就是体现在商品内的剩余价值之实现；货币的商品化，同时就是资本价值复变为诸生产要素姿容的转化或再转化，但虽如此，这诸种过程，当作流通过程，依然是单纯的商品形态变化的过程。

流通时间与生产时间，是相互排除的，资本在流通时间的持续中，不是当作生产资本而作用，从而，不生产商品，也不生产剩余价值。假若我们在最单纯的形态上考察循环；把资本价值总体，看作是一齐由一阶段移到别一阶段，那么，我们就显然知道：在资本流通时间持续的限度内，生产过程会中绝，从而，资本的价值增殖会中绝；并且，生产过程的更新，势将照应流通时间的长短，而或则迅速，或则缓慢。就令资本的种种部分，是逐次通过循环，因而，总资本价值的循环，乃借其构成部分的循环而逐次进行，那也很明白，此等部分不断留在流通领域的期间愈长，则在生产领域里面不断成就机能的资本部分，就一定愈小。所以，流通时间的伸缩，对于生产时间的伸缩，或者说，对于定额资本尽生产资本机能的范围的伸缩，成了一种消极的限制。资本的流通形态变化越是变为仅在观念上存在的，换言之，流通期间愈等于零，资本的机能即愈益显著，资本的生产力与价值增殖即愈形增大。试以例说明，假定某资本家依定购额从事生产，在起运货物时接受支付，并假定这种支付可立即化为他自己所要的生产手段，在这场合，流通时间就近于零了。

资本的流通时间，一般会限制它的生产时间，从而限制它的价值增殖过程。限制的大小，与流通时间的长短成比例。因为资本的流通时间，得在种种不同程度上伸缩，故生产时间，也得在种种不同程度上受限制。然经济学只看到表面的影响，换言之，只看到资本流通时间所及于资本价值增殖过程一般的影响。经济学把这种消极的影响，解作积极的影响，因为这种消极影响的结果，是积极的。这种外观，似乎证明：资本有一个神秘的价值增殖源泉，这源泉是发端于流通领域，而与其生产过程相独立，从而，与劳动的榨取相独立。正惟其如此，经济学就越固执着这外观了。哪怕就是科学的经济学，它也曾受这种外观的欺骗，这是我们在后面可以见到的。这种外观，像上面所讲的那样，是由下面种种现象，确立起来的：（1）资本主义的利润计算方法，把消极的原因，表现为积极的原因。因为在那些只在流通时间上有差别的投资范围内，较长的流通时间，对于资本，将成为使价格昂腾的原因，简言之，将成为利润平均化的原因之一。（2）流通时间不过是周转时间的一个要素；后者还包含生产时间或再生产时间。不过，起因于周转期间的事实，看来就像是起因于流通时间了。（3）商品向着可变资本（工资）的转化，乃以商品预先转化为货币的转化为条件。在资本蓄积上，转化为追加可变资本的转化，乃是发生于流通领域内部，或流通时间的持续中。由是，这样发生的蓄积，也似乎是起因于流通时间了。

在流通领域内部，资本是依这个序列或那个序列，通过 W-G 及 G-W 两个相反的阶段。由是，资本的流通时间，也分割为两个部分，即由商品转化为货币所要的期间，和由货币转化为商品所要的期间。W-G 即卖，是资本转形上最困难的部分，因此，在通例的情形下，它也占有流通时间的大部分，这一点，我们已由单纯商品流通的分析（第一卷第三章）知道了。价值当作货币存在时，是采取能随时转换的形态。但是，当它当作商品存在时，为要采取一种可以直接转换并随时准备转换的形态，首先必须转化为货币。不过，在资本的流通过程上，它还要在 G-W 阶段上转化为以次的商品，即在一定投资上，构成一定生产资本诸要素的商品。生产手段有时也许不存在于市场上，必须从此逐渐生产出来；有时也许不免要仰给予远方的市场。有时也会发生通常供给不足，或价格变动等的事情。要之，有许多许多的情形，在 G-W 这个单纯形态变化上虽看不出来，但却使流通阶段的这个部分，须经过或长或短的期间。W-G 和 G-W 在时间上能够分离，在空间上也能够分离。购买市场与贩卖市场，是可以在空间上各别存在的。例如，就工厂方面来说罢，我们往往看见购买的人与贩卖的人，是各别的个人。在商品的生产上，流通是像生产一样必要。从而，流通当事人也像生产当事人一样必要。再生产过程，包含资本的两种机能，所以，也同样包含这种必要，即此等机能都须由资本家自身或资本家代理人（即工资劳动者）来代表。不过，这个事情，不能成为混同商品资本货币资本机能和生产资本机能的理由，也不能成为混同流通当事人和生产当事人的理由。流通当事人，必须由生产当事人领受支付。相互买卖的资本家，不能由他们的买卖交易，造出生产物，造出价值，即令他们营业的范围，使他们能以或必须以职务委托于他人，那也不会在这点上引起任何变化。在许多营业上，买者与卖者的工资，是在分红（Tantieme am Profit）的形式上支付的。说他们是由消费者支付，也没有用处。消费者只能在如下的场合支付：或是他自己当作生产当事人，生产商品形态上的等价，或是依权利证书（例如股东），或依个人的劳务，而由其他生产当事人那里，占有这商品形态上的等价。

在 W-G 与 G-W 之间，存有一种差异，这与商品对货币的形态差异无关，而是起因于生产上的资本主义性质，不管是 W-G 也好，是 G-W 也好，自其本身看来，都不外是一定的价值，由一种形态，转化到其他形态。然 W'-G' 却同时是包含在 W' 内的剩余价值的实现。在 G-W 上，不是如此。正惟其如此，故售卖较购买尤为重要。G-W 在正常条件下进行，对于 G 所表现的价值的增殖，是必要的行为。但这不是剩余价值的实现，这是剩余价值生产的序论，而非其附录。

商品资本流通 W'-G'，由商品的存在形态自身，由商品的使用价值存在，受到一定的限制。当作使用价值的商品，本来不免要死灭的。所以，假若它们没有在一定期间内，充作生产的或个人的消费，换言之，假若它们没有在一定期间内贩卖掉，它们就要腐朽而丧失其使用价值，同时并还要丧失交换价值担当者的资格。含在这种商品中的资本价值或其增殖分（剩余价值），都将因此丧失掉，使用价值必须不断更新不断再生产，换言之，必须为同一或其他新使用价值所代置，始克成为恒久的而且自己增殖的资本价值的担当者。使用价值在完成商品形态上售卖，并由此加入生产的或个人的消费，乃是它的再生产所以能不断更新的条件。使用价值不得不在一定期间内，变换它旧来的使用价值形态，俾能在新的使用形态上存续。而交换价值所以能保持，也就因为它的实体是这样不断更新。使用价值的腐朽，因商品而有迟速之别。由是，横在它们生产与消费之间的期间，也因而有长短不同。它们得以较长或较短的期间，当作商品资本，留在 W-G 流通阶段上，当作商品，持续一个较长或较短的流通时间。商品体本身的腐朽所课加于商品资本流通期间的限界，即是流通时间这一部分（即商品资本当作商品资本而通过的流通时间）的绝对的限界。商品的持续性愈短，它刚一生产出来，就愈非售卖掉不行，愈非消费掉不行，那么，它得与其生产场所相隔离的能力就愈小，它的空间的流通领域就愈狭，其销路乃愈带有地方的性质。就因此故，所以一种商品的持续性愈短，它的物理构成性所课加于它（当作商品）的流通时间的绝对限制就愈大，它就愈不适于作资本主义生产的对象。这种性质的商品，只有在人口稠密的地方，或者只有在运输机关发达，以致距离短缩的地方，始得成为资本主义生产的对象。不过，当一种物品的生产，累积在少数人手中，并累积在人口稠密地方的时候，就连上述那种性质的物品，也得造出比较大的市场来。比如，麦酒制造业的产品，牛乳业的产品，就是这样。

第六章 流通上的诸种费用

I　纯粹的流通费用

A　买卖时间

资本由商品转化为货币，及由货币转化为商品的形态变化，同时是资本家的交易，是买卖行为。这种资本转形进行的期间，自主观的资本家的立场看来，就是买卖时间（Verkaufszeit und Kaufzeit），就是他在市场上成就卖者及买者机能的时间。资本的流通时间，是资本再生产时间的一个必要部分；同样的，资本家买卖的时间，即在市场上奔走的期间，又是他尽资本家（人格化的资本）机能的期间的一个必要部分，是他的营业时间的一部分。

〔因为我们假定，商品是依照价值买卖，故这种交易，仅为同一价值由一种形态转到他种形态——由商品形态转到货币形态，由货币形态转到商品形态——的变化，一种状态变化。商品如照价值售卖，则存在买者及卖者手中的价值量，是不变的。所变化的，不过是它的存在形态。就令商品不照价值售卖，所转化的价值的总额，仍旧不变。因为一方面的加，即是他方面的减。

然 W—G 及 G—W 的形态变化，乃是行于买者和卖者间的交易。这种交易的成立，是需要时间的。假若这件事体，竟成为相互制胜（übervorteilen）对方的竞争，营业者间竟适用谚语所谓"希腊人遇到希腊人即诉之于斗争"的场面，则其所需时间，当益加大。价值的状态变化，是需要时间与劳动力的，但这种需要，不是为了创造价值，而是为了进行价值由一形态到其他形态的转化。双方在这种状态变化时，想占有过剩价值量的努力，不会在问题上引起何等根本的变化。这种劳动，诚然会依双方的恶意的企图而加甚，但一个诉讼程序上的劳动，不会增大诉讼对象的价值量，同样，这种劳动，也不会造出价值。这种劳动，是当作全体看的资本主义生产过程的一必要部分（这种意义上的资本主义生产过程，包含有流通，或被包含于流通中），和那些为生热而用的某种材料的燃烧劳动一样。这种燃烧劳动，虽为燃烧过程上一个必要的部分，但并不造出何等热。把炭用作燃料，我必须使它与氧气化合。并且，为了这种目的，石炭必须由固体形态转化为气体形态（即碳酸气，那是燃烧的结果，是气体状态中的石炭）；换言之，必须使石炭的存在形态，发生一种物理的变化。在新的化合之先，那些结合为一个固体的炭素分子必须分解，这炭素分子本身还须分解为个个原子。这是需要支出一定的力的。这样支出的力，不转化为热，却宁是由热之中取出。因此，商品的所有者，如非资本家，而为相互独立的直接生产者，则所需的买卖时间，就是他们劳动时间的一种损失。惟其如此，他们就常（如在古代及中世）把这种交易，留在休息日去做。

自然，由资本家经手的商品交易，是占有广大范围，但虽然如此，这种并不造出价值而只能促成价值形态变化的劳动，仍不得转化为创造价值的劳动。即令生产资本家不亲自担任那种"燃烧劳动"，而使它变为雇人即第三者的专业，也不能把这种转化的奇迹实现。这第三者当然不是因为爱慕资本家的青眼，而提供劳动力的。土地所有者手下的地租征收人，或银行的差役，虽不会由他们的劳动，使他们所征收的地租或盛在袋中携往其他银行的货币，在价值量上发生丝毫的增殖，但这事实，对于他们，是无关重轻的〕①。

在那些叫旁人代自己劳动的资本家看来，买卖是一种主要机能，他既以更大的社会规模，占有许多人造出的生产物，他就得以同大的规模，售卖这生产物，后来更得把售卖生产物所得的货币，再转化为诸生产要素。但是，即令在这场合，买卖时间依旧不会造出何等价值来。在这场合，商人资本的机能引出了一种幻想。但关于这个问题，这里不打算进一步考察。但这一点自始就是很明白的：假若一种机能本身是不生产的，那纵令它是再生产上一个必要的要素，并借分工，由多数人的副业，转化为少数人的专业即特殊营业，它这机能自身的性质，依旧不会因这种转化而有所改变。商人（在这场合，他不过当作商品形态变化的单纯的代理人或单纯买卖人）的活动，得为许许多多的生产者缩短买卖期间。在这场合，他可以说是一种机械，那可以减少力的无用的支出，或助成生产时间的游离②。

关于当作资本家和商人资本看的商人，将留待后面考察。为

---

① 括号内的文章，是由第Ⅷ稿末尾注中采录的。

② "商业上的诸种费用，虽属必要，但应视为一种负担。"（魁奈著《经济表的分析》德尔编《重农学派》第一部巴黎 1846 年第 71 页）据魁奈说：商人在竞争下面得到的"利润"，那就是他们因竞争会"减低报酬或利得"而必须有的"利润"……"严格讲来，不外是直接售卖者或消费购买者的损失之减少。商业费用的减少，是由商业得到的，但无论我们是把商业当作单纯的与运输费无关的交换，还是把它当作是和运输费用不能分开的交换，商业费用的损失的减少，都不是现实的生产物，不是富的增加。"（前书第 145、146 页）"如其没有何等特别费用，则商业上诸种费用，常须由售卖生产物的人负担，他们已由购买者享有了充分价格了。"（前书第 163 页）"土地所有者及生产者，是工资支付者；商人是工资领受者。"（魁奈著：《关于商业的对话》德尔编《重农学派》第一部巴黎 1846 年刊第 164 页）

要使说明简单化起见，这里且假定上述的买卖当事者，就是售卖自身劳动的人。他在 W-G 及 G-W 操作上，支出他的劳动力及劳动时间。他赖这种操作生活，正如其他劳动者，依赖纺绩，依赖丸药制造生活一样。他尽着一种必要的机能，那是因为再生产过程本身，含有不生产的机能。他和其他劳动者一样劳动。不过他的劳动的内容，既不造出价值，也不造出生产物。他自身是生产上的一种虚费（faux frais），那是不生产的但是必要的费用。他的效用，不是使一种不生产的机能，转化为生产的机能，或者使一种不生产的劳动，转化为生产的劳动。如果有这种机能移转就可成就这样的转化，那就是一种奇迹了。他的效用，是使社会上的劳动力及劳动时间，可以只用一个较小的部分被拘束在这种不生产的机能上。再者，他虽领受较优的给付，但我们仍不妨假定他为单纯的工资劳动者。不论他领受的工资如何，在他当作工资劳动者的限度内，他常有一部分劳动时间，是得不到报酬的。他也许每天作十小时劳动，而仅领受八小时劳动的价值生产物。他其余两小时的剩余劳动，和那八小时的必要劳动，同样不生产价值，虽然借着这八小时的必要劳动，社会生产物已有一部分转移到他身上。第一，从社会的观点考察，一种劳动力依旧是在十小时内被消费在这单纯的流通机能上。它不能为其他任何目的而利用，从而，不能当作生产的劳动来利用。第二，这二小时的剩余劳动，虽已由在这期间劳动的个人所支出，但社会并不支给他以何等代价。又，社会虽不会由他这二小时劳动，占有一点多余的生产物或价值，但由他代表的流通费用（Zirkulationskosten），却会减少 $\frac{1}{5}$，即由十小时减到八小时。他把现实的流通时间减少了 $\frac{1}{5}$，但社会对于这个，不会支付任何代价。但若他是使用这种流通当事人的资本家，那就因为他不支给这二小时的代价，他可以减少他的资本的流通费用了。这费用，是要从他的收入中减去的。从资本家看来，这种流通费用的减少，是一种积极的利得。因为他的资本价值增殖所受到的消极限制，是由此缩减了。在小独立商品生产者，要把他们自身的时间的一部分，花费在买卖上的限度内，这买卖必要的时间，或表现为生产机能间隙上支出的时间，或表现为他们可以从事生产的时间的减少。

不论如何，使用在这种目的上的时间，是一种流通费用，那丝毫不把转化的价值增加。这种费用，乃是使价值由商品形态转化为货币形态所必要的费用。在资本主义的商品生产者表现为流通当事人的限度内：他只是以买卖规模较大，流通当事人机能的范围较大这一件事，来和直接的商品生产者区别。如果他的营业范围，使他必须或能够把流通当事者当作工资劳动者来购买，那也不会在问题上引起何等变化。在单纯只有形态转化的流通过程上，劳动力与劳动时间也要作某种限度的支出。不过，现在，这是表现为追加的资本支出。可变资本的一部分，因此，必须支销在单单活动于流通领域的劳动力的购买上。这种资本垫支，不会造出生产物，也不会造出价值。在这种限度内，这种资本垫支，会使垫支资本所尽的生产机能的范围缩小，好像生产物的一部分，要转化为一种机械，使其残余部分得以买卖一样。由于这机械，生产物就要减少一部分。这机械虽能节省在流通内支出的劳动力等，但不会在生产过程内部发生作用。它只是流通费用的一部分罢了。

B　簿记

在实际的买卖之外，还要在簿记上支出劳动时间。如像钢笔，墨水，纸张，写字楼，事务所费用等对象化的劳动，也都归属这里面。所以在这种机能上，一方面要支出劳动力，他方面要支出劳动手段。这种情形，和我们考察买卖时间所见到的情形，是全然一样的。

当作资本循环内部的统一，当作过程中的价值，资本无论是在生产领域，抑是在流通领域的两阶段，首先都只在观念上以计算货币的形态，存在于商品生产者，特别是资本主义商品生产者的脑中。这种运动，是由簿记所确立所统制，而簿记又包含价格决定或商品价格计算在内。生产的运动，特别是价值增殖的运动——在这运动上，商品不过表现为价值担当者，为观念价值存在（ideelles Wertdasein）确定在计算货币上的诸物的名称——就是这样在观念上获得象征的映象。个别商品生产者，单是在头脑中作簿记（自耕农民就是一个例；资本主义农业，方才生出用簿记的租地农业家），或是在生产期间之外，就支出，收入，支付日期等，附随的，记录下来；在未脱却这种状态的限度内，他的簿记机能，和为此目的而消费掉的像纸一类的劳动手段，就显然是代表劳动时间及劳动手段的追加的消耗。这种劳动时间虽属必要，但要由那种能够在生产上消费的时间，扣除下来；这种生产手段虽属必要，但要由参与现实生产过程，参与生产物形成过程及价值形成过程的劳动手段，扣除下来①。这种簿记机能，累积于资本主义商品生产者手中，不仅为多数小商品生产者的机能，而转化为一个资本家的机能，转化为一个大规模生产过程内部的机能，其范围是扩大了，但这种事实，乃至上述簿记机能，由它

① 在中世纪时代，农业上的簿记，仅仅发现于修道院中，然印度原初的共同体，却已经实行农业簿记了，那是我在第一卷说过的。当时那种簿记，是共同体中一个独立吏员的专职。这种分工实行的结果，时间劳力费用等，都更节省了。不过，生产与关于生产的簿记，如同船运货物与船运货物单一样，依旧是各别的两件事。共同体的劳动力的一部分，在簿记者身上的，要由生产方面撤出来。他机能上的诸种费用，不是由他自身的劳动代置，而是由共同体生产物的一个扣除额来代置。只要加以必要的修正，我们对于资本家手下活动的簿记人和对于印度共同体的簿记人，是可以同样考察的。（采自第Ⅱ稿）

附随的生产机能，分离独立而成为特殊专任代理人的机能的事实，都不会使上述机能的性质，发生变化。

一种机能在独立化以前，如不是生产物形成及价值形成的要素，那么，就是分工，就是独立化，也不能使它成为生产物形成和价值形成的要素。当一个资本家重新投下资本时，他为要雇用簿记人之属，为要准备簿记用品，必须投下自己资本的一部分。假若他的资本，已在成就机能，已在成就不断的再生产过程，他就会把他的商品生产物的一部分（转化为货币的），再转化为簿记员、推销员等。这个资本部分，由生产过程撤出，成为流通费用的一部分，并由总生产物扣除下来（那包含专为这机能而使用的劳动力本身）。

不过，一方面由簿记生出的诸费用（或劳动时间的不生产的支出），和他方面单纯买卖时间的费用之间，有一定的区别存在。买卖时间的费用，乃起因于生产过程之一定的社会形态，换言之，因为生产过程是商品的生产过程。生产过程愈采取社会的规模，愈失去纯粹个人的性质，则簿记——当作生产过程之统制及观念的总括——就愈成为必要。所以，簿记对于资本主义生产，较它对于手工业经营及自耕农经营下的分散的生产，是更为必要；而它对于共同的生产，又较它对于资本主义生产，更为必要。然簿记上的诸种费用，因生产累积，因簿记变为社会的簿记，则将愈益减少。

在这里成为问题的，只是起因于流通费用的一般性质，那是由单纯形式上的形态变化发生的。研究这种流通费用的细目，那是多余的事。至若那只有关于价值的纯粹形态转化（Formverwandlung），从而，由生产过程的某一社会形态发生的诸形态——从个别商品生产者看来，这一类形态，不过只是一溜就过去的几乎注意不到的要素，但和他的生产诸机能，是并行的或交错的——会怎样当作巨额的流通费用，使人看着发惊，我们只要看到，单纯的货币收支，一经成为银行的专属机能或个别营业的出纳业者（Kassierer）的专属机能，就会独立化而大规模累积起来的事实，就会知道。但我们必须牢记一点，此等流通费用，并不因其形态改变，而改变其性质。

C 货币

一种生产物，不问是不是当作商品生产的，它往往总是富的实物形态，是预定供生产的或个人的消费之使用价值。假若生产物是当作商品生产出来，它的价值，就是观念地表现在它的价格之上。那价格不会丝毫变更生产物之现实的使用形态。不过，如像金银之类的商品，那是成就货币的机能，并专门当作货币，留在流通领域（哪怕它是采取贮藏货币或准备金的形态，它依旧是潜伏地留在流通领域）。这事实，是商品生产过程这一个确定的社会形态所赍来的纯粹产物。在资本主义生产的基础上，商品是生产物之一般的形态；生产物的最大部分，是当作商品生产出来，从而，都不得不采取货币形态的。商品量不断增大，社会财富中当作商品的部分不断增大，由是，当作流通手段，支付手段乃至准备金等而作用的金银的范围，也相应地增大。这些担任货币机能的商品，既不加入个人的消费，也不加入生产的消费。它是固定在当作单纯流通机械形态上的社会劳动。社会财富的一部分，必须拘束在这种不生产形态上。但在此外，还有一种事实存在，那就是货币的磨灭，需要不断的代置，或把生产物形态上的更多的社会劳动，转化为更多的金银。这种代置费用（Ersatzkosten），在资本主义发达的诸国，达到了显著的额数，因为在此等国家，拘束在货币形态上的财富部分，是极为可观的。当作货币商品的金银，从社会的立场看来，也是代表只起因于生产的社会形态的流通费用。它是商品生产一般的虚费（不生产的但必要的费用）。这虚费，是随着商品生产特别是资本主义生产的发展而增大的。它是必须在流通过程内牺牲的社会财富的一部分①。

Ⅱ 保管费用

单纯的价值形态变化，观念上考察的流通，会引起种种流通费用。这种种流通费用，不是商品价值的构成要素。在考察资本家的限度内说，当作这种流通费用而支出的资本部分，不过是原来可以在生产上支出的资本的一种扣除罢了。但下面所要考察的流通费用，则与此异其性质。此等流通费用，得由生产过程产生；不过，这生产过程，是持续于流通领域内的，所以，它的生产的性质，也由流通形态隐蔽了。在另一方面，由社会的见地看，它们这些费用，尽管是活劳动或对象化劳动之单纯不生产的支出，但依据同一理由，自个别资本家的见地来看，却能形成价值，能成为其商品售卖价格的一种追加。这种结论，是起于以次的事实：此等费用，可因不同的生产领域而不同，就在同一生产领域中，也有时可因不同诸个别资本而不同。当此等费用追加到商品价格去的时候，它们就按照其加担在各个别资本家肩上的比例而配分。不过，以价值加入的一切劳动，也能加入剩余价值；并且在资本主义生产之下，常常会加入剩余价值。因为，由劳动造出的价值的大小，是取决于劳动自身的大小，而由劳动造出的剩余价值的大小，则取决于资本家支给劳动的代价。因此，不增加使用价值却增大商品价格的费用，从社会见地看，虽属生产上

---

① "流通于一国内的货币，是该国资本的一定部分。为了助长或增进其余资本部分的生产力，它绝对有从生产用途撤出的必要。为要把金当作流通手段，必须有一定量的财富，这好比为要制造一架机械来便利其他的生产，必须有一定量的财富一样。"（《经济学界》第 V 卷第 520 页）

的虚费，但自个别资本家的见地看，却能成为致富的源泉。反之，如其商品价格的增加，不过是把流通费用均等地配分，流通费用的不生产的性质，是不会因此废除的。举例来说，保险公司，就是把个个资本家的损失，配分于资本家阶级全体的。不过，这在以次的事实，无所变易，即，从社会的总资本看来，这样平均化的损失，依旧是损失。

A　库存品一般的构成

生产物，在它当作商品资本，而留在市场上的期间内，换言之，在它已由生产过程离开而尚未加入消费过程的期间内，是库存品（Warenvorrat）。当作留在市场上，并在库存品形态上的商品看，商品资本在各循环内，占有二种位置：一方面，它表现为过程中的资本（我们在这里就是讨论它的循环）的商品生产物；另一方面，则表现为其他资本的商品生产物，为了要被购买，为了要转化为生产资本，它不得不存在于市场上。自然，后面这种商品资本，也许要先定购，才有人着手生产的。在那种场合，在它被生产出来以前，会有中断现象发在。不过，为了使生产过程及再生产过程进行流畅，定然要某种分量的商品（生产手段），不绝存在于市场，形成一种库存品。同样的，生产资本包含有劳动力的购买。在这种场合，货币形态不过是劳动者的生活资料的价值形态，他这生活资料，也有大部分，要在市场上存在着。关于这个问题，在后面要作更详细的说明，在这里且先把这一点提出。从过程中的资本价值——这种资本价值，已转化为商品生产物，现在必须卖出，必须再转化为货币，从而，在现在，是在市场上尽商品资本的机能——的立场来说，形成库存品的条件，是反乎期望的，不得已留置在市场上，贩卖愈迅速，再生产过程的进行，即愈流畅。W′–G′的转形受到拘束，势将妨碍那必须在资本循环中进行的现实的新陈代谢，妨碍资本进一步当作生产资本而尽的机能。在另一方面，从 G-W 的转形看来，商品不绝存在于市场，不绝形成库存品，又表现为再生产过程顺畅进行和新加投资所以可能的条件。

为使商品资本当作库存品留存于市场，必须有堆栈、贮藏所、仓库一类建筑物，即必须有一种不变资本的支出。并且，为使商品搬进货栈，还须支给劳动力的代价。此外，商品是会损坏的，有害的自然力的影响，是不免的。为了防止这些，还须追加资本，一部分在劳动手段（即对象形态）上投下，一部分在劳动力上投下①。

由是，我们知道，当资本采取商品资本形态，从而采取库存商品形态而存在时，会引起诸种费用，那不属于生产领域，应算入流通费用中的。这种流通费用，与第一节所述的流通费用有别，其原因，是由于前者在某程度内会加入商品价值内，因而使商品价格昂腾。不论在怎样的情形下，库存商品在保存及保管上所需的资本及劳动力，都要由直接的生产过程撤出。但为这种目的而使用的诸种资本（当作资本成分的劳动力，也包含在内），必须由社会生产物代置。因此，它们这种支出，就会像劳动生产力减小一样发生作用，以致为要获得一定的效果，需有更多量的资本及劳动。这就是费用（Unkosten）。

不过，库存商品形成所生的流通费用，如其只是起因于既存价值由商品形态转化为货币形态需有一定的时间，换言之，如其

① "据歌尔伯（Corbet）1841 年的计算，经历九个月的期间，小麦的存贮，要在数量上损失 0.5%，在小麦价格的利息上，要损失 3%，栈租费 2%，筛费和运货工资 1%，进栈工资 0.5%，合计 7%。即对于每卡德 50 先令小麦价格，须费 3 先令 6 便士"（汤玛斯·歌尔伯著：《个人之富的原因及其方式》伦敦 1841 年刊）。据利物浦市商人向铁道委员的供述：在 1841 年，谷物进栈每月所需的纯费用，每卡德 2 便士，每吨约为 9 便士或 10 便士（《敕命铁道委员 1867 年供述》第 19 页第 331 号）。

只是起因于生产过程的一定的社会形态，只是起因于生产物当作商品生产出来因而必须转化为货币的事实，这种流通费用，就与前一节列举的流通费用，具有完全相同的性质了。在另一方面，商品价值在这场合被保存了，被增殖了，但这只因为使用价值或生产物本身，被安置在需有资本支出的一定客观条件下，被安置在容许以追加劳动用在使用价值上的诸种操作下。反之，商品价值的计算，这个过程的簿记，及买卖的交易等，却不会在商品价值所由存在的使用价值上，发生作用，只不过有关于它的形态罢了。所以，库存品形成上的费用（不是出于本意的），虽只是由于转形的退滞和必要，但究竟与第一节所述的诸种费用有别，因为库存品的形成，不是要成就价值的形态变化，而是要保存价值，这种价值，存在于当作使用价值，当作生产物的商品中，只有借着使用价值的保存，借着生产物本身的保存，方能保存。在这场合，使用价值既不会增加，也不会提高，却宁会减少。不过，这种减少，是有限制的；它会被保存着。存在商品内的垫支价值，在这场合，也无增进，但新的劳动——对象化的劳动和活的劳动——是要追加上去的。

现在要进一步研究，此等费用，究在何种程度，起因于商品生产一般的特质，起因于在一般绝对形态上的商品生产（即资本主义商品生产）的特质；同时，并以何种程度，为一切社会的生产所共通，而只在资本主义生产内部，采取特殊的姿容，特殊的现象形态。

亚当·斯密有一种荒唐的见解，他以为库存品的形成，是资本主义生产特有的现象①。反之，比较晚近的经济学者，如像拉勒（Lalor）之流，却又主张库存品随资本主义的发展而减少。及

① 《国富论》第二篇绪论。

至西斯蒙第，更以库存品为资本主义生产的缺点之一。

其实，库存品有三种存在形态：生产资本形态，个人消费基金形态，商品库存或商品资本形态。库存品的绝对量，虽然可以同时在三种形态上增大，但一个形态上的库存量，会在其他形态上的库存量增加时，相对地减少。

如其生产是以满足自我需要为目的，而仅有极小部分，是为交换或贩卖而生产，从而，社会生产物或毫不采取商品形态，或仅极小部分采取商品形态，则在那场合，商品库存形态上的库存品，显然只占有富的极小部分。但同一场合的消费基金，特别是严格的生活资料，就会相对增大了。要理解此点，不妨看看古代的农民经济。在这种经济之下，因为生产物的最大部分存留在所有者手中，不形成库存商品，却直接转化为库存的生产手段或生活资料，所以并不采取库存商品的形态。亚当·斯密所以认定：立脚在这种生产方法上的社会，没有何等库序品存在，其原因也就在此。他把库存品的形态，与库存品自身混同了。他相信，从来的社会，一直都是过着"从手到口"的生活，明天的事，则委之于命运①。但这是一个幼稚的误解。

在生产资本形态上的库存品，是在生产手段的形态上存在，

---

① 库存品的成立，并不是像亚当·斯密所空想的那样，溯源于由生产物到商品，由库存消费品到库存商品的转化。恰恰相反，这种转形，曾在从自足生产到商品生产的过程中，在生产者的经济上，酿起极激烈的恐慌。试举一例，在印度，直至最近，还保存"大量贮藏丰年谷物的习惯"。(《关于孟买和鄂利沙州的饥馑的下院报告》1867年第一部，第230页第74号) 美洲南北美战争所引起的棉花黄麻需要突增的结果，印度许多地方的稻田种植，缩小范围了；由是米价昂腾，生产者把旧来贮藏的米卖掉了。加之1864年至1866年以后，米向澳洲，马达加斯卡尔等地破格地输出了。这些原因，遂导来了1866年的急性饥馑，单在鄂利沙一州，就被夺去了一百万人的生命。(前揭报告第174、175、213、614页，及其第三部《关于柏哈尔州饥馑的文书》第32、33页。) 这种报告，特别把旧存米谷流出的事实，视为是饥馑原因之一 (采自第Ⅱ稿)。

这种生产手段，或已在生产过程内部操作，至少已保有在生产者手中，而潜伏地存于生产过程内部。我们在前面讲过：随着劳动生产力增进，从而，随着资本主义生产方法（这使劳动的社会生产力，发达到以前所有一切生产方法之上）发展，生产手段量（建筑物机械等）——这生产手段，最后是当作劳动手段，体合于生产过程中，它会在或长或短的期间内，不绝反复地，在生产过程内部尽其机能——会不断增大；我们还讲过，这种生产手段的增大，同时为劳动社会生产力发达的前提，又为其结果。这种形态上的富不但绝对增殖并且相对增殖的事实（参照第 I 卷第23 章 II），正是资本主义生产方法的特征。然不变资本之物质的存在形态即生产手段，并不单是由这种劳动手段构成，且还由各种加工阶段上的劳动材料和补助材料所构成。生产规模扩大，劳动生产力由合作分工及机械等而增进，跟着逐日用在再生产过程上的原料，补助材料等的量，也相应增大。此等要素，必须预先准备于生产场所。由是，以生产资本形态存在的库存品范围，是绝对扩大了。为使生产过程流畅起见——库存品是逐日更新，或仅能在一定期间内更新的问题，暂置不论——必须常在生产场所，准备一较多于一定期间（例如每日或每周）所消费的原料等。生产过程的连续，要求生产过程诸条件的存在，不受影响于逐日购买上的可能的中绝，也不受影响于商品生产物如不能逐日或逐星期卖掉则再转化为生产要素的过程会不规则的事实。不过，生产资本，显然可以用极不相同的程度，潜伏地存在着，或形成库存品。例如，纺绩业者所要准备的棉花或石炭，或为一个月的数量，或为三个月的数量。这两者间的差异是极大的。我们知道这种库存品，虽然绝对增大着，但能相对减少的。

这件事，要依存于种种条件。而此等条件，结局不外是要求必要原料量的供给，更加迅速，更加规则，更加安全，而不虞中绝。此等条件愈不易实践，换言之，供给上的安全性规则性和迅速性愈不可靠，则生产资本的潜伏部分，即在生产者手中等待加工的原料及其他物的库存量，愈须加大。此等条件，与资本主义生产的发展程度，从而，与社会劳动生产力的发展程度，成反比例。所以，这种形态上的库存品，也是与它成反比例。

不过，在这场合，库存品减少（例如拉勒的见解）的事实，就其一部分而言，不外是商品资本形态上的库存品的减少，是严格商品库存的减少，不过是同一库存品的形态变化罢了。试举一例，如其逐日国内生产的石炭量颇大，即石炭生产的规模与能力颇大，纺绩业者为要确保其生产的连续，是用不着存贮多量的石炭的。石炭可以不断地确实地取得供给的事实，使这种存贮，没有必要。第二，一生产过程的生产物，能够当作生产手段，移转到其他生产过程去，这种移转的速度，是取决于运输交通手段发展的程度。在这种问题上，运费的低廉，扮演了莫大的角色。例如，石炭由炭矿到纺绩所的运输，与其不绝更新，就不如在运费较廉时存贮够供应长期间需要的多量石炭，比较省得多的。以上这两种情形，都是发生于生产过程内部。第三，信用制度的发达，也于这个问题，有相当影响。纺绩业者须更新棉花石炭等的库存品。这种更新，越不依赖于棉纱的直接售卖——信用制度愈发达，这种直接的依赖性即愈小——他们为要确保一定规模的连续的棉纱生产，使其不受棉纱贩卖上的偶然影响，他们所需要的库存品的相对量，就愈可缩小。第四，许多原料，半制品等，在生产上需要长期的时间。由农业上供给的一切原料，尤属如此，所以，如其要使生产过程不致中绝，则在新生产物不能代置旧生产物的全期间，必须准备一定量的这种原料。如其说在资本家手中的这种库存品减少，那其实不过证明了，在商人手中在商品库存形态上存在的库存品要增加。例如，运输手段发达的结果，在利物浦港输入堆栈中保存的棉花，得迅速地移送到曼彻斯特市；由是，曼彻斯特市的制造业者，就得按照其需要，比较小量地，更新它的棉花库存。不过，在这场合，当作商品库存而存在于利物浦商人手中的棉花量，却会相应地增大。所以，问题仅是库存品的形态变化，但拉勒及其他学者，把这点忽视了。从社会资本的立场看来，当作库存品而存在的生产物量，现在是和以前一样。以一国为例而言，一年的必要库存品量，会随运输手段的发达而减少。如其有多数汽船及帆船往来于英美间，则在英国看来，棉花库存更新的机会就增加了，由是，英国国内平均必须准备好的库存棉花量，就会减少。世界市场的发展，同种物品供给源泉的增多，也会招来同样的结果。该种物品，得一部分一部分地，由相异国度，在不同时期，得到供给。

B　严格的商品库存

我们已经讲过：在资本主义生产基础之上，商品成为生产物的一般形态。这种生产的广度与深度愈益增进，其生产物的商品性质，也愈益显著。哪怕生产范围相同罢，在资本主义生产方法下当作商品而存在的生产物部分，和资本主义以前的生产方法或较不发达的资本主义生产方法比较起来，还是要大得多的。不过，一切商品，从而，一切商品资本（这也是商品，不过是当作资本价值的存在形态），在它不是从生产领域，直接移供生产的消费或个人的消费，而在中途留滞于市场的限度内，都算是商品库存的要素，所以，生产范围即令不变，商品库存（生产物的商品形态的独立化固定化）也不免随资本主义生产的发达而增大。我们已经知道，这不过是库存品的形态变化。这就是说，采取商品形态的库存品增大，因为他方面采取直接生产手段及消费资料形态的库存品减少。总之，是库存品变化其社会形态罢了。商品库存品对社会总生产物的相对量固然增大了，同时它的绝对量也增大了；因为总生产物量会随资本主义生产发达而增大的。

资本主义生产发达，生产的规模愈不取决于生产物的直接需要，愈取决于个别资本家所支配的资本量，愈取决于他的资本价值增殖行动，愈取决于生产过程的连续与扩大之必要。其结果，在各特殊生产部门上，当作商品而存在于市场亟望脱售的生产物量，必然增大。而在或长或短期间内固定于商品资本形态上的资本量，也相应增大。由是，商品库存就增大了。

最后，社会将有最大部分人，转化为工资劳动者。工资劳动者的生活，是从手到口的，是每周领受工资，而每日把工资支出的。所以他们的生活资料必须当作库存品，存在着。不管这种库存品的各别要素能够如何流动，但为使库存品经常在流动中，势须有一部分，要不绝停滞下来。

以上这一切特征，都是起因于生产形态，起因于生产形态所含的转形；这种转形，是生产物必须在流通过程上通过的。

不论生产物库存的社会形态如何，要保管它，总须在生产物的保藏器具即建筑物等上支出费用，总须在劳动手段和劳动——为防止有害的影响，那是必要的，但其数量，因生产物的性质而异——等上面支出费用。库存品之社会的累积愈甚，此等费用愈益相对地减少。此等支出，常常是社会劳动的一部分，那或是在对象化的形态上，或是在活的形态上，而在资本主义形态上，便是一种投资。它们不加入生产过程本身，但成为生产物的减除。它们是保存社会生产物的费用，所以是社会财富上必要的支出。不管这种生产物所以当作商品库存的要素而存在，是不是只起因于生产的社会形态，从而，只起因于商品形态及其必要的转形，也不管我们是不是只把商品库存，当作生产物库存（Produkten-vorrat）不在商品库存形态上时，这是一切社会所共有的；商品库存，是生产物库存的属于流通过程的形态——的一个特别形态，结果都是这样的。

论到这里，此等费用究以何种程度加入商品价值内的问题，就发生了。

假若资本家把他垫支在生产手段及劳动力上面的资本，转化为生产物，转化为一个可以售卖的定量的完成商品，而这商品，却没有售卖出去还是堆存着的话，他在这售卖不出的期间，就不仅要招来资本价值增殖过程的停滞，同时，保存这种库存品所需的建筑物，追加劳动等的支出，还要构成他的一项积极的损失。如其他说："我的商品，有六个月未曾卖出，在这期间，为保存这商品，不但使我的那宗资本休眠着，并还要引起若干的费用"；他的商品的最后购买者，会这样含笑地回答他："这件事，更于足下不利了！这里另有一位卖者，他的商品，是前天才制好的。足下的商品，却是陈货，多半有损坏。所以，足下应该比别人卖得更便宜些。"——不管商品生产者是他的商品的现实生产者，抑仅是代表现实生产者的资本家生产者，那对于商品的生命条件（Der Lebensbedingungen），是没有何等影响的。生产者不能不把他的物品转化为货币。把生产物固定在商品形态上所生的费用，是他个人的诸种冒险之一，于商品购买者无何等关系。购买者不会支付这种商品在流通期间内的代价。在价值发生现实的或想象的革命的时候，资本家即令有意把他的商品从市场上撤回来，他的追加费用是否收回，仍要取决于这种价值革命是否实现，他的揣测是否正确。价值革命，并非他的费用的结果。因此，如果库存品的形成，不外是流通的停滞，则在这限度内，由此所生的诸种费用，并不会在商品上，追加何等价值。商品如不滞留在流通领域，资本如不在或长或短期间内保持商品形态，则将无任何库存品。所以，有库存品，也必有流通停滞；这好比有货币流通，也必有货币准备。要而言之，有商品流通，也就有商品库存。这种必然，资本家纵令不在 $W'-G'$ 转形上遭遇着，也会在 $G-W$ 转形上遭遇着。这就是说，即使就他自己的商品资本说没有，但就其他资本家的商品资本说，总一定有这种必然性的；这其他资本家，是为他生产生产手段，并为他的劳动者生产生活资料的。

不论库存品的形成，是任意的抑非任意的，换言之，是由商品生产者有意准备起来，抑是因为在流通过程本身上发生了妨碍贩卖的事情，因而不得不把商品存贮起来，那都似乎不会在问题的本质上，引起何等变化。不过，如知道有意的库存和无意的库存的区别，那也于问题的解决，有所益助。非任意的库存品的形成，乃是起因于流通停滞，或与流通停滞相一致，而这流通停滞，是商品生产者未曾料到的，是违反他的意志的。然任意的库存的特征，在那里呢？在形成这种库存品的场合，卖者依旧力图尽可能迅速地，卖出他的商品。他常把他的生产物，当作商品提供出来。如其他把生产物撤回不卖，那生产物也不过是商品库存的可能的要素，而不是它的有效的要素。对于他，商品本身依旧是交换价值的担当者；但它必须脱弃商品形态，采取货币形态，然后能以这种担当者的资格发生作用。

为要在一定期间满足需要的量，商品库存是有某种数量之必要的。购买者范围的不绝扩大，是这种打算上的一个要素。例如，为满足一日的需要，存在市场上的商品的一部分，尽管继续流动，并转化为货币，但同时却必须有其他部分，保持商品形态。这止于停滞状态中的商品部分，在库存品量缩小时，是会不断减少，以致最后完全卖掉的。所以，在这场合，商品停滞被视为是商品售卖的必要条件。而且，存贮商品的范围，还须较中位的贩卖，换言之，较中位的需要的范围为大。不然的话，超出这中位范围以上的需要部分，就不能供应了。在另一方面，库存品因为不绝分解，故须不绝更新。这种更新，结局，只有从生产得到，只有从商品的供给得到。至若，这供给是否得自外国，那于问题无何等变化。因为库存品的更新，是取决于商品再生产所需的时间。商品库存，必须足够供给这个期间的需要。库存品不留在原来生产者手中，却通过批发商人到零卖商人的种种保藏地方，那不过变更现象，于问题本身无何等影响。从社会的观点看来，资本始终要有一部分，采取商品库存的形态，而不加入生产的消费或个人的消费。生产者为要使自身无须直接依存于生产，并为要确保经常的顾客，常努力适应于他的平均需要，形成一个相当的库存。购买期限，是与生产期间相照应的。所以，商品在它能由同一种类的新商品代置以前，要在一个或长或短的期间内，形成一个库存。必须有这种库存，流通过程和包含流通过程在内的再生产过程，乃能有不断性与连续性。

我们必须记着，纵然 W 依旧留在市场，W 的生产者仍可完成 W′-G′ 的交易。如其商品在贩卖于最后消费者以前，是由生产者自身保藏在仓库内，他就必须运转二重的资本。那二重资本：是以商品生产者资格运转的资本，和以商人资格运转的资本。对于商品本身——无论我们把商品看为是个个的商品，抑看为是社会资本的构成成分——这种库存费用，归生产者自己担负也好，归由 A 到 Z 的一列商人担负也好，那都于问题没有何等影响。

如其商品库存不外是库存品的商品形态（那在一定规模的社会生产下，即令不是当作商品库存而存在，也不外是当作生产库存品即潜伏的生产基金，或当作消费基金即消费资料的准备而存在），那么，库存品在保存及形成上所必要的诸费用，即为此目的而被利用的对象化劳动或活劳动，就不过是把社会生产基金或社会消费基金的必要保存费用，移转一下罢了。此等费用所引起的商品价值的增腾，不过是把此等费用，依比例，配分于各商品之间；因为此等费用，会依商品的种类而不同。库存品形成上所需的费用，虽然是社会财富的存在条件之一，但它依然是由那种财富减除下来的。

在这限度内，商品库存是商品流通的一个条件，甚且是商品流通上必然会生出的一个形态；在这限度内，这表面上的停滞，其实是流动形态，正如货币准备的形成，是货币流通的条件一样。但也就在这限度内，它算是常态的。否则，只要留置在流通蓄水池内的商品，拒绝让位于继续迫来的生产之波，以致蓄水池泛滥起来，那流通就要停滞，商品库存就要扩大，正如货币流通停滞时贮藏货币就会增大一样。在这场合，不论这停滞产生于产业资本家的保藏所内，抑是产生于商人的堆栈内，那都没有区别。因为在这场合，商品库存都不是无间断的贩卖的条件，而宁是商品贩卖不出的结果。费用本身是没有变化的。不过，因为此等费用，现在完全是由形态产生，换言之，由商品转化为货币的必要和这种转形的困难产生，故不成其为商品价值的形成要素，而是在价值的实现上，代表价值的减除或损失。库存品之正常的形态与变则的形态，是不能由形态上区别的；因为两者都是流通的停滞，故此等现象可以相互混同，甚至把生产当事人自己蒙蔽，因为从生产者的立场看来，虽然他移转到商人手中的商品的流通过程停滞着，但资本的流通过程仍能圆滑进行。如其生产和消费的范围扩大，则在其他情形不变的限度内，商品库存的范围也会扩大。商品库存会同样迅速地被更新被吸收，但它的范围加大了。所以，由流通停滞所引起的商品库存范围扩大的现象，也能被误认为是再生产过程扩大的征候。这种倾向，到信用制度发达，现实运动神秘化的时候，是特别显著的。

库存品形成上的费用，是由以次三个要素成立的：（1）生产物的量的减少（如面粉存贮的场合）；（2）质的恶化；（3）保存库存品所必要的对象化劳动和活劳动。

Ⅲ 运输费用

关于流通费用的各项细目，如像装包、分类等，这里是没有详述的必要的。一切单纯起因于商品形态变化的流通费用，不会在商品上附加任何价值，这是一般的法则。像这样的流通费用，不过是价值实现的费用，或由一种价值形态移转到其他价值形态的费用罢了。投在此等费用上的资本（它所使用的劳动，也包括在内），是资本主义生产的虚费（不生产的但必要的费用）。这种费用，必须取偿于剩余生产物。故从资本家阶级全体的立场看来，这是剩余价值或剩余生产物的一种扣除。这好比购买自身生活资料的时间，对于劳动者是一种时间上的损失一样。不过，运输费用，扮演着一个极重要的角色，这里非加以简单的考察不行。

在资本循环和成为那种循环一部分的商品形态变化之内部，社会的劳动，进行着代谢的机能。这种代谢机能，会引起生产物在空间上的变换，即由一场所到其他场所的现实运动。不过，商品的流通，即使商品体不由一场所移到其他场所，也能发生；而生产物的运输，即使没有商品流通，甚至没有生产物的直接交换，也能发生。A 卖于 B 的住宅，是当作商品流通，但没有变动位置。如像棉花生铁一类可以移动的商品价值，尽管通过许多流通过程，尽管经由投机者反复买卖，但可依旧留存在同一个商品堆栈内①。在这场合，实际运动的，是物的所有权证（Eigentumstitel），而非物自身，又如在印加国内，尽管社会的生产物不是当作商品流通，也不是由直接的交换分配，但运输业却仍扮演着重要的

---

① 斯托齐（Storch）称这种流通，为矫作的流通（Circulation postiche）。

角色。

因此，资本主义基础上的运输业，即令表现为流通费用的原因，但这种特殊现象形态，并没有改变问题的性质。

生产物的数量，并不因运输而增大；生产物的自然性质，虽不因运输而感受变化，但除了若干例外以外，那并没有何等豫期的效果，却实有不可避免的恶害。但是一物的使用价值，只是由物的消费而实现：物的消费，则会使位置的变化，从而，使运输业之追加的生产过程，成为必要。由是，投在运输业上的生产资本，一部分由运输手段的价值移转，一部分由运输劳动的价值追加，而附加在被运输的生产物上。这种价值追加，像资本主义生产的其他一切场合一样，被分割为工资的代置和剩余价值。

在各种生产过程内部，劳动对象的位置变化，和那种位置变化所需的劳动手段与劳动力——例如，在棉花由梳刷室移转到纺绩室，石炭由炭矿内部运送到地面所需的劳动手段和劳动力——也扮演颇重大的角色。完成生产物当作完成商品，由某一独立生产场所，向另一地域的其他生产场所移转，不过表示这个现象在更大的规模上进行。生产物由某一生产场所输运到其他生产场所后，接着就是以完成生产物，由生产领域输送到消费领域。生产物要在完成这些运动的时候，方才是可以消费的。

前面讲过：劳动生产力与其创造价值能力，是成反比例的。这是商品生产的一般法则。这种法则适用于运输业，正如它适用于其他一切产业。商品运输一定距离所需的死的或活的劳动量愈小，劳动的生产力就愈大；前者愈大，则后者愈小①。

在其他一切情形不变的限度内，由运输追加到商品的绝对价值量，与运输业的生产力成反比例，与所通过的距离成正比例。

在其他情形不变的条件下，由运输费用追加到商品价格上的相对价值量，与商品的容积及重量成正比例。然有许多改变这种比例关系的情形存在。例如，物品之相对的可碎性、腐灭性、及爆裂性，是各不相同的，由是，在运输上，须要讲求或大或小的预防策，因而要在劳动或劳动手段上作或大或小的支出。关于这点，铁道经营者在分门别类上，展开了超过植物学者动物学者以上的才能。例如，英国铁路的货物分类，占有几卷书的篇幅；并且，那种货物分类，在一般原则上，是立脚在这样一种倾向上面，即把货物之繁复的自然性质，转化为同样多的运输困谁和欺诈口实。"玻璃在从前是每一克列特（Crate 是有一定容量的装箱）11 镑，现今因为产业发达和玻璃税撤废，其价格已跌到 2 镑了。但运费却无异于前，若由运河运输，还比前更贵了。在以伯明罕为中心的半径 50 公里的地域内，制铝厂用的玻璃及玻璃器具的运费，从前每吨 10 先令，现今却在玻璃容易破碎的口实下，把运费率提高三倍了。但玻璃如实际有破碎，铁路经营者仍不负

---

① 商业会由运输增进生产物的价格或价值，在萨伊看来，那是商业的一种天惠。里嘉图曾抄引萨伊的这一段议论："商业能使我们把生产场所的商品，输送到其他的场所，以供消费。这就是说，商业能借前一场所与后一场所间的价格差额，全部移来把商品的价值增大。"里嘉图曾就他这段话评说："这诚不错，但这追加价值，究从何得来呢？那是由两方面加到生产费上去的：第一是运输上的诸种支出；第二是资本垫支的利润。这种商品所以有更大的价值，与其他各商品所以有更大的价值的理由正同。那就是，这种商品由消费者购买以前，在它的生产和运输上，支出了更多的劳动。这不得视为是商业利益之一。"（里嘉图著：《经济学及赋税之原理》第三版伦敦 1821 年第 309—310 页）

赔偿责任"①。运输费用追加到一个物品上的相对价值部分，与该物品的价值，成反比例。这件事，成了铁路经营者比例于物品价值而课取运费的特殊口实。产业资本家及商人关于这一点的不平之鸣，在上述铁路委员报告的每一页中，都可以看得见。

资本主义生产方法，因交通运输手段发达，运输的累积与规模扩大之故，曾减少个个商品的运输费用。但社会劳动——活的和对象化的——支出在商品运输方面的部分，也在资本主义生产方法下，第一，因一切生产物都有大部分转化为商品而增大了，第二，因远隔市场代替地方市场而增大了。

商品在空间上面的流动，毕竟不外是在运输形态上进行。运输业在一方面形成一个独立的生产部门，从而，形成生产资本的一个特殊投资领域；在另一方面，它又由以次的事实，与其他诸生产部门相区别，即，运输业表现为一个生产过程在流通过程内部的连续，它是为流通过程而进行的。

---

① 《救命铁路委员》第 31 页第 630 号。

第二篇

资本之周转

第七章

周转期间与周转次数

　　我们讲过，一个资本的总流通时间，等于其流通时间与其生产时间的总和。它所包括的期间，自资本价值在一定形态上垫支的时候起，迄过程中的资本价值在同形态上复归的时候止。

　　资本主义生产的决定的目的，是垫支价值的不断的增殖。垫支价值，是在独立的形态（即货币形态）上垫支，或在商品的形态上垫支。如系后者，则其价值形态，仅在垫支商品的价格内，有观念的独立性。但在这二场合，资本价值都会在它的循环中，通过种种的存在形态。它自身的同一性，则由资本家的账簿，或由计算货币（Rechengeld），可以确认。

　　无论我们是考察 G…G′ 形态，抑是考察 P…P 形态，那都包含着这几点：（一）垫支价值，是当作资本价值来发挥机能、且会自行增殖；（二）垫支价值，在其过程完了后，会复归到其过程开始时的形态。垫支价值 G 的价值增殖，及资本在货币形态上的复归，都是 G…G′ 形态上一目了然的事实。但在第二形态，也是这样的。在第二形态，出发点 P 是生产要素之既有的存在，是有一定价值的商品之既有的存在。这两个形态，都包含垫支价值的增殖（W′ 与 G′）和原形态的复归。因在第二个 P 内，垫支价值再取得了生产要素的形态。它原来是在这个形态上垫支的。

以前我们讲过，"如果生产采取资本主义的形态，再生产也采取资本主义的形态。在资本主义生产方法下，劳动过程只表现为价值增殖过程的手段，同样，再生产也只表现为再生产垫支价值的手段，这垫支价值，是当作资本，当作自己增殖的价值看待的"。

（一）G…G′（二）P…P（三）W′…W′这三个形态，将这样自行区别：在第二形态（P…P），过程的更新（即再生产过程），是表现为现实的，在第一形态，却只以可能性来表现。但二者皆与第三形态有别，因为那两个形态，皆以垫支的资本价值（无论它是在货币形态，抑是在物质生产要素的姿态上），为始点及复归点。在 G…G′形态上，G′的复归＝G＋g。若过程以同样大的规模更新，则 G 再为始点，g 是不参加进去的。如是，那就不过说明，G 当作资本是价值增殖了，产生剩余价值 g 了，但所产生的剩余价值，是和它分开的。就 P…P 形态说，在生产要素 P 形态上垫支的资本价值，同样是始点。这个形态，也包含价值增殖。如果是单纯再生产，则同一的资本价值，将在同一的 P 形态中，重新开始它的过程。如有蓄积发生，则 P′（其价值量＝G′＝W′）会当作加大的资本价值，再把过程开始。不过资本价值比先前加大了罢了，它依然会在原形态上，以垫支资本价值，再把过程开始。反之，在第三形态，则在过程开始时，资本价值就不是当作垫支的价值，却当作已经在价值上增殖的价值，当作已经在商品形态上存在的财富总和，在这个总和中，垫支的价值仅为其一部分罢了。这最后一个形态，在本卷第三篇（在那里，我们对于个别资本的运动，是就它与社会总资本的运动的关联来讨论），是重要的。但在讨论资本周转（Umschlag des Kapitals）时，这个形态是用不着的；因为，资本的周转，常以货币形态上或商品形态上的资本价值的垫支开始，又常以循环中的资本价值，复归于其垫支的形态。而在第一个循环和第二个循环中，前者在研究周转对于剩余价值形成的影响时，用得着；后者在研究周转对于生产物形成的影响时，用得着。

经济学者不区分这几种不同的循环形态，也不就这几种循环和资本周转的关系，分别加以考察。他们通常考察的，是 G-G′ 形态。因为，对于个别资本家，这个形态乃是支配的；而在个别资本家的计算上，货币即令仅在计算货币的姿态上当作始点，它也是他的计算的基础。别一些经济学者，却从生产要素形态的支出出发，追踪至复归点，惟复归的形态如何，在商品形态上呢抑是在货币形态呢，他们是全不过问。比方，就有人说："经济循环，……生产的全部经过，自支出开始时起，迄收回时止。在农业，播种期是其发端，收获是其结束。"（牛曼《经济学要论》安多华与纽约第 81 页）还有别一些经济学者，却从 W′（第三形态）出发，说："生产行为的世界，可视为在一个循环中循环，我们可称此为经济循环。当营业通过依次继起的行为，而复归其出发点时，一个循环就完成了。过程，是可以从资本家得其所得的点开始的。资本家即由这一点收回他的资本，并重新雇用他的劳动者，而在工资形态上，给他们以生存或生存能力。他们为资本家制造货物后，资本家即以货物送到市场把它卖掉，并在商品代价中，收回这期间内他的资本支出的全部，从而，使这一系列运动的循环，归到终点。"（查尔麦兹著《经济学》第二版伦敦 1832 年第 84 页以下）

一个个别资本家在任一生产部门投下的总资本价值，一经完成它的运动的循环，就会再取得它开始的形态，并复演同一的过程。一个价值如要当作资本价值来保持，来增殖，它是不能不复演这个过程的。一个这样的循环，仅在资本的生涯中，形成不断反复的一个阶段，即一个期间，在 G…G′ 期间的终末，资本是再存在货币资本的形态上，那会重新通过形态变化的系列；资本的再生产过程或价值增殖过程，就是包括在这种系列之内的。在 P…P 期间的终末，资本也存在生产要素的形态上，这种要素，乃资本更新其循环的必要前提。而资本循环，当其不以孤立事象的姿态出现，而以周期过程的姿态出现时，便构成资本的周转（Umschlag）。周转的经历时间是由其生产时间及其流通时间的总和决定的。这时间总和，即形成资本的周转时间（umschlagzeit）。所以，资本的周转时间，可以尺度总资本价值由一个循环期间到次一个循环期间所经过的时间；可以尺度资本生活过程上的周期性，或同一资本价值更新或复演其增殖过程（或生产过程）的时间。

个别的冒险，可以加速或延缓个别资本的周转时间。即把这种个别的冒险存而不论。资本的周转时间，也随投资领域的不同，而有种种不同。

劳动日，对于劳动力的机能，是自然的尺度单位；对于过程中的资本的周转，则年是自然的尺度单位。这个尺度单位，有这一个事实为自然基础；即，温带地方是资本主义生产的祖国，温带地方的最重要的土地收获，都是一年生产一次的。

假设我们以年为周转时间的尺度单位，称其为 U，称一定资本的周转时间为 u，称其周转次数为 n，则 $n = \dfrac{U}{u}$。以例明之。假设周转时间为三个月，则 $n = \dfrac{12}{3} = 4$；那就是，资本每年周转四次。假设周转时间 u 为十八个月，则 $n = \dfrac{12}{18} = \dfrac{2}{3}$；那就是，资本在一年内仅通过其周转时间的三分之二。假设周转时间为数年，也就依照一年的倍数来计算。

在资本家看来，资本周转时间，就是资本必须垫支出去的时间；必须有这个时间，资本方才能增殖它的价值，方才能恢复它原来的姿态。

在更进一步讨论资本周转对于生产过程和价值增殖过程的影响以前，我们要考察两种新形态。资本的这两个新形态，是由流通过程发生的，但会在资本周转的形态上发生影响。

第八章

固定资本与流动资本

I　形态上的区别

　　我们已在第一卷第六章讲过，不变资本的一部分，将保存其加入生产过程时的使用形态，而与其所助成的生产物对立着。所以，它会在一个较短的或较长的期间内，在不绝反复的劳动过程中，常常担任相同的机能。例如劳动建筑物、机械等，就是这样的；简言之，包括在劳动手段这个名称下面的东西，都是这样的。不变资本的这一部分，将比例于其所丧失的交换价值（那是和它自身的使用价值一同丧失的），以价值移入生产物中。这种价值交付或移入，即是以生产手段的价值，移转到它所助成的生产物中去，其大小，是由一个平均计算来决定的。那是由它的平均机能时间来尺度的。它的机能时间，是由它加入生产过程的时候算起，到它完全用尽，完全消耗，必须以同种类的新生产手段代替，或必须再生产的时候为止。

　　要之，不变资本的这一部分——真正的劳动手段——的特质，是这样的：

　　资本的一部分，垫支在不变资本的形态上，即生产手段的形态上。这一部分，在它保持独立的使用形态，而与加入劳动过程当初无异时，将继续当作劳动过程的因素，来发挥机能。完成生产物，从而，被转化为生产物的生产物诸形成要素（Produktbildner），会从生产过程吐出来，当作商品，从生产范围移入流通范围。反之，劳动手段则参加一个生产领域之后，决不离开它。它的机能，把它拘束在这个生产领域内。垫支资本价值的一部分，就也固定在一定的形态上了，这个形态，是由劳动手段在过程中的机能决定的。劳动手段的价值的一部分，将跟着它的机能，从而，跟着它的消耗，移转到生产物里面去，别一部分则依然固定在劳动手段内，从而，依然固定在生产过程内。这样固定的价值，会不断减少，一直到劳动手段消耗干尽的时候。所以，它的价值也会在一个或长或短的时期内，分配在一个生产物总量上，这个总量，是由一系列不断反复的劳动过程流出的。但在劳动手段依然有作用，不必要由同种类新劳动手段来代替的限度内，不变资本价值将不断固定在劳动手段内，别一部分原来也固定在劳动手段内的价值，则移转到生产物中去，从而，当作库存商品（Warenvorrat）的一部分来流通。劳动手段经用的时间愈长，其磨损愈缓慢，则不变资本价值固定在这个使用形态上的时间也愈长，但无论其经用程度如何，劳动手段移转其价值的比例，总与其总机能时间（Funktionszeit）成反比例。假设有两个价值相等的机械，一个在五年之内磨灭，一个在十年之内磨灭，则在同时间内，前者所转移的价值，将倍于后者。

固定在劳动手段上的资本价值部分，会和别的部分一样流通。我们曾经广泛地说过，一切资本价值都在不断流通中，所以，从这个意义说，一切资本是流动资本。但这里考察的这一部分资本的流通是很特别的。最要的一点是，它不在它的使用形态上流通，却仅流通它的价值，并且，这种流通还是渐渐的，断片的，与其移入于生产物而当作商品来流通的程度相比例。在它的全机能时期，不绝有一部分价值固定在它之内，并与它所生产的商品对立而独立着。而使不变资本的这一部分取得固定资本（fixes kapital）形态的，也就是这个特质。但在生产过程中垫支的资本，还有其他各种物质成分，形成流动资本（zirkulierendes oder flüssiges Kapital）。

生产手段的一部分——尤其是补助材料：它会在劳动手段发挥机能时，由劳动手段消费，例如煤炭由蒸汽机关消费；或仅支持劳动过程的进行，例如点灯的煤气等——不以其物质加入生产物内。仅其价值，形成生产物价值的一部分。生产物将会在它自身的流通中，流通这一部分生产手段的价值。就这点说，它们是和固定资本相同的。但在它们参加的劳动过程内，它们会全部被消费，并须在每一次新劳动过程内，由同类新材料全部代置。它们不能在它们的机能中，维持它们的独立的使用姿态。所以，在它们的机能中，也没有任何部分的资本价值，固定在它们旧来的使用姿态或自然形态内。补助材料的这一部分，不在物质方面移入生产物，仅在价值方面当作生产物价值的价值部分移转过去；同时，这种材料的机能，却严密限制在生产领域的内部。就因有这两种事实，所以若干经济学家，例如兰塞（他同时还把固定资本和不变资本混同），居然把这一类补助材料，列入固定资本范畴内。

以物质加入生产物内的那一部分生产手段，例如原料等，有一部分，会由此取得享受品的形态，仅能在后来，供个人的消费（individuelleKon-sumtion）。若真正的劳动手段即固定资本的物质的担当者，却只能归作生产的消费（produktiv verzehrt），不能供个人消费的；因为，它虽助成生产物或使用价值的生产，但它决不加入到生产物或使用价值中去；宁说它将与生产物相对立，保持着独立的姿态，以至于完全磨灭。有一个例外，是运输手段（Transportmittel）。运输手段在它生产机能期间，从而，在它依然留在生产范围内的期间，会发生有用的效果，即将场所变更。这种场所变更，既可供生产的消费，同时又可供个人的消费，例如旅行家的个人的消费。对于这种使用，像对于别种消费资料的使用一样，他是要支付的。我们还讲过，例如在化学工业上，原料会和补助材料互相融和。同样，有时，劳动手段也和原料补助材料互相融和。例如在农业，改良土地而投下的物质，就有一部分，是当作生产物的形成要素，加入到植物性的生产物中去。从他方面说，它的影响又会分配在一个较长的时期，例如四年或五年。所以，它的一部分，将以物质加入生产物中，同时，还以其价值移入生产物中；别一部分则依然固定在它原来的使用形态上，其价值也固定在它原来的使用形态上。它是以生产手段的资格维持着，并由此取得固定资本的形态。例如当作代劳家畜的牛，是固定资本。但当作食物的牛，却不是劳动手段，从而，也不是固定资本。

某一部分投在生产手段上的资本价值是不是固定资本，那完全由这个价值的特别的流通方法决定。这个特别的流通方法，是由劳动手段移其价值入生产物的特殊方法（即在生产过程充作价值形成要素的特殊方法）发生的。这种方法，又是由劳动手段在劳动过程内的特殊机能发生的。

我们知道，从一劳动过程当作生产物出来的同一使用价值，会当作生产手段，加入别一个劳动过程中去。使一种生产物成为固定资本的，只是它在生产过程中当作劳动手段的机能。但在它初从生产过程出来时，它决不是固定资本。例如，一架机械，它，当作机械建造业者的生产物或商品，是他所有的商品资本。当它未在买者手里（即资本家手里）为生产而使用以前，它并不是固定资本。

在其他各种事情相同的情形下，固定性的程度，与劳动手段的耐久性一同增加。我们讲过，劳动手段的资本价值，有一部分固定在劳动手段内，别一部分则由反复的劳动过程，移入生产物中去。这二部分价值的差量，便是由这种耐久性决定的。价值移转越是缓慢（劳动手段在每一次反复的相同的劳动过程内，总会把价值移转一部分），固定的资本就越是大，从而，生产过程所使用的资本和所消费的资本的差量，也越是大。这个差量一旦消灭，劳动手段就消磨尽了，其价值也与其使用价值一同丧失。它将不复为价值的担当者。因为，劳动手段，像不变资本的别的物质担当者一样，仅比例于其价值的丧失，将其价值移入生产物中，而其价值又与其使用价值一并丧失，故很明白，其使用价值丧失越是缓慢，其在生产过程中，越是经用，则不变资本价值固定于其内的期间也越是长。

有些生产手段，例如补助材料、原料、半制品等，虽不是真正的劳动手段，但却像劳动手段一样移转其价值，流通其价值。这种生产手段，也是固定资本的物质担当者，是固定资本的存在形态。以上所说的土地改良，就是这样的。这种改良，以化学成分加在土地内，其影响是分配在若干生产期间，分配在若干年的。在这场合，价值的一部分，将与生产物相并存，而继续在它的独立的姿态上存在，即继续在固定资本的姿态上存在；但其价值的别一部分，则移入生产物内，和生产物一同流通。在这场合，不仅固定资本的价值一部分会移转到生产物上去，其使用价值，其实体，——这个价值部分存在的所在——也会移转过去。

以固定资本和流动资本的范畴，混同于不变资本和可变资本的范畴，是一个根本的错误。不说这个根本错误，则经济学者在概念规定上的混乱，一向都是以下述数点为其基本原因：

他们把劳动手段在物质方面具有的某种性质，看做固定资本的直接的性质，例如像房屋一样的物理的不动性。但这是容易论证的，有相反性质（即物理的可动性）的劳动手段，一样是固定资本。例如船舶。

有时，他们把经济上的确定的形态，把由价值流通引起的经济形态，和物自体的性质混同。物品，虽就其自体说不是资本，而仅在一定的社会关系内成为资本，但在他们看来，它们却好像自体便是，天然便是某种形态的资本，是固定资本或流动资本。我们曾在第一卷第五章说过，若不问劳动过程的社会条件，则每一个劳动过程的生产手段，可分为劳动手段和劳动对象。但二者都在资本主义生产方法内，才成为资本，并如前篇所说，变为"生产资本"。然后，以劳动过程性质为基础的劳动手段和劳动对象的区别，才反映为新形态，即反映为固定资本和流动资本的区别。然后，当作劳动手段用的东西，才成为固定资本。如果依照物性，它除用作劳动手段外，还能有别的机能，它是不是固定资本，就要看它所充任的机能而定了。家畜，当作代劳的家畜，是固定资本；当作食物的家畜，便是原料，结局会以生产物资格加入流通，所以，不是固定资本，而是流动资本。

在一定的长时间内，反复的劳动过程，将相互关联，互相连续，从而形成一个生产期间（Produktionsperiode）。这是生产物完成所必须有的期间。生产手段在这个期间内固定的事实，虽使这种生产手段，和固定资本一样，需要资本家为长时间的或短时间的垫支，但单单在较长期间内固定的事实，尚不足使他的资本，变作固定资本。例如种子，种子不是固定资本，只是原料，但它差不多要在一年内固定在生产过程内。一切资本，在它当作生产资本用的限度内，都固定在生产过程内；生产资本的一切要素（不问其物质姿态如何，其机能如何，其价值流通方法如何），也是如此。固然，因生产过程有种种不同，所期望的效果，有种种不同，资本的固定期间是有长短之别的，但这个期间的长短，不会影响固定资本和流动资本的区别①。

劳动手段的一部分，包括一般的劳动条件。这一部分，在加入生产过程时，或准备担任生产机能时，即已固着在一定的地点，例如机械；或自始即在固定的地点被生产，例如土地改良物、工厂建筑物、熔矿炉、运河、铁道等。这一类劳动手段必须继续拘束在它发生机能的生产过程内。这种拘束，同时也为其感性的存在方法所必要。从别方面说，就有一些劳动手段，可以在物体上不断变更位置，可以自行运动，但却不断在生产过程中，例如机车、船舶、代劳家畜等。在前一场合，劳动手段是不动的，但使它取得固定资本的资格，不是这种不动性；在后一场合，劳动手段是可动的，但这种可动性，也不剥夺它的固定资本的资格。不错的，劳动手段固定在一个地点，把根稳稳安置在大地上这个事实，曾使这一部分固定资本，在国民经济上，取得特别的使命。它们不能被送出国，不能当作商品而在世界市场上流通。但这种固定资本的所有权证却是可以变换，可以卖买，并在这限度内，发生观念上的流通的。这种所有权证（Eigentumntitel），甚至可以在股票（Aktien）形态上，在外国市场上流通。总之，这一类固定资本的所有权人，可以变换。但国民财富中这个物质上固定的部分对于其可动部分的关系，并不因这种变换而发生变化。②

固定资本的特别流通，引起一种特别的周转。固定资本在其自然形态上因磨损而丧失的价值部分，是当作生产物的价值部分

---

① 就因为固定资本与流动资本难于定义，所以斯泰因（Lorenz Stein）君认这种区别，不过为说明上的方便而已。
② 以上采自原稿第四册，以下采自原稿第二册。

而流通的。生产物即由流通而自商品转化为货币；从而凭借生产物以流通的劳动手段的价值部分，也同样转化为货币。其价值，从流通过程作为货币形态滴下来的比例，与其价值在生产过程中丧失的比例正相同。因此，它的价值，现在取得了二重的存在。一部分仍保持它在生产过程内的使用形态或自然形态，别一部分则当作货币，从它自身离开。在劳动手段的机能期间内，劳动手段存于其自然形态上的价值部分会不断减少，其转化为货币的价值部分则不断增加，一直到消耗干尽的时候，然后，它的全部价值，都和它的尸体分离，完完全全变作货币。在这里，生产资本这个要素的周转，就表露出它的特质了。其价值化为货币的转化，与商品（其价值担当者）蛹化为货币的转化，并步而前。但其货币形态复化为使用形态的复转化，却与商品复化为其他诸生产要素的复转化相分离。它由货币形态复化为使用形态的复转化，宁可说是由它自身的再生产期间（Reproduktionsperiode）决定的。而它自身的再生产期间，便是它磨损干尽，必须以同种类劳动手段代置的时间。假设一个价值一万镑的机械的机能期间为十年，则其原垫支价值的周转时间也为十年。在这时间内，它无须更新，仍可继续在它的自然形态上动作。它的价值，却断片地，断片地，当作商品（它继续帮助来生产的商品）的价值部分流通着，并渐渐地化为货币，直到十年之末，才全部转化为货币，并由货币复转化为一架机械，从而，完成它的周转。在这个再生产时间未到以前，其价值，先是逐渐蓄积在货币准备金（Geldreservefonds）的形态上。

生产资本的其余的要素，一部分是补助材料和原料那种种不变资本要素，一部分是投在劳动力上面的可变资本。

劳动过程与价值增殖过程的分析（第一卷第五章），说明了这种种成分，当作生产物形成要素，是和当作价值形成要素完全不同的。由补助材料和原料成立的那一部分不变资本价值——和由劳动手段成立的那一部分不变资本价值完全一样——仅仅当作移转的价值，再现在生产物的价值中；劳动力却会在劳动过程中，以其价值的等价，附加在生产物中，或实际再生产它的价值。我们还讲过，一部分补助材料，会以其物体加入生产物内，成为生产物的实体的材料。别一部分补助材料，例如燃烧的煤，点灯的煤气等，却虽在劳动过程中消费尽，但不以其物质加入生产物内。不过，这一切的差异，在流通上，在周转方法上，是绝不关重要的。只要补助材料和原料会在生产物形成上全部消费尽，它们也就会把它们的价值全部移转到生产物去。所以，它们的价值是全部凭借生产物来流通，转化为货币，并由货币复转化为商品的生产要素。其周转，不像固定资本的周转一样，须被中断；它是不断地通过它的形态的全循环。所以，生产资本的这诸要素，是不断在自然形态上更新的。

次就生产资本中那投在劳动力上面的可变成分说，劳动力是依一定时间购买的。资本家购买劳动力，使它在生产过程中合并时，它会在资本家的资本中，形成一个成分，那就是资本的可变部分。它是日日在一定时间内发生作用；在这时间内，它不仅生产它的日价值全部，并且会以超过额的剩余价值，加到生产物去；不过在这里，我们暂不把这个超过额放在眼里。但在劳动力被买一星期（这是举例），并发生作用之后，其购买，是必须在习常期间内不断更新的。其价值的等价（即劳动力在其机能期间加在生产物内并依生产物流通，以转化为货币的价值），必须不断由货币复转化为劳动力，必须不断通过其形态全循环，那就是，必须周转，然后继续的生产循环，才不致于中断。

生产资本中那垫支在劳动力上面的价值部分，会完全移到生产物中去（在这里，我们仍不把剩余价值放在眼里），偕同生产物，经过流通范围内的二种形态变化，并由这种不断的更新，不断在生产过程中合并。所以，在价值形成上，劳动力虽然和不变资本中那非由固定资本成立的部分截然不同，但这种价值周转方法，却是它和不变资本的这一部分的同点，而正与固定资本相反的。但使生产资本的这两个成分——投在劳动力上面的，和投在非固定资本的生产手段上面的——成为流通资本，而与固定资本对立的，也就是这种在周转上它们同具的性质。

我们以上讲过，资本家为使用劳动力而支付给劳动者的货币，实际只是劳动者必要生活资料的一般等价形态。在这限度内，可变资本在物质方面是由生活资料构成的。但我们在讨论周转时，我们只讨究形态。资本家所购买的，不是劳动者的生活资料，只是劳动者的劳动力。其可变资本部分，也非由劳动者的生活资料成立；使它成立的，乃是劳动者自己的活动的劳动力。资本家在劳动过程中生产地消费的，是劳动力自身，不是劳动者的生活资料。以出卖劳动力所得的货币转化为生活资料，使其复转化为劳动力，以维持自身生命的，是劳动者自己。这好比资本家会以售卖商品换取货币所得的剩余价值的一部分，转化为自己的生活资料，但不能因此，便说购买他的商品的人，是以生活资料支付给他。有时，劳动者的工资会有一部分是在生活资料的形态上，即现物形态上支付，但在今日，这只是一个第二步的办法。依此办法，当他以一定价格售卖劳动力时，他同意在生活资料的形态上，收付这个价格的一部分。这个办法，仅变更支付的形态，但如下的事实，依然不会改变：他实际卖出的，是他的劳动力。这是第二步的，因为，这种交易，不发生在劳动者的资格和资本家的资格之间，却发生在当作商品购买者的劳动者和当作商品售卖者的资本家之间；而在第一步，却是劳动者当作商品（他的劳动力）售卖者，资本家当作这种商品购买者。劳动者出卖劳动力而购买生活资料，其情形，和资本家卖一种商品买别一种商品（例如以机械卖给制铁厂，而与其购买铁）的情形，正相同。所以，决定流动资本与固定资本的对立性质的，不是劳动者的生活资料，也不是劳动者的劳动力，却仅是生产资本投在劳动力上面的价值部分。这部分，与不变资本的若干成分有共通的性质，与不变资本的别的成分有对立的性质，而其所以如此，即以周转形态为因。

流动资本的——投在劳动力和生产手段上面的——价值，仅在生产物求完成的时间内垫支，视生产规模而不同，生产规模的大小则视固定资本的大小为准。流动资本的价值，会全部加入生产物，也会全部由生产物的售卖，从流通中归转来，并重新垫支下去。流动资本诸成分所依以存在的劳动力与生产手段，会在生产物的完成与售卖所必要的程度内，被从流通中取去，但它们必须不断由再购买，由货币形态复化为生产要素的复转化，来代置并且更新。初从市场取出时，这几种成分的取出量，比固定资本诸要素的取出量小，但这几种成分取出的次数必须更频繁，投在它们上面的资本的垫支，也必须在较短期间内更新。这种不断的更新，以生产物的不断的售卖为媒介，因这种不断的售卖，会使这几种成分的全部价值得以流通。最后，不仅就它们的价值说，即就它们的物质形态说，它们也会继续通过形态变化的全循环，它们会不断由商品，复转化为同商品的生产要素。

劳动力除以其自身价值加到生产物外，还会不断以剩余价值加到生产物去。这剩余价值，便是无给劳动的体化。它也不断借完成生产物而流通，而转化为货币。这和别的价值要素是一样的。但在此，我们最要讨究的既然是资本价值的周转，不是同时进行的剩余价值的周转，所以，我们暂把后者存而不论。

由以上所述，我们得到了以下的结论：

（1）固定资本与流动资本的形态差异性，是以这个事实为基因：在生产过程中发挥机能的资本价值或生产资本，有不同的周转。而周转的差别，又以这个事实为基因；即生产资本诸不同的成分，会依不同的方法，以其价值移转到生产物去。其所以如此，不是因为各种成分在生产物价值的生产上，有不同的作用；也不是因为各种成分会在价值增殖过程上，取得特别的使命。最后，生产物中的价值移转有差别，——从而，这个价值以生产物为媒介而流通的方法有差别，以形态变化为媒介而在原自然形态上更新的方法有差别——却是以这个事实为基因：生产资本所依以存在的物质姿态有差别。那就是，生产资本的一部分，会在个别生产物的形成上全部被消费，别一部分却仅渐次被消费。所以，能分为固定资本和流动资本的，只有生产资本。反之，这种对立性，就产业资本的别二种存在方法说，是不存在的；那就是，就商品资本（Warenkapital）和货币资本（Geldkapital）说是不存在的。这种对立性，也不是这两种资本与生产资本的对立性。这种对立性，就生产资本说，才是存在的，且只存在于生产资本之内部。货币资本和商品资本，不管是怎样可以当作资本来用，并活泼流通，它们总归要在转化为生产资本的流动部分之后，才成为流动资本，而与固定资本相对立。但因资本的这两种形态是留存在流通范围的，所以，自亚当·斯密以来，经济学者竟错误地，在流动资本这个范畴内，把它们和生产资本的流动部分，包在一起。这一点是我们以下要讲的。不错的，它们是与生产资本对立的流通资本（Zirkulationskapital）但不是与固定资本对立的流动资本。

（2）固定资本部分的周转，从而，其必要周转时间，包含流动资本部分的多次的周转。固定资本周转一次的时间，流动资本会周转几次。生产资本的价值部分，仅在如下的限度内，取得固定资本的形态确定性；那就是，这个价值成分所依以存在的生产手段，不在生产物造成并当作商品从生产过程吐出的时间内消费尽。其价值的一部分，必须拘束在旧使用形态上；别一部分，则借完成生产物以流通。反之，流动资本部分的价值，却会全部借生产物的流通以流通的。

（3）成为固定资本的那一部分生产手段，可以在一个期间内，继续发挥机能。生产资本中那投在固定资本上面的价值部分，也即为这个机能期间全部，一次整批垫支下去。所以，这个价值，是整批一次由资本家投在流通内；但它只断片地，渐渐地，由其价值部分的实现，从流通中取出。固定资本的价值，原是一部分一部分加到商品中去的。从别一方面说，生产资本一部分所依以固定的生产手段，却是整批一次从流通中取出，俾能在其全机能期间内，在生产过程中并合，但这期间未完以前，它们也无须由同类新生产手段代置，无须再生产。它会在一个长短不等的时间内，继续贡献其自身以创造商品，将其投在流通内，但也不将其自身更新所必需的要素，从流通中取出。在这时间内，资本家方面的垫支，也无更新的必要。最后，投在固定资本上面的资本价值，在它依以存在的生产手段的机能期间内，并非在物质方面，却仅在价值方面，通过其形态的循环。并且，这种循环，还是断片地渐渐地进行的。换言之，其价值的一部分，将不断地当作商品的价值部分，而流通，而转化为货币，但并不同时由货币复转化为它原来的自然形态。这种复转化（由货币复化为生产手段自然形态的复转化），必须到它的机能期间的终末，才会发生。到那时，生产手段才完全用掉。

（4）如生产过程必须继续，则流动资本的要素，和固定资本的要素一样，要不断在生产过程内。但流动资本中这样固定着的要素，必须在自然形态上不断更新（生产手段由同种类的新生产手段，劳动力则由不断更新的购买）；固定资本的要素，则在其存续期间内，其自身是无须更新的，其购买也无须更新。在生产过程中，时时有原料和补助材料存在，但存在的，时时是属于同种类的新原料，新补助材料；旧的都在完成生产物的形成上，用掉了。又，在生产过程中，劳动力也是时时存在的，但其不断的存在，仅由于劳动力购买的不断的更新，且常伴着人的变动。但当流动资本，在同一的反复的生产过程内，反复周转时，建筑物机械等却会以同一的实体，继续发挥机能。

Ⅱ 固定资本的成分，其代置，其修理，及其蓄积

在同一投资内，固定资本诸个别要素，有不同的寿命，从而，也有不同的周转时间。例如拿铁路来说，它有轨道，有枕木，有土垒，有车站建筑物，有桥梁，有隧道，有机车，有车辆，它们的机能期间是不同的，它们的再生产期间是不同的，从而，垫支在它们上面的资本的周转时间，也是不同的。像建筑物，月台，水槽，高架桥，隧道，地道，土堰之类的东西，总之，一切在英国铁路上称为"技术工程"的东西，都可多年无任何更新的必要。最易磨损的，是铁轨和经营材料（rolling stock）。

原来，依实际的名工程师的提倡，人们总以为，在近代铁道的建造上，一条铁路差不多可以有一百年的寿命，轨道的磨损是极小极小的，所以，为财政上和实际上的一切目的，那都没有注意的价值。据估计，良好的轨道，可以有一百年至一百五十年的寿命。但不久就有人发觉了，轨道的寿命，要视机车的速度，列车的重量和数目，轨条的厚度，及其他若干附随事情来决定，从而，平均计算，至多不过经用二十年。而在若干停车处，交通大中心，铁轨还是年年磨损的。约在 1867 年，始用钢轨，其费用

与铁轨比较约大一倍，然其经久时间也大一倍有余。枕木的寿命，不过十二年至十五年。就车辆的磨损说，那很明白，货车的磨损，要比客车的磨损更大得多。机车的寿命，在 1867 年计算，为十年至十二年。

磨损的第一个原因是使用。一般说，轨道的磨损，是与列车的数目成比例（R. C. 第 17645 号[①]）。如速度增加，则依比例言，磨损的增加，较大于速度自乘数的增加。那就是，如列车的速度加倍，则磨损的增加不止四倍（R. C. 第 17046 号）。

磨损的第二个原因，是自然力的作用。例如枕木，那不仅因实际的磨损，且因腐朽的作用而受伤。"铁道的维持费，取决于铁道交通所引起的磨损者较少，取决于木铁石等物（它们须曝露在大气中）的品质者较多。一个严寒的月份，比一年的铁路交通，还更使路基受伤。"（威廉士 R. P. Williams《路基维持》在土木技师学会的演讲，1867 年秋）

磨损的第三个原因，是精神磨损（moralische Verschleiss）。这一种磨损在大工业是随处都有作用的。经过十年之后，原来值四万镑的机车和车辆，可以用三万镑买到。即令使用价值毫未减低，人们也须在计算这种材料的市场价格时，折去百分之二十五的价格。（拉德讷《铁道经济学》）

"管状桥，不会在其现形态下更新的。（因为现在这种桥已有改良的形态。）普通的修理，断片的调换或代置，已经不能实行。"（亚当士 W. B. Adams《路与轨》伦敦 1862 年）劳动手段大抵会因产业进步，而不断改良。所以，必须代置时，它们大抵不会在原形态上代置，却会用革新的形态代置。从一方面说，固

---

① 凡引语用有 R. C. 字样者，皆录自"《敕命铁道委员》向两院提出之报告：对于委员的供述"伦敦 1867 年。——问答均附有号数。号数亦被引用在这里了。

定资本有大量投在一定自然形态上，得在这个形态上经用至平均期限这一个事实，是新机械只能渐渐被人采用的一个理由，从而，是改良的劳动手段不能迅即被一般采用的一个障碍。但从别方面说，竞争又使旧劳动手段，在其自然寿命未满以前，就须由新劳动手段代置，而在变革异常重要时，尤其如此。经营手段的未到时候的更新，如果是依广大的社会的规模来实行，那多数是由激变或恐慌促起的。

除精神磨损外，我们可以说，磨损即是固定资本渐渐由消耗而移转到生产物去的价值部分，这种移转，与其使用价值丧失的平均程度，成比例。

这种磨损的进行，一部分是如此的，以致固定资本得有一定的平均的寿命。固定资本是为这个时间，全部一次垫支的，但过了这个时间，它也须全部被代置。就活的劳动手段（例如马）说，再生产时间，是由自然划定。当作劳动手段，它的平均寿命，已由自然律决定了。当这个时间终了时，磨损掉的劳动手段，必须为新的所代置。一匹马不能断片地补充，是必须用别一匹马来代置的。

固定资本的别一些要素，或许会有周期的或部分的更新。在此，这种部分的周期的代置，必须和营业的渐次的扩大相区别。

固定资本有一部分是由同种但不能经用同样久的成分构成的，因此，必须断片依不同的期间更新。车站的轨道就是这样的；它的代置，必须比别的轨道更频繁。枕木也是这样的，依照拉德讷的计算，比利时的轨道，在五十年代，每年必须换去百分之八，因此，在十二年间，全部枕木都更新了。这当中的情形是这样的：一个数额，在十年内（比方这样说），被垫支在一定种的固定资本上。其支出是一次性的。这个固定资本会有一定部分，以其价值移入生产物价值中，并与生产物价值一同转化为货币的。这一部分，必须每年在自然形态上代置；同时，它的别一部分，则继续保持在原自然形态上。其支出是一次支出的，其自然形态的再生产，却是断片的。而这种资本是固定资本，不是流动资本，也就以此。

固定资本的别一些部分，是由异种的成分构成的。这种成分，在不等的期间内消耗，从而，也必须在不等的期间内代置。就机械说，情形尤其是如此。以上我们讲，固定资本各不同成分有不同的寿命。关于那点我们所说的话，都适用于这里。在这里，我们是就固定资本的一部分（机械）来讲。同机械的各不同部分，也有不同的寿命。

关于营业在局部更新中渐次扩大的事实，我们这样说——固定资本，如上述，会在生产过程中，继续在其自然形态上发挥作用，而以其价值一部分（其大小与平均的磨损成比例）与生产物一同流通，一同转化为货币，并在其自然形态再生产期限未到之前，归入货币准备金，以期将资本代置。但虽如此，固定资本价值中那转化为货币的部分，仍可用来将营业扩充，或用来增进机械的效率，而以各种改良施于机械。再生产仍会在长短不一的期间内发生；而从社会的见地考察，那也当说是规模累进扩大的再生产。如果是生产范围扩大，再生产规模便是外延扩大；如果是生产手段的效率加强，再生产规模便是内包扩大。但这种规模扩大的再生产，不是由蓄积（剩余价值的资本化）发生的，却是由这个事实发生的：从固定资本体分离出来而在货币形态上独立着的价值，将再转化为追加的或效率较大的同种类的固定资本。当然，一种营业究能依如何程度，在如何范围内，容纳这种渐次的扩大，并且一种营业究须先蓄积多大的准备金，方才能依这种方法再投下，这种再投下又须在如何的期间内举行，凡此种种，都有一部分依存于营业的特殊性质。从别方面说，现有的机械能在局部上如何改良，当然也依存于改良的性质和机械自身的构造。但这一点，在铁路开始建筑时，就已经被注意了，所以亚当士说："全部构造，必须依照蜂房构造的原理；那就是必须具有无限扩张的能力。一切过于固定的自始即属匀称的构造，都是不适当的。在扩张的场合，那是非拆毁不可的。"（第123页）

大抵说，那必须有可以利用的场所。若干建筑物是可以加筑几层的；但有些建筑物是要侧面扩张，从而必须有追加的地基。在资本主义生产内，当一种营业渐次扩充时，一方面有许多物资会被浪费，别方面又有许多与目的相反的侧面扩张（那有时对于劳动力是有妨害的）。这是因为，在资本主义生产内，一切都不依社会计划来行，一切都视个别资本家的境遇资金等而定，这等，都有无限的差别。由此发生的，是生产力的莫大的浪费。

货币准备金（那就是，固定资本中复转化为货币的部分）的断片的再投下，在农业上最容易实行。在农业上，有一定场所的生产范围，最能渐次把资本吸收。在自然繁殖上，也是这样。家畜饲养，便是一例。

固定资本还需要一种特别的维持费用。这种维持，一部分是由劳动过程本身实行了；因为，固定资本即不在劳动过程内使用，也是不免于损伤的。（见第一卷第六章及第十三章，机械由不使用而起的磨损。）所以，英国法律曾以明文规定，不依照国内习惯耕作的土地，得视为损毁土地。（参见律师何兹伟士 W. A. Holdsworth 所著《地租与租地人的法律》伦敦 1857 年第 96 页。）一物在劳动过程中被使用并赖以保存的事实，是活劳动的无酬的自然的赐物。劳动的保存力，是二重的。一方面，它会以劳动材料的价值移转到生产物，并由此保存劳动材料的价值；别方面，在不以劳动手段价值移转到生产物去的限度内，它又由劳动手段在生产过程的活动，以保存其使用价值，并由此保存其价值。

　　但固定资本的维持，还须有一种积极的劳动支出。机械是必须时时洗拭的。这是一种追加的劳动，没有它，机械会变成没有用处。必须有这种劳动，生产过程所引起的种种有害的不可避免的影响，才可以防止，并由此，使机械保持完全的效率。当然，我们计算固定资本的标准寿命时，我们会假定，在这期间内顺适发挥机能所必要的种种条件，都已具备；这好比，我们计算人平均寿命为三十岁时，我们必假设他会洗浴。这里所论的，当然不是机械所包含的劳动的代置，只是机械使用上所不断需要的追加劳动。那不是指机械所做的劳动，乃指施于机械的劳动。在这种劳动上面，机械不是以生产动因的资格参加，是以原料的资格参加。投在这种劳动上面的资本，虽不参加生产物发生的真正的劳动过程，但也属于流动资本。这种劳动必须不断在生产上支出，故其价值也必须不断由生产物的价值代置。投在这上面的资本，是属于流动资本中那支办一般经费的部分，那必须依照逐年的平均计算，分配在价值生产物上。我们讲过，在狭义的工业上，这种洗拭劳动，是由工人在休息时间，无报酬担任的；且有时就在生产过程进行中担任，以致引起许多灾害。这种劳动没有算在生产物价格内。在这程度内，消费者是无代价地得了利益。但从别方面说，资本家也是无代价地节省了机械的保存费用。这种费用是由劳动者自身支付了。这是资本自存的秘密之一。从事实的观点看，这既然构成劳动者对于机械的法律要求权；从资产阶级的法律立足点看，这也使劳动者成为机械的共同所有者。但有若干生产部门的机械，必须离开生产过程才能洗拭，洗拭的劳动不能在休息中偷偷进行；机车就是一例。所以，在这些生产部门，这种保存劳动就必须算在经常费内，并成为流动资本的要素。一个机车至多行驶三日就要开进厂去洗拭；且必须待汽罐冷后洗拭，才不发生损害（R. C. 第 17823 号）。

真正的修理或补缀劳动，必须有资本和劳动的支出，这种支出是不包在原垫支资本内的，从而，也不能由，至少不常由固定资本之渐次的价值代置（Wertersatz），来代置，来填补。例如，假设某一个固定资本的价值等于 10,000 镑，其全部寿命时期为十年。在十年后，这 10,000 镑会全部化为货币，在这 10,000 镑只补还原来投下的资本的价值；新在修理上加入的资本或劳动，是不由此代置的。这是追加的价值成分，那不是全数一次垫支的，是适应需要而分次垫支的，故依照事物的性质，其垫支时间纯是偶然的。一切固定资本，都须在事后以少量追加资本支出，用在劳动手段和劳动力上面。

机械等物个个部分所受的损伤，依事物的本性，便是偶然的；从而，其必要的修理，也是偶然的。但此等修理，因其固定性有大小，因其在固定资本寿命时间内发生有迟早，得分为两类。一类是幼小时期的障碍；更多的一类，是中年期以后的障碍。比方说，一架机械虽以完全的构造加入生产过程，但仍会在现实的使用上，表示种种缺点，那是必须以追加劳动来纠正的。在另一方面，它越是度过它的中年期，其正常的磨损，越是累积，越是将它所由以构成的材料消耗衰老，则要使机械在平均寿命的末期保存气息，必要的修理劳动，也越是多，越是大。这好比一个老人，比一个年轻血壮的人，必须有更大的医药费，才能防止速死。所以，修理劳动虽说是偶然的，但它依然以不等的程度，分配在固定资本寿命上各个期间。

由这个事实及机械修理劳动的偶然性质，我们得到这样的结论：

在一方面，用在修理劳动上的劳动力和劳动手段之现实的支出，和使修理劳动成为必要的事情一样，是偶然的；必要的修理之量，以不同比例，分配于固定资本寿命上不同的期间。在另一方面，在计算固定资本的平均寿命期间时，我们已假定，它所以能不断保存在工作状态中，一部分是因为洗拭（场地的扫拭也包括在内），一部分是因为修理，必要的修理。由固定资本磨损而起的价值移转，是以平均寿命为基数而计算的，但在计算固定资本的平均寿命时，我们又假定，它维持工作状态所需要的追加资本，会继续垫支下去。

这种追加的资本支出和劳动支出，会追加以价值。但很明白，这种追加的价值，不能在其现实支出时，加入商品的价格内。例如，纺绩业者不能因为他所使用的机械在这个星期有一个轮齿破坏，或一个皮带裂断，便在这星期以较高的价格售卖棉纱。纺绩业的一般费用，不会因某一个工厂发生了意外，便起变化。在这里，像在其他各场合一样，价值是以平均数决定的。这种意外事件的平均次数及一定营业部门所投下的固定资本，在其平均寿命期间内所必需的维持劳动和修理劳动，都会由经验指示出来。这种平均支出，被分配在平均寿命期间内，且以相应的可除部分，追加到生产物的价格中，并由生产物的售卖来代置。

这样代置的追加资本，虽然支出的方法很不规则，但仍属于流动资本的范围。机械的损坏既有立即修理的必要，所以每一个大工厂，都会在真正的工厂劳动者外，使用一群工人，例如技师，木匠，机械师，铁匠等。他们的工资，是可变资本的一部分，他们的劳动的价值是分配在生产物上的。从另一方面说，必须用在生产手段上的支出，是依平均计算决定的，并依照这个计算，不断形成生产物的价值一部分；虽然在实际上，这种支出，是以不规则的时期垫支，从而，也以不规则的时期加入生产物或固定资本内。这种投在真正修理上的资本，从许多点说，都构成一种特别的资本。那不可以归在流动资本里面，也不可以归在固定资本里面，但当作一种经常费（laufenden Ausgaben），我们宁可把它归在流动资本里面。

簿记的方法，当然不能改变账簿所记载的事物的现实关系。但须记着，依照许多营业的习惯，修理费与固定资本的现实磨损，是依照下述的方法，一道计算的。假设垫支的固定资本为 10,000 镑，其寿命期间为十五年；其每年磨损为 $666 \frac{2}{3}$ 镑。但现在它的磨损只以十年计算；那就是，每年为固定资本的消耗，以 1000 镑，加到所生产的商品的价格内去。他不以 $666 \frac{2}{3}$ 镑，而以 1000 镑加进去，那是为修理劳动等项，保留 $333 \frac{1}{3}$ 镑。（十年与十五年，当然都是为例解起见的。）为要使固定资本经用十五年，平均每年必须支出这个数额作修理费。这种计算方法，当然不改变如下的事实：固定资本与修理上支出的追加资本属于不同的范畴。根据这种计算方法，以汽船为例，假设一只汽船的保存和代置，最少每年须费原价值的 15％，从而，其再生产时间为 $6 \frac{2}{3}$ 年。在六十年代，英政府曾依 16％ 的比率，赔偿"半岛东方公司"；那是认再生产时间为 $6 \frac{1}{4}$ 年。就铁道说，机车的平均寿命期间为十年，但加入修理费，则磨损为 12.5％，因而，使机车的寿命期间减为八年。就客车和货车说，磨损依 9％ 的比率计算，故其寿命期间被计为 $11 \frac{1}{9}$ 年。

在房屋及其他各种物品（对所有者为固定资本）的租赁上，法律往往加上这种区别：一方面，是正常的磨损，那是由时间，由天然的影响，由正常的消耗引起的，法律通例规定由所有者负担；他方面是临时的修理，那是房屋维持正常寿命期间，并在这期间保持正常作用能力所必要的，法律通例规定由租赁者负担。修理更分为普通的修理和根本的修理。后者既为固定资本在自然形态上局部的更新，故在契约未有相反规定时，也由所有者负担。例如依照英国法律：

"以年计算的租赁者，在无需从事根本修理的限度内，有在风雨中，保存建筑物的义务，但他只有从事普通修理的义务。并且，就从这方面说，也还须考虑，该租赁者始租时，建筑物已有如何的年龄，已在如何的状态中。他没有义务，去用新的材料，换旧的磨损的材料；也没有义务，去赔偿那由时间进行和正常使用所不可避免的折价"。（何兹伟士《地租与租地人的法律》第90、91页）

天灾水火的保险（Versicherung），是与磨损的回复，与保存上修理上的劳动，完全分别的。这种保险，必须由剩余价值支办，并且是剩余价值的一个折扣。若从全社会的观点考察，我们可以说，除人口的增加不说外，要使生产手段够补偿意外事变及天灾的异常的破坏，是必须有不断的过剩生产；那就是，生产的规模，必须比既有财富的单纯收回或单纯再生产所必要的规模更大。

在事实上，这种补偿所必要的资本，仅有极小的部分，是在货币准备金形态上存在。最重要的部分，是由生产规模的扩大成立的；那有一部分是现实的扩大，有一部分属于制造固定资本诸生产部门的正常的范围。例如，一个建造机械的工厂的经营，要顾到，各位顾客的工厂年年会扩张，同时还要顾到，其中的一部分，不断需要全部的或局部的再生产。

依照社会平均率来决定磨损和修理费用时，有几种重要的区别，必须注意。即令待决定的诸资本，是同量的，是在其他各方面条件相等的，是属于同一生产部门的，我们也须有这种注意。

就实际来说，一个机械，在甲资本家手上，可以经用到平均时期以上，但在乙资本家手上，却不能经用到平均的时期。这样，一个资本家的修理费用，会在平均以上，别一个资本家的修理费用，会在平均以下了。但在这二场合，商品价格由磨损及修理费用而起的增加额，是相同的，都是由平均率决定的。这样，甲资本家由追加价格取出的，就比他实际支出的更多，乙资本家由追加价格取出的，就比他实际支出的更少了。这个情形，加以别的情形，使同职业诸资本家，在劳动力榨取程度相等时，不能获得相等的利得——我们对于剩余价值的真实性质难于理解。

在真正的修理与代置之间，在保存费用与更新费用之间，其限界，多少是流动的。所以，在铁道事业上，我们常发现一种争执。某种支出应算作修理费抑应算作代置费呢，应算在经常费内抑应算在基础资本（Grundkapital）内呢，那常成为难决的问题。铁路董事部因要人为地将股息（Dividenden）提高，便常常以修理费割入资本账户，不将其归入所得账户（Revenuekonto）。但在这里，经验已经提示了最重要的支点。例如，铁路初成时期的追加劳动，是"不算作修理的，必须视为铁路建筑的本质的成分，从而，归在资本账户，不归在所得账户；因为，这种追加劳动，并非由于磨损，也非由于运输上的正常的影响，乃以铁道建筑上原来不可避免的缺点为基因"（拉德讷《铁道经济学》第 40 页）。"反之，所得的取得，必然会伴起折旧（Entwertung）。不问这折旧额实际是否支出，都以这种折旧记入每年所得账户内"为是。（菲兹摩里士上校，加西登尼铁路调查委员。《金融评论》1867 年发表的报告。）

在农业上，至少在不使用蒸汽机械的农业上，把固定资本的再生产和保存分开，是一件实际上不可能的，无目的的事。"在农业用具供给不多但也并不缺少的地方，习惯上是依购买资本

（Anschaffungskapital）百分之十五至二十的比例，来平均估计农具每年的磨损和保存。究依若何的比例，则视当前情况的差别而定"。（基尔可夫《农业经营学说手册》德绍1852年第137页）

就铁路的经营材料说，修理与代置也是不能分开的。"我们的经营材料，是在数目上维持着的。我们有多少机车，就保持多少。只要其中有一架在时间进行中变为不能使用，觉得换一架比较有利时，我们就会在所得账户下提一笔钱出来，造一架新的。旧机车残余材料中的价值，当然也记在所得账户的贷方。……那往往会留下许多材料——车轮，车轴，汽罐，总之，旧机车会有一大部分留下来"（顾西，大西铁道公司董事长，R. C. 第17327至17329号）——"修理即是更新；对于我，'代置'这个名词是不存在的。……一个铁道公司把一个车辆或一个机车买进之后，他们定然会这样修理它，使它永远可以使用（第17784号）。我们是以每英里运输费中的八便士半，算作机车的费用。我们就由这八便士半，永久保存我们的机车。我们会更新我们的机械。重新购买一个机械，必定要多花一些钱。……可以在破旧的机械上发现依然能供使用的几个车轮，一个车轴，或其他别的部分，利用它们来造新机车；效用是和全新的一样，费用就更省得多了（第17790号）。我现在每星期生产一个新机车，那就是说，和新机车一样好的机车；因为，它的汽罐，圆筒，和车身，都是新的。"（第17823号，斯台洛克，大北铁道公司机车监督，在1867年R. C. 中的话。）

车辆也是这样的。"在时间的进行中，机车与车辆的供给，会不断更新；在这里，有一个新轮装置了，在那里，有一个新车身造成了。为列车运动关系而最易磨损的诸部分，是渐次更新的；这样，机械与车辆经过多次的修理后，旧材料会没有一点留着。……就到不能再修理的时候，旧车辆或机车中还会有一些部分被加工，决不致在铁道上全然消灭。经营材料是在不断的再生产中；铁路的躯体必须在全铁道新造时一次弄好，其经营材料却是一年一年渐次弄好的。经营材料的存在，含有一种不断性，它是在继续的刷新中。"（拉德讷《铁道经济学》第 116 页）

拉德讷在这里，是就铁道来说明的。他所说明的这个过程，不仅适用于个个的工厂，且可例解在一产业部门全体之内，甚至在以社会规模为规模的总生产之内，固定资本之不断的部分的再生产，是如何与其修理相交错。

这里有一个证据，可说明，有怎样大的一个限界，使聪明的董事，可以为股息的目的，而操纵修理和代置这两个概念。依照威廉士以上所引述的演讲，英国有许多家铁路公司，曾采用若干年的平均数，每英里每年，从所得账户，扣除如下的数额，以修理并保存铁路躯体和建筑物。

伦敦北西线	370 镑
米德兰线	225 镑
伦敦南西线	257 镑
大北线	360 镑
兰克夏约克线	377 镑
南东线	263 镑
布里登线	366 镑
孟彻斯德席斐尔德线	200 镑

此等差异，仅有极小极小的部分，是现实支出上的差异；此外几乎全部都是计算方法上产生的差异；因为，有的把支出额加在资本账户，有的把它加在所得账户。威廉士说得很对："所加额较小，是因为必须有此，才能有好的股息；所加额较大，是因为已有较大的所得，可以受得起这种负担。"

"在若干场合，磨损额从而其代置，是实际上非常小的，以致只有修理费用要被计算。"拉德讷关于铁道技术工作所说的话，也适用于运河、船坞、铁桥和石桥之类的耐久构造物——"时间的缓慢的影响，虽会在耐久构造物上引起磨损，但这种磨损，在短时间内，几乎是不能见到的；但在长时间（例如数百年）的经过后，虽最固定的构造物，也须有局部的或全部的更新。以不能识别的磨损和铁道其他部分的更易识别的磨损比较，好比以天体运动的永差和周差比较。栈桥、隧道、高架桥等，是铁路的巨大构筑物了，时间在这种巨大构造物上的影响，就是所谓永差的磨损（Sekularen Verschleiss）；较速的较易识别的折旧，必须在短期间内修理或代置的，就与周差相似。还有，最耐久的构造物，其外表也时时会受损坏。这种偶然的损坏的填补，是包括在逐年修理费中的。但除这种修理不说，此等构造物仍不免要受年龄的影响；必须重新建造的时候，总有一日会到来。当然，从财政和经济的关系说，这个时候未免太远，是可以无需在实际上计算到的。"（拉德讷《铁道经济学》第 38、39 页）

非常耐久的构造物——投在它们上面的资本，不是依照磨损额渐次收回，却仅以逐年平均的保存费用修理费用移入生产物价格中——都是这样的。

我们以上讲过，为收回固定资本磨损而流回的货币，有大部分，会每年，甚至不到一年，便复转化为它的自然形态。但虽如此，每个资本家仍须为固定资本的一部分，置备一个偿还基金（Ammortisationsfond）；固定资本的这一部分，必须在年限届满后，才达到再生产的期间，因而全部代置。固定资本有一大部分，依其构性，即不许有断片的再生产。加之，在再生产可以断片进行，旧成分可在短时间由新成分补充的场合，也须视该生产部门的特殊性质，在实行代置之前，预先蓄积一个相当的金额。但为要实现这个目的，决不是随便一个金额都行的。其所必需的金额，有一定的大小。

如果我们研究时假定只有单纯的货币流通，不顾我们以后讨论的信用制度（kreditsystem），这个运动的机构便是像下面这样的。在第一卷（第三章第三节 a），我们曾指明，一个社会现有的货币，常以一部分当作贮藏货币（schatz），别一部分则当作流通手段，或当作直接流通的货币的直接准备金。但货币总额分为贮藏货币和流通手段的比例，是时时变动的。在我们现在的场合，大量蓄积在大资本家手中的贮藏货币，必须在购买固定资本时，才一齐投入流通内。那会在社会内，再分配为流通媒介和贮藏货币。以偿还基金——由此，固定资本的价值，得比例于其磨损，流回到它的始点——为媒介，流通货币的一部分，又会在某时间，在那个购买固定资本而将贮藏货币放出，使其化为流通媒介的资本家手中，再成为贮藏货币。社会贮藏货币的分配，是不断变动的。这种贮藏货币，还会时而充作流通手段，然后再当作贮藏货币，从流通的货币量中离开。并且，随着信用制度的发展，这个货币还不当作贮藏货币，却在个别资本家（不是货币的所有者，只是货币的利用者）手里，当作资本。我们以后会知道，信用制度的发展，必定是与大工业及资本主义的发展相平行的。

第九章

垫支资本的总周转：周转的循环

我们以上讲，生产资本的固定成分与流动成分，是以不同的方法，不同的期间周转的；在同一营业内固定资本的不同的成分，也因其有不同的寿命时间与再生产时间，从而有不同的周转期间。（在同一营业内，流动资本的不同的成分，也在周转上有实在的或外表的差别，那是我们要在这一章的结末第六项，讨论的。）

（1）垫支资本的总周转（Gesamtumschlag），是资本诸不同成分之平均的周转。其计算方法见后。在问题仅为期间的差别时，那不必说，没有什么还比这个平均数更容易计算了。但：

（2）这里的问题，不单是量的差别，并且是质的差别。

加入生产过程的流动资本，会以其全部价值移转到生产物去，从而，必须由生产物的售卖，不断在自然形态上代置，如果生产过程要无间断进行的话。加入生产过程的固定资本，仅以其价值的一部分（磨损）移转到生产物去，即使有磨损，它仍然能在生产过程上发挥机能；所以，固定资本必须经过一个或长或短的时间，方才要在自然形态上代置，至少，其代置的次数不像流动资本那样频繁。这种代置必要性（即再生产期限），就固定资本诸不同成分说，不仅在分量上相异；像我们讲过的那样，较耐久的多年性的固定资本之一部分，可逐年或不到一年就被代置并以其自然形态，加到旧的固定资本上面。但就别一部分构性不同的固定资本说，却只能在寿命期间终末，一次代置。

所以，我们必须将固定资本诸不同部分的特殊的周转，还原为同种的周转形态，使我们在考察周转期间时，只发现它们的量的差别。

当我们以 P⋯P（连续的生产过程的形态）为出发点时，这种质的同一性是不能发现的。因为，P 的某一些要素，必须不断在自然形态上代置，别的要素却不。但若我们从 G⋯G′的形态出发，这个同一性就出现了。假设我们有一个价值 10,000 镑的机械，经用十年，每年以十分之一，即 1,000 镑，复转化为货币。这 1,000 镑将在一年内，由货币资本复转化为生产资本和商品资本，并由此再转化为货币资本。当我们就这个形态考察时，它会和流动资本一样，复归到原来的货币形态。在这场合，这 1,000 镑货币资本，是否在一年之终，再转化为机械的自然形态，是一点关系没有的。在计算垫支生产资本的总周转时，我们是把它的全部要素，确定在货币形态上，并以货币形态的复归，为周转的终结。我们即在连续的生产过程中（在这种过程内，价值的货币形态，不过是当作计算货币），也假定价值常常当作货币垫支。这样，我们就可以得到平均数了。

（3）由此推得的结论是：就令在垫支的生产资本中，是有遥较为大的部分由固定资本构成，而这种固定资本的再生产时间与周转时间，又包含一个多年的循环，但一年间周转的资本价值，仍可因流动资本在该年反复周转之故，以致比垫支资本的总价值为大。

假设固定资本等于 80,000 镑，其再生产时间为十年；如是，每年将有 8000 镑复归到货币形态，或完成其周转的十分之一。

又假设流动资本等于 20,000 镑；每年周转五次。总资本价值等于 100,000 镑。一年间周转的固定资本为 8000 镑；一年间周转的流动资本 = 5×20,000 = 100,000 镑。所以，一年间周转的资本，等于 108,000 镑，比 8000 镑更多，比垫支资本也更大。那就是，有资本的 $1+\dfrac{2}{25}$ 倍被周转了。

（4）垫支资本的价值周转（Wertumschlag），遂与其现实的再生产时间，或其诸成分的实在的周转时间，相分离了。一个 4000 镑的资本每年周转五次，周转的资本便等于 5×4000 = 20,000 镑。但在每次周转终了时归来以备重新垫支的，却是原来垫支的 4000 镑资本。其大小，不因周转期间（资本重新发挥资本机能的期间）的次数，发生变化。当然，在这里，我们是把剩余价值存而不论的。

再拿前项的例来说。假设一年之终，会归到资本家手中的：（a）一个 20,000 镑的价值额，那会重新当作流动资本的成分投下；和（b）一个 8000 镑的价值额，那会由磨损，从垫支固定资本的价值中放出来，但同时，这个固定资本依旧会留在生产过程内，不过价值由 80,000 镑减为 72,000 镑。所以，生产过程还须继续九年，垫支固定资本的寿命才会完了，才不能再当作生产物形成要素和价值形成要素，从而必须代置。所以，垫支的资本价值，必须通过一个周转的循环（einen Zyklus von umschlagen）；在这场合是一个十年周转的循环。这个循环，是由所用固定资本的寿命时间，从而，由其再生产时间或周转时间决定的。

伴着资本主义生产方法的发展，所用固定资本的价值量与寿命期间也发展。比例于所用固定资本的价值量与寿命期间的发展，产业及产业资本在各特殊投资领域内的生涯，也发展为多年性的生涯，比方说，平均为十年罢。但固定资本的发展，一方面使产业的生涯扩延；他方面，又由生产手段的不断的变革（在资本主义生产方法发展时，这种变革也是不断增进的），把产业的生涯缩短。资本主义生产的发展，会伴着生产手段的变化，并使生产手段在其物理生涯未曾完毕之前，即因有精神磨损以致有不断代置的必要。我们可以假定，在各重要大产业部门，这个生命循环，平均为十年。当然，在这里，我们所要问的，不是任何确定的数字。但至少我们已经可以知道，这个包括若干年而由相互关联的诸次周转所合成的循环（资本因有固定资本成分，是必须通过这个循环的），曾为周期的恐慌，提供物质的基础。在这种周期的恐慌中，营业要依次通过沉滞时期，相当活跃时期，过度活动时期，恐慌时期。不错的，资本投下的时期，是极相异的，并且是继起的。但恐慌往往是大规模新投资的始点。所以，从全社会考察，那又多少是下一个周转循环的新的物质基础①。

（5）关于周转的计算方法，我们且听听一位美国经济学者的话。（斯考洛伯《经济学》，鲍特尔编，纽约 1841 年第 141、142页）

在若干营业部门内，全部垫支资本，会在一年内周转数次或流通数次。在若干营业部门内，垫支资本的一部分，会在一年内周转数次，别一部分则不这样频繁。资本家的利润，必须依照他全部资本在他手上通过一次或周转一次所需的平均期间来计算。假设某一个人在某种营业上，投下他的资本的半数在建筑物和机械上面，十年才更新一次，四分之一投在工具上面，每两年更新一次，其余四分之一投在工资和原料上面，曾在一年内周转二次。其全部资本为 50000 美元。故其每年的支出如下：

① "都市上的生产，是以日周转的，农村的生产是以年周转的"。（弥勒尔著《政治要义》柏林 1809 年第三卷第 178 页）这就是浪漫派（Romautik）对于农工业的素朴的说明。

$$\frac{50000}{2} = 25000 \text{ 美元在 } 10 \text{ 年间} = 2500 \text{ 美元在 } 1 \text{ 年间}$$

$$\frac{50000}{4} = 12500 \text{ 美元在 } 2 \text{ 年间} = 6250 \text{ 美元在 } 1 \text{ 年间}$$

$$\frac{50000}{4} = 12500 \text{ 美元在 } \frac{1}{2} \text{ 年间} = 25000 \text{ 美元在 } 1 \text{ 年间}$$

$$\text{在 } 1 \text{ 年间} = 33750 \text{ 美元}$$

所以，他全部资本周转一次的平均时间，为十六个月。……假设有别一个情形；总资本 50000 美元的四分之一，在十年间周转一次，四分之一每年周转一次，其余二分之一每年周转二次。则其每年支出如下：

$$\frac{12500}{10} = 1250 \text{ 美元}$$

$$12500 = 12500 \text{ 美元}$$

$$25000 \times 2 = 50000 \text{ 美元}$$

$$1 \text{ 年间周转} = 63750 \text{ 美元}$$

（6）资本各部分在周转上的现实的差异和外表的差异——斯考洛伯在同处还说："工厂主，地主，或商人在支付工资时投下的资本，流通得最速；那也许是一星期流通一次的。他是用他每星期卖货所得的现钱或期票，每星期支付工资一次给他的工人。投在原料和库存熟货上面的资本，流通得没有这样速；每年它或许可以周转两次或四次，那视一次购买到他次售卖所经过的时间而定。当然，我们假设，资本家是以相等的信用期限（Kreditfrist）卖买的。投在工具和机械上面的资本，流通得更缓慢；因为，它平均或许要五年或十年，才周转一次，那就是，才会被消费，被更新（不过，有许多工具，只要经过一序列的工作，就会变作不能使用的）。投在建筑物上，例如，投在工厂、店铺、仓库、谷仓、街道、灌溉工程等上面的资本，就一般像似不流通的。当然，在事实上，这种投资也会在生产过程中消耗掉的；并且，如果生产当事人要继续他的事业，它们也须再生产。不过它们消费得更缓慢，再生产得更缓慢。……投在它们上面的资本，或许要二十年或五十年周转一次。"

就个别资本家说，支付期限和信用状态，会使流动资本一定部分的活动，发生差异。在这里，斯考洛伯把这种差异，和由资本性质引起的周转，混同了。他说，工资必须每星期用每星期卖货所得的现钱或期票来支付。第一，我们必须注意，就工资说，支付期限的长短，那就是，劳动者给信用于资本家的期限的长短，从而，工资每星期支付一次，或每月支付一次，或每三个月支付一次，或每六个月支付一次的情形，会引起相当的差异。在这里，我们以前曾经说明的法则，是适用："支付手段（从而，一个时候垫支的货币资本）的必要量，与支付期间的长短成正比例。"① （见第一卷第三章第三节 b）

第二，加入每周生产物中去的，不仅有一周劳动加在生产物内的新价值，而且有一周生产物所消费的原料和补助材料的价值。生产物内中包含的价值，和生产物一同流通。在生产物被售卖时，这种价值会取得货币形态，并重新转化为相同诸生产要素。这个话，适用于劳动力，也同样适用于原料和补助材料。但我们曾经讲过（第六章第二节 A），生产的连续性，必需一个库存的生产手段的准备。这个准备的多寡，是各产业部门不等的；在同产业部门内，就流动资本要素的各种成分说，也是不等的；例如就石炭和棉花这两种成分说，便是不等的。所以，此等材料虽须不断在自然形态上代置，但不一定要不断的重新购买。重新购买的次数，视准备库存品的大小而定，换言之，视准备库存品

---

① 译者注一原版为反比例，据马恩研究院版改正。

能经用多少时而定。就劳动力说，这种库存准备，是没有的。投在劳动上面的资本部分，与投在原料和补助材料上面的资本部分，相并而复转化为货币。但用货币一方面复转化为劳动力，他方面复转化为原料时，这两方面，却可因购买期限和支付期限的不同，分别进行。这两种成分之一，可以当作生产库存品（Produktionsvorrat），隔长时期购买一次；别一个成分，劳动力，却必须依较短的期间购买，例如一星期一次。再者，资本家还须在生产库存品之外，保存一个完成品库存（Vorrat fertiger Waren）。且不说贩卖困难了；比方说，他总须为定货者，生产一定量的商品。在此量商品最后一部分生产时，那已经造成的部分，自须在货栈内，等所定的货物全部造成。又，如流动资本中有某一个要素，必须在生产过程的准备阶段（例如木材的干燥）上，比别的要素停留得更久，那也会在流动资本的周转上发生其他种种的差别。

信用制度（斯考洛伯在这里也提到了它）和商业资本，会变更个别资本家的资本的周转。但此二者，在不仅加速生产，且加速消费的限度内，才会以社会一样大的规模，将资本的周转变更。

第十章
关于固定资本和流动资本的学说
——重农主义派与亚当·斯密

固定资本和流动资本的差别，在魁奈的分析上，表现为原垫支（avances Primitives）和年垫支（avnces annuelles）。他很确当地，认这一种区别，为生产资本（即直接在生产过程上合并的资本）内部的区别。但因他认农业上使用的资本，从而，认农业家的资本，为唯一的现实的生产资本，所以他也只就农业家的资本，来划分这种区别。且亦因此，所以他又认资本的一部分为每年周转一次，别部分为多年（比方说十年）周转一次。值得声明的一点是，重农主义者（die Physiokraten）在其发展的进行中，也曾把这种区别，应用到别种资本上来，即应用到一般产业资本上来。年垫支与多年垫支（Mehrjährigen Vorschuüssen）的区别，在社会上如此重要，故经济学者中，甚至亚当·斯密以后的经济学者中，仍不断有人采用这个定义。

这两种垫支的区别，是到垫支的货币转化为生产资本要素的时候，才发生的。这种区别，只适用于生产资本，所以，魁奈不把货币算在原垫支内，也不把货币算在年垫支内。当作生产的垫支，换言之，当作生产资本，此二者是与货币相对立，并与市场上现有的商品相对立的。再者，魁奈又很确当地，认生产资本这二要素间的区别，依存于不同的价值移转（移入完成生产物）

的方法，从而，依存于不同的价值流通（与生产物一同流通）的方法，依存于不同的代置方法或再生产方法；那就是，其一的价值，会全部在一年间代置，他一的价值，则仅断片地在较长期间内代置。①

　　亚当·斯密的唯一的进步，是使诸范畴普遍化。在他手上，此诸范畴，不复仅用于一种特别的资本形态（租地农业家的资本），却被普遍用于各种形态的生产资本。由此得到的结果是：年周转与多年周转的区别（这是农业上发生的区别），为各种时期的周转的一般区别所代替了。依此，固定资本的一次周转，常包含流动资本一次以上的周转，流动资本的周转的期间，也不限定为一年一次，那可以在一年以上，也可以在一年以下。这样，亚当·斯密就把年垫支变作流动资本，把原垫支变作固定资本了。但他的进步，只以这诸范畴的普遍化为限。至若他的说明，那是远在魁奈之下的。

　　亚当·斯密的说明的不明了，由他研究开始时的方法，表示出来了。他用一种粗劣的经验的方法，说："资本有两种不同的使用方法，使它的所有者取得收入或利润。"（《国富论》第二篇第一章第 189 页阿伯底恩版 1848 年）

---

① 关于魁奈，可参看《经济表的分析》（《重农主义者》德尔版第一篇巴黎 1846 年）。比方说，那里就有这样的话："年垫支是由每年耕作劳动上的支出构成的；这种垫支必须与原垫支相区别，这所谓原垫支，即是开办农业的基金。"（第 59 页）——较后的重农主义者，有时直接称这种垫支为资本。杜本·德·内磨（Dupont de Nemours）在其所著《魁奈医生的格言》（德尔版第一篇第 391 页），就曾用"资本或垫支"的话。勒·德洛尼也说："劳动生产物多少有耐久性的结果，一国得在常年再生产之外，取得一个可观的富藏。这个富藏，是长期间蓄积的一个资本，原来是由生产物支付，并且不断保存和增加的。"（德尔编第二篇 928 页）——杜尔阁常用资本一辞代替垫支，并视制造业者的垫支，为与租地农业家的垫支相同。（杜尔阁《富之形成与分配之考察》1766 年。）

把价值当作资本，使其所有者可以取得剩余价值而投下的方法，是和投资部门一样，有种种差别，而非常繁杂的。这是说，资本有种种不同的生产部门可以投下。如果是这样，问题还可更推进一步。它还包含着别一个问题：价值即使不当作生产资本投下，对于所有者，仍可有资本的机能，例如放息资本（Zinstragendes Kapital），商人资本（Kanfmanns Kapital）等。但这样，我们就已经和分析的实在对象，隔得很远了。我们这里研究的对象是这个问题：把投资部面放下不论，问生产资本分为不同诸要素的分割，将如何影响及于这诸种要素的周转。

亚当·斯密接着说："第一，它可以投下来，为栽培货物，制造货物或购买货物，再把它们卖掉，而从中取得利润。"在这句话，亚当·斯密不过告诉我们，资本可以投在农业，制造业，和商业上。他不过举出了不同的投资部门，甚至把商业也包括在内；实则，在商业，资本并非直接投在生产过程，从而，不是当作生产资本用的。他这种说法，把重农主义派在说明生产资本的区别及其对于周转的影响时所根据的基础，放弃了。但不仅此，他还进一步，以商人资本为问题的例解！实则，我们这里的问题，乃专指生产资本在生产物形成过程和价值形成过程上的差别。在资本的周转和再生产上引起差别的，就是这种差别。

他还说："依这个方法投下的资本，在仍保留在所有者手中，或保持相同的姿态时，既不能给它的所有者以收入，也不能给他以利润。"——这个方法投下的资本！亚当·斯密这里其实是指农工业上投下的资本。并且，他以后又告诉我们说，这样投下的资本，得分为固定资本和流动资本！但资本"依这个方法投下"，既不使资本成为固定的，也不使它成为流动的。

或者，他的意思是说，用来生产商品，再把它卖掉，而从中取得利润的资本，必须在转为商品之后卖掉，并由这种售卖，第一，由卖者的所有转为买者的所有，第二，由其商品自然形态转为其货币形态，从而，在它依然在所有者手中或对于他仍保持原形态时，对于所有者毫无用处么？然若如此，那就是：同一个资本价值，从前在生产过程当作生产资本的，现今是在流通过程，当作商品资本和货币资本。然在流通过程上，它既不复是固定资本，也不复是流动资本。并且，原料和补助材料（流动资本）所附加的价值要素，和劳动手段消耗（固定资本）所附加的价值要素，都是可以这样说的。要之，由此，我们决不能更进一步探索固定资本和流动资本的区别。

他还说："商人的货物，在未卖掉化为货币以前，不会给他以收入或利润；同样，这个货币，在未与货物交换以前，也不会给他以收入或利润。他的资本，必须不断离开一个姿态，归到别一个姿态，且必须有这种流通或依次的交换，才能给他利润。所以，这种资本，允宜称为流动资本。"

亚当·斯密这里称作流动资本的东西，我将称之为流通资本（Zirkulationskapital）。资本的这种形态，乃属于流通过程，属于由交换（物质的交换和所有者的交换）而起的形态变化。它是商品资本和货币资本，是与生产资本形态（即属于生产过程的资本形态）相对立的。那不是产业资本家分割资本的方法，不过是同一垫支资本价值不断在生命循环中重新依次采取和放弃的诸种形态。就这点说，亚当·斯密与重农主义派比较是一个大的退步。他把这种形态差异和另一种形态差异混同了。这所谓另一种形态差异，是指那保持生产资本形态的资本价值，在流通中，会在其依次发生的各种形态循环中发生形态的差异。所以这种差异的发生，乃因生产资本诸要素，以不同的方法参加价值形成过程，并以不同的方法移转它们的价值到生产物去。我们将会知道，把生产资本和流通资本的区别，与固定资本和流动资本的区别混为一谈，将引起怎样的结果。在固定资本上面垫支的资本价值，和垫支在流动资本上面的资本价值，一样依生产物流通而流通，并由商品资本的流通而转化为货币资本。其差别仅由于此：固定资本的价值，是断片地流通，从而，也必须断片地在或短或长的期间内，在其自然形态上代置或再生产。

他所选择的异常不当的例解，也可说明他这里所谓流动资本，只是流通资本，只是这种形态上的资本价值；这种形态是属于流通过程的，即商品资本和货币资本。他是用什么作例解呢？他是用一个不属于生产过程，只属于流通范围的资本价值，即商人资本作例。这样的资本价值，是由流通资本构成的。

用一个非生产资本的资本作例，并由此出发，是不合理的。这种方法究竟是怎样不合理，立即由他自己说明了，他说："商人资本全然是流动资本"。像他后来告诉我们的那样，流动资本和固定资本的区别，是由生产资本内部的根本区别发生的。亚当·斯密一方面把重农主义派的区分法记在心中，他方面又把资本价值在循环中通过的形态差别记在心中。此二者，在他心中混杂交错着。

但货币与商品的形态变化，价值由一个形态转到他一个形态怎样能发生利润呢，那是完全被置于度外了。并且，在亚当·斯密，这种说明也是绝对不可能的；因为在这里，他是用商人资本开始；商人资本是只在流通范围之内运动的。关于这点，我们以下还要提到。在这里，我们且听听他关于固定资本的说话：

"第二，它（资本）可以用来改良土地，用来购买有用的机械和器具，或类似的东西，那无需更换所有者或更进一步流通，已可提供收入或利润。这种资本，允宜称为固定资本。不同职业投下的固定资本和流动资本的比例，是极不同的。……手工业老板或工厂主，必须以其资本的一定部分，固定在劳动工具上。但这一部分，在某一些人是极小的，在某别一些人却是极大的。……这各种手工业老板（如裁缝师、制鞋师、织师）的资本，都以远较为大的部分，当作劳动者的工资，或当作原料的价格流通，并由制作品的价格，带着利润收回。"

关于利润的源泉，他在这里提供了一种天真无邪的论证。暂不说这种论证，其弱点与混乱，也由下述一点立即暴露了。对一个建造机械的工厂主，机械是生产物，是会当作商品资本流通的，用亚当·斯密的话说，"它会被舍弃，被更换所有者，被进一步用来流通"。所以，按照他自己的定义，这个机械就不是固定资本而是流动资本。这种混乱，是由这个事实发生的：斯密把两种区别混同了；他所混同的一方面，是固定资本和流动资本的区别，这种区别是由生产资本诸不同要素有不同的流通方法这一个事实发生的，别一方面，是同一个资本所通过的形态上的区别，这同一个资本，在生产过程内是当作生产资本，但在流通范围内，却当作流通资本，即当作商品资本和货币资本。所以，照亚当·斯密的意思，同一物，可因其在资本生活过程中的地位，时而是固定资本（即当作劳动手段，当作生产资本的要素），时而是"流动"资本，是商品资本（即当作生产物，当作由生产范围突入流通范围的生产物）。

但亚当·斯密于此乃突然变更他的区分法的全部基础，而与前数行他开始全部研究时的说话相矛盾。就中，尤与这样的说话相矛盾："资本有两种不同的使用方法，可以使它的所有者取得收入和利润"，那就是当作流动资本或固定资本。依这说法，它们乃是互相独立的诸种资本（例如用在工业上的资本或用在农业上的资本）的不同的使用方法。但现在他又说："不同职业投下的固定资本和流动资本的比例，是极不相同的。"现在，固定资本和流动资本，不复是不同的独立的投资，却是同一个生产资本的不同的部分，它们会在不同的投资部面，在资本总价值中，形成不同的部分。这里的区别，是由生产资本内部的适当的分割发生。故也只适用于生产资本。但这个看法，和他对于商业资本的看法是矛盾的。他把商业资本看作纯然是流动资本，使其与固定资本相对立。他说："商人的资本，完全是流动资本。"究其实，这个资本宁可说仅在流通范围内发挥机能，且就以这个资格，与生产资本（指在生产过程内合并的资本一般）相对立。但也就因为这个缘故，所以不复能当作生产资本的流动部分，不复能与其固定部分相对立。

在亚当·斯密所举的例解中，他是把职业工具（Instruments of trade），定义为固定资本，把投在工资、原料、补助材料上面的资本部分，定义为流动资本，那是"会由制作品的价格，带着利润收回"的。

他最初由劳动过程的不同诸成分出发；一方面是劳动力（劳动）和原料，别方面是劳动工具。但这些东西所以是资本的成分，仅因为在它们里面，投下了一个当作资本用的价值额。在这限度内，它们是生产资本（即在生产过程内发挥机能的资本）的物质要素和存在方法。为什么其中一部分称作固定的呢？因为"资本的一部分，必须固定在劳动工具上"。固然，他一部分也会固定在劳动工资和原料上。但机械和"器具……以及类似的东西，……无需更换所有者或进一步流通，已可提供收入或利润。这种资本，允宜称为固定资本"。

以采矿业为例。采矿业是完全不用原料的，因其劳动对象（例如铜）是自然生产物，是必须由劳动才被占有的。这初被占有的铜，过程的生产物，后来才当作商品或商品资本来流通。它不是生产资本的要素。它的价值，也没有任何部分，是当作生产资本的要素投下。从他方面说，生产过程的其他的要素，劳动力与补助材料（例如炭、水等），也不以物质参加到生产物中去。炭是会完全消费掉的；机械等物只以价值一部分移入生产物，炭也是只以它的价值移入生产物的。最后，劳动者像机械一样，仍旧是与生产物（铜）相对而独立的。只有他由劳动所生产的价值，现在才成为铜的价值的成分。所以，在这个例上，生产资本没有任一个成分换主人，也没有任一个成分进一步流通，因为它没有任一个成分曾以物质移入生产物中。但在这里，它们不仍旧是流动资本么？若依照亚当·斯密的定义，这全部用在采铜业上的资本，就都是固定资本了。

再取别一种产业为例。它使用原料作生产物的实体；它还使用补助材料，那也会以物质，不像燃烧的煤炭一样单以价值，移到生产物中去。拿棉纱这种生产物来说，构成棉纱的原料是棉花。这种原料，会与其生产物同时变更主人，并由生产过程移入消费过程的。但在棉花依然当作生产资本的要素用时，所有者并不会把它卖掉，不过把它加工，要由它造成棉纱。它不会离开它的主人。或用亚当·斯密的不当而又庸俗的话来说，它并不由舍弃，由更换所有者，由流通，生出任何利润来。他的原料和他的机械一样不流通。在生产过程中，它们会像纺绩机械和工厂建筑物一样固定着。的确的，生产资本的一部分，像别一部分必须固定在劳动手段的形态上一样，必须常常固定在煤炭棉花等物的形态上。唯一的区别在：一星期（比方这样说）生产棉纱所必要的棉花煤炭等物，会不断在一星期生产物的生产上，完全消费掉，从而必须由新的棉花煤炭等物代置，所以，生产资本的这各种要素，虽常属于同种，但必须不断由同种的新物构成；反之，同一个纺绩机械，同一个工厂建筑物，却会在许多周的生产上，继续参加，无需由同种的新物来代置。要之，当作生产资本的要素，一切它的成分，都不断固定在生产过程内，没有这些，生产过程是不能进行的。并且，生产资本的一切要素，固定的和流动的，当作生产资本，都是和流通资本（即商品资本和货币资本）相对立的。

劳动力也是这样的。生产资本的一部分，必须不断固定在劳动力上面；同一的劳动力，和同一的机械一样，会在某时间内为同一的资本家所使用。劳动力和机械的差别，在这里，不是由机械是一次购买好（在分次付钱时，情形就不是这样），劳动者却不是一次购买好的事实构成。它们当中的差别，乃由于这个事实，劳动者所支出的劳动，会以全部加入生产物价值内，机械的价值仅断片地加入。

当斯密以流动资本和固定资本对立时，他关于流动资本所说的话，是把不同的诸种性质混同了。他说："依此法投下的资本，在保留在所有者手中或保持原姿态时，不能给它的所有者以任何收入或利润。"他把商品的形态变化（生产物即商品资本，在流通范围内通过的形态变化，那是以商品所有者的变换为媒介的），和物体变化（那是生产资本各不同要素在生产过程中通过的），视为相等。他把商品到货币，货币到商品的转化（即卖与买），直截和诸生产要素到生产物的转化，相混同。他的流动资本的例，是由商品转化货币，由货币转化商品的商人资本，是属于商品流通范围的形态变化 W-G-W。流通范围内的这个形态变化，对于机能的产业资本，仅有这样的意义：货币所依以复转化的商品，即是生产要素（劳动手段与劳动力）；换言之，这种形态变化，使产业资本的机能得以继续，并使生产过程成为连续的生产过程，或再生产过程。这全部形态变化，是在流通中进行的。商品实际由一人过渡至他人，便是以这种形态变化为媒介。

反之，生产资本在生产过程内通过的转形，却是属于劳动过程的转形；要使生产要素转化为所欲生产的物，是必须有这种转形的。亚当·斯密在这一点固守着如下的事实：生产手段的一部分（真正的劳动手段），在劳动过程中（用他的谬误的话来说，是对主人提供利润），不变化其自然形态，而仅渐次消耗；生产手段的别一部分，材料，却会发生变化，且就由这种变化，来完成它的生产手段的任务。但生产资本诸要素在劳动过程上的不同的作用，仅为固定资本与非固定资本的差异的起点，不是这种差异的自身。这一点，可由下述一事说明白：这种不同的作用，是一切生产方法（资本主义的与非资本主义的）所同有的。但这种不同的物质作用，会与不同的到生产物的价值移转（Wertabgabe）方法相呼应；不同的价值移转方法，又与不同的以生产物售卖为媒介的价值收回（Wertersatz）方法相呼应。我们现在讨论的差异，就是由这一点构成的。资本之成为固定资本，不是因为它固定在劳动手段内，却因为投在劳动手段内的资本价值，当其一部分已当作生产物的价值成分而流通时，其价值的别一部分，仍固定在劳动手段内。

"如果它（资财）被投下来为要获取未来的利润，它获取利润的方法，不是在他（所有者）手中保留，便是从他手中流出。在一场合，它是固定资本；在他一场合，它是流动资本。"（第189页）

这里最先叫我们注意的一点，是由普通资本家观念中汲取的利润观。这种利润观，是粗制的，经验的，和亚当·斯密的更精深的奥义的见解，彻底相矛盾。生产物的价格，不仅收回材料和劳动力的价格，且须收回劳动工具由磨损而转移到生产物去的价值部分。这种收回在任何场合，也不会成为利润的源泉。为生产物的生产而垫支的价值，或是由生产物的售卖全部一次收回，或是由生产物的售卖断片地渐次收回，但这种区别所变更的，不过是收回的方法和时间而已。它决不把双方同有的一件事——价值收回——化为剩余价值的创造。在这里，我们再逢着了普通的看法；依照这种看法，因为剩余价值是由生产物的售卖，由生产物的流通才实现的，所以剩余价值也被认为是由售卖，由流通发生的。在事实上，这里所说的不同的利润发生方法，不过是下述一件事的错误的表现：生产资本诸不同的要素，以不同的方法发生作用，换言之，此等要素，当作不同的生产要素，会在劳动过程上发生不同的作用。最后，这种看法，又不把这当中的不同，归因于劳动过程或价值增殖过程，归因于生产资本自身的机能，却认这种不同，仅主观的适用于个别资本家；因为，在个别资本家看来，资本一部分是在这个式样上有用处，资本别一部分则在那个式样上有用处。

反之，魁奈却由再生产过程及其必要条件，来考察这种差异。他以为，要使这个过程继续，年垫支的价值必须每年由年产物的价值全部收回，基础资本的价值则仅断片的，比方说，必须经过十年，才完全收回，完全再生产，而以同种的新物为代替。就这点说，亚当·斯密是远不及魁奈的。

所以，在亚当·斯密看来，只有这个事实，可以决定固定资本为固定资本的性质；那就是，固定资本是劳动手段，劳动手段的姿态不会在生产过程中变更，而在它磨损完尽之前，它会继续在生产过程中发生作用，它虽帮助生产物的形成，但会继续与生产物相对立。他忘记了，生产资本的一切要素，都会在它们的自然形态（当作劳动手段、材料、和劳动力）上，与生产物（当作商品来流通的生产物）相对立。他又忘记了，由原料和劳动力构成的部分，在这里，仅在这一点，与由劳动手段构成的部分相区别：就劳动力说，必须常常重新购买（不是像劳动手段那样，一次买好，可以许久不买），就材料说，在劳动过程内发挥机能的材料，并不是同一物，只是不断更新的同类物。同时，他的主张，还引起了一种虚伪的外观；亚当·斯密虽曾在前面说明，固定资本的磨损，是生产物价格的部分，但依照这种外观，却好像固定资本的价值不会流通一般。

他把流动资本和固定资本对立而叙述时，他并没有着重这样的事实：二者的对立性，只存于这一点，流动资本，当作生产资本的一部分，必须从生产物的价值一次收回，必须全部一次通过它的转形，固定资本却不是这样。他把流动资本，和资本由生产范围转到流通范围时所采取的姿态（商品资本和货币资本的姿态）混同了。这两个形态（商品资本和货币资本），是生产资本的固定部分的价值担当者，也是它的流动部分的价值担当者。此二者，皆为与生产资本相对立的流通资本，非与固定资本相对立的流动资本。

最后，固定资本生利润是因为它留在生产过程，流动资本生利润是因为它离去生产过程而流通这一种完全错误的见解，遂使可变资本和不变资本流动部分在价值增殖过程和剩余价值形成过程上的本质的差别，因有共通的周转形态，而被掩蔽。资本主义生产的全部秘密，就因此更看不清楚。在流动资本这个共通的称呼下，一个本质的差别，是被抹煞了，在这一点，后来的经济学家，是更把可变资本和不变资本的对立性忽视，更把固定资本和流动资本的区别，当作本质的唯一的区别。

亚当·斯密在认固定资本流动资本为两种不同的各自提供利润的投资方法之后，又说："任何固定资本，皆必须有流动资本帮助，方才能提供收入。最有用的机械和器具，若没有流动资本来供给加工的材料，维持工人的生活，是什么东西也不能生产的。"（188页）

由此，可知以上所谓提供收入，生出利润这几句话，包含资本二部分都当作生产物形成要素用的意思。

于是亚当·斯密举例如下。"农民资本的一部分，投在农具上的，是固定资本，投在工资和工仆给养上的，是流动资本。"（这里，固定资本和流动资本的区别，虽仅就生产资本诸不同部分的流通和周转说，但他的话很适当。）"他由其一取得利润，是因为他把它保留在自己手中，他由其他取得利润，是因为他把它舍弃。代劳家畜的价格或价值，和农具一样是固定资本"。（在这里，他的话也是适当的，因为决定这当中的差别的，是价值，不是物质要素。）"它（代劳家畜）的给养，却像工人的给养一样是流动资本。农民只取得利润的方法，是将代劳家畜保留，将其给养舍弃。"（农民会保留家畜的食料，不把它卖掉。他把家畜当作劳动工具使用时，又用这种食料饲养家畜。区别仅在此：用来饲养家畜的食料，将全部被消费，并不断由农产物或由其售卖，取得新的家畜食料来代置；家畜本身则须待一头家畜已不能代劳时才要代置。）"非为代劳仅为肥肉以待售的家畜的价格和给养，都是流动资本。农民获取利润的方法，是把它们舍弃。"（每一个商品生产者，从而，每一个资本家商品生产者，都会把他的生产物，他的生产过程的结果售卖，但他的生产物，并不因此便成为他的生产资本的固定成分，也不因此成为他的生产资本的流动成分。现在，宁可说它已取得这个形态，在这个形态上，它从生产过程出来，必须取得商品资本的机能。肥肉的家畜，在生产过程上，是当作原料，不像代劳家畜一样，是当作劳动手段。所以，肥肉的家畜，会以物体加入生产物内，他的全部价值，也会像补助材料（它的食料）的价值一样，加到生产物去。所以，肥肉的家畜是生产资本的流动部分，但这不是因为被卖的生产物——肥肉的家畜——与其原料（肉未曾肥以前的家畜）有相同的自然形态。这是偶然的事。同时，斯密还能由这个例看见，包含在生产要素内的价值是固定的还是流动的这个问题，绝非取决于生产要素的物质姿态，乃取决于它们在生产过程内的机能。"种子的全部价值也是固定资本。……它虽在土地和谷仓之间来来去去，但并没有变更主人，也未曾有真正的流通。农民取得利润的方法，不是把它售卖，只是让它繁殖。"

斯密区分法的全无思考的性质，在这里，完全暴露了。依他所说，不变更主人的种子是固定资本；那就是说，如果种子直接从年生产物中取出来代置，它就是固定资本。反之，如果把全部生产物卖掉，并用其价值一部分，购买别人的谷种，它便是流动资本。因在后一场合，可以发现主人的变更；在前一场合，却不能。在此，斯密又把流动资本和商品资本混同了。生产物是商品资本的物质的担当者。当然在生产物中，只有现实加入流通，不直接再参加原生产过程的那一部分，是商品资本的物质的担当者。

种子或是直接从生产物中取出，或是在全部生产物卖掉之后再用其价值一部分购买别人所有的。但无论如何，那都只有代置。由这种代置，决不会生出利润来。在后一场合，种子会与其余的生产物一样，当作商品而加入流通；在前一场合，它却仅在簿记上，当作垫支资本的价值成分。但在二场合，它都是生产资本的流动部分。为要使生产物完成，它会完全消费掉；为要使再生产可能，它又必须全部由生产物代置。

"原料和补助材料，会失去独立的姿态，它们当作使用价值，原来是以这种姿态，加入劳动过程的。真正的劳动手段，不是这样。一个工具，一个机械，一个工厂建筑物，一个容器，必须保持原来的姿态，仍以这个姿态参加劳动过程，才能在劳动过程内发生作用。并且，不仅在生存时，它们会在劳动过程内保持独立的姿态，而与生产物相对立；即在它们死后也是这样。机械工

具，劳动建筑物等的尸骸，仍旧是和由它们所助成的生产物相分离而独立存在的。"（第一卷第六章 211、212 页）

生产手段在生产物形成上的不同的使用方法，——其一部分会保持独立姿态，而与生产物相对立，别一部分却会变化或全部丧失；这个差别，是属于劳动过程的差别，即满足自身需要的劳动过程（例如家长式家族的劳动过程，那全无交换也无商品生产），也有这种差别的——在亚当·斯密手上，弄得含糊不清了。第一，他说，生产手段的一部分因保持原姿态故能给所有者以利润，别一部分因丧失原姿态故能给所有者以利润。他这样说时，他是用一种在这里毫无关系的关于利润的考察，把这种区别弄得含糊了。第二，他把生产要素一部分在劳动过程中变化，和商品流通上的形态变化（即生产物交换或卖买，那同时还包含流通商品的所有者的变换）相混同，并由这种混同，把上述的区别弄得含糊。

资本的周转，以再生产为前提；那是以流通，以生产物的售卖，以生产物到货币，货币复到生产要素的转化及复转化为媒介的。但在资本家生产者以其自身生产物的一部分，直接再当作生产手段时，他会成为卖给自己的售卖者。这件事，在他账簿上也会记入的。再生产的这一部分，不以流通为媒介，而直接进行。但生产物中那再当作生产手段的一部分，是代置流动资本，不是代置固定资本，因为（1）它的价值会全部移入生产物；（2）它自身必须全部在自然形态上，由新生产物，取出新的物件来代置。

亚当·斯密还告诉我们，流动资本和固定资本是由什么构成。他列举了固定资本和流动资本所依以形成的物件，即物质的要素；好像这些物件在物质上已经含有这种性质，好像它们的这种性质是得于自然，不是得于它们在资本主义生产过程内的机能一般。不过他又在同章（第二篇第一章）这样说，一件物，例如一个住宅，保留下来供直接消费的，"虽能给所有者以收入，并对于他有资本的机能，但却不能给公众以收入，也不能对于公众有资本的机能。人民全体的收入，不能由此增加分毫"（第186页）。在这里，亚当·斯密分明是说，物的资本性质，绝不是物自体在一切情形下都有的，却仅是物的一种机能，它有没有这种机能，要看情形而定。但资本一般如此，资本的各副类也是如此。

同一物，视其在劳动过程内的机能如何，而成为流动资本成分或固定资本成分。例如家畜，当作代劳家畜（劳动手段），便是固定资本的物质的存在方法，若当作肥肉的家畜（原料），它便是农民的流动资本的成分。从别方面说，同一物，还可时而当作生产资本的成分用，时而当作直接消费基金（Konsumtionsfond）用。例如一座房子，当作劳动场所，它是生产资本的固定部分；当作住宅，它便没有资本的形态。同一劳动手段，在许多场合，也是时而当作生产手段用，时而当作消费资料用。

由斯密见解引起的谬误之一，是认固定资本和流动资本，为物所固有的性质。在分析劳动过程时（第一卷第五章），我们已指出，劳动手段、劳动材料和生产物的资格，乃视一物在过程内担任的任务而定。固定资本和流动资本的资格，也视各要素在劳动过程内，从而在价值形成过程内担任的任务而定。

其次，亚当·斯密罗列固定资本和流动资本所由以构成的各种物件时，还明白表示了这一点：那就是，就生产资本（即在生产形态上的资本）说方才妥当方才有意义的区别，在他手上，是和生产资本对商品资本货币资本（那是属于流通过程的资本形态）的区别相混同了。在同处（187、188页），他会说："流动资本……由尚在商人手中的生活资料，材料，和各种完成制作品，以及流通它们分配它们所必要的货币等构成。"——这里，他又一反以上所述，以致混同流动资本及商品资本货币资本，那就是，使流动资本和两种全不属于生产过程的资本形态相混。这两种形态，不是与固定资本对立的流动资本，只是与生产资本对立的流通资本。不过，垫支在材料（原料或半制品）上面而实际在生产过程内并合的生产资本的成分，是必须与流通资本并存而用的。他说：

"……社会的总资财，自然会分成三部分，第三部分即最后部分，是流动资本，它的特色是，必须流通或变更所有者，才提供收入。那也是由四部分构成的：第一，是货币……"（但货币决不是生产资本的形态，决不是生产过程内的机能资本的形态。却只是资本在流通过程内采取的形态）……"第二，是生活资料在屠户，家畜饲养者，农民手中的存蓄，……由这种生活资料的售卖，他们希望得一个利润。……第四部分即最后部分，是已经制成而尚在商人或工业家手中保有的生产物。"——"第三部分，是由材料（完全未加工的，或会多少加工的）构成。这种材料，或为衣着物的材料，或为家具的材料，或为建筑物的材料，它们在未加工成为衣着物家具或建筑物，但仍在栽培业者、制造业者、丝商人、布商人、木材商人、大木匠、小木匠、砖瓦制造业者手中时，皆属于此类。"

第二项第四项只包括生产物；当作生产物，它会从生产过程突出来，是需要售卖的；总之，它现在是当作商品，从而当作商品资本，而在它不是当作生产资本要素的过程内，取得其形态与位置。无论它最后决定用在什么目的上（在个人消费上当作使用价值，或在生产消费上当作使用价值），都是如此。第二项所包括的生产物是营养资料，第四项包括其他一切完成生产物，那包括完成的劳动手段或完成的享受资料（惟第二项所包括的营养资料除外）。

斯密同时还说到商人，这又指示他的思想的混乱。生产物由生产者售于商人时，它就不复是生产者的资本了。从社会方面考察，它固然还是商品资本，但它已经在生产者以外的人的手上。且就因为它是商业资本，所以既不是固定资本，也不是流动资本。

每一种非为自身直接需要的生产，其生产物都必须当作商品流通，那就是必须卖掉，但其目的，不在利润，只在使生产者能够生活。但在资本主义生产下，我们还发觉，在商品售卖时，商品里面包含的剩余价值，也会实现出来。生产物会以商品的资格离开生产过程，那不是生产过程的固定要素，也不是生产过程的流动要素。

斯密在这里把他自己的说法扬弃了。完成生产物，不问其物质姿态如何，不问其使用价值如何，不问其效用如何，总归是商品资本，从而，在属于流通过程的形态上。在这形态上。它不是所有者的生产资本的成分。当然，它不妨在出卖之后，在购买者手中，变作生产资本的成分，流动的或固定的。由此，我们说明了，一物，在一个时候，它会在市场上当作商品资本，与生产资本相对立，但一经离开市场，它能否有生产资本固定成分或其流动成分的机能，却是不一定的。

纺纱业者的生产物——棉纱——是他的资本的商品形态，是他的商品资本。它不能再当作它的生产资本的成分，不能当作劳动材料，也不能当作劳动手段。但在购买棉纱的织者手中，它却会成为生产资本的流动部分。对于纺纱业者，棉纱只是他的固定资本及流动资本一部分价值的担当者（不说剩余价值了）。机械也是这样。当作机械建造业者的生产物，它是他的资本的商品形态，是他的商品资本。在它继续保持这个形态的限度内，它不是流动资本，也不是固定资本。但它一经卖到使用它的工厂主手里，它就成了生产资本的固定成分了。当然，有时候，生产物的一部分，会以其使用形态，再当作生产手段，加入它所从出的过程。例如煤炭在煤炭的生产上。但即在此场合，煤炭生产物中那决定用来出卖的部分，仍不代表流动资本或固定资本，只代表商品资本。

在另一方面，有些生产物，就其使用形态说，即不能当作劳动材料或劳动手段，不能成为生产资本的要素。生活资料就是这样的。但对于生产者，它是商品资本，是固定资本和流动资本的价值担当者；究竟是担当何者的价值，那要看它在生产上使用的资本，是必须全部一次收回，还是一部分一部分渐次收回，其价值是一次全部移转过去，还是一部分一部分渐次移转过去而定。

依照亚当·斯密的意思，上述第三项内的原料（原料、半制品和补助材料），不是当作生产资本的部分，那仅在社会生产物一般中当作一种特殊的使用价值，那只是一大量商品，是与第二项第四项所包括的各种物质成分（生活资料等）相并而存的。但从别方面说，这种材料却确实会合并在生产资本内，从而，会在生产者手中，充作生产资本的要素。在这里，斯密思想的混乱又自行暴露了。在他看，这种材料，一部分是在生产者（即栽培业者、工厂主等）手中发挥机能，一部分是在商人（即丝商人、布商人、木材商人）手中发挥机能。实则，在商人手中，它只是商品资本，不是生产资本的成分。

亚当·斯密在罗列流动资本的要素时，忘记了，固定资本和流动资本的区别，必须用在生产资本上面，才是妥当的。他也曾把商品资本货币资本（属于流通过程的资本形态），放在和生产资本对立的地位。但在他，这种放法，只是无意识地作的。

最后，值得注意一下，亚当·斯密在胪述流动资本的成分时，忘记了劳动力。这是有两重理由的。

我们曾讲过，除货币资本外，亚当·斯密所谓流动资本，不外是商品资本的别名。但在市场上流通的劳动力，不是资本，不是商品资本的形态。它一般不是资本；劳动者虽也以商品拿到市场去，那就是把自己的皮拿到市场去，但劳动者决不是资本家。劳动力必须待出卖而并合在生产过程，不再当作商品流通之后，方才是生产资本的成分，是可变资本，是剩余价值的源泉；而在所论为资本价值的周转时，它才是生产资本的流动部分。斯密因为在这里混同了流动资本和商品资本，所以不能把劳动力放在流动资本这个项目下面。所以，在这里，可变资本竟以劳动者用工资所买的商品（生活资料）的形态出现。投在工资上面的资本价值，也就在这个形态上，被认为属于流动资本。但并合在生产过程的，是劳动力，是劳动者自己，不是劳动者所赖以维持的生活资料。不错的，我们曾讲过（第一卷第二十一章），从社会方面考察，劳动者自己由个人消费而行的再生产，属于社会资本的再生产过程。但我们这里讲的，是个别的孤立的生产过程。就这种生产过程说，这种考察是不适用的。斯密在固定资本项下所述的"习得的有用的能力"（第 187 页），其实应当说是流动资本的成分——如果这种能力是指工资劳动者的能力，又会在工资劳动者出卖劳动时和劳动一起出卖。

亚当·斯密的一个大错误，在将全社会财富分成直接消费基金、固定资本、流动资本。依此，财富是分成：（1）消费基金，那不是机能的社会的资本之部分，虽其中一部分，能不断以资本的资格发挥机能。（2）资本。换言之，依照这个分法，财富的一部分将当作资本，别一部分则当作非资本或消费基金。好像，一切资本，不为固定资本，便为流动资本，二者必居其一。好比，像哺乳动物一样，不是雌，便是雄。好像这是一个自然必然性。但我们却讲过，固定资本和流动资本的对立性，仅适用于生产资本的要素，所以，在生产资本之外，还有极大量的资本——商品资本与货币资本——就其形态说，既不能说是固定的，也不能说是流动的。

在生产物中，也许有一部分，是在自然形态上，由个别的资本家生产者自己，不经过卖买，再被利用来作生产手段。但除这部分外，社会生产物的全量，在资本主义的基础上，都会当作商品资本，在市场上流动的。所以，很明白，不仅生产资本的固定成分和流动成分，必须由商品资本中取出；消费基金的一切要素，也须由商品资本中取出。这就等于说，在资本主义生产的基础上，生产手段和消费资料，皆须先表现为商品资本，然后始决定当作消费资料用或当作生产手段用。劳动力虽不是商品资本，但也当作商品在市场上出现的。

就因此，所以亚当·斯密又陷入了新的混乱中。他说：

"以上四部分（流动资本的四部分，这所谓流动资本，是有商品资本和货币资本的形态的资本，属于流通过程的。因亚当·斯密再把商品资本诸构成部分加以物质上的区别，这二部分就变成四部分了），有三部分——生活资料，材料，和完成制作品——必须每年，依长短不一的时间，规则地，被取出来，加到固定资本中去，或加到备直接消费的库存品中去。每一种固定资本，都原来是从流动资本取出，且须不断由流动资本维持。一切有用的机械和器具，原来都是由流动资本取出的；因为，机械和器具所赖以制造的材料，制造它们的工人的给养，都是出于流动资本。并且，它们还须有同种类的资本，才能不断维持在良好状态中"。（第 188 页）

生产物中，除由生产者直接用作生产手段的部分是例外，我们可以为资本主义生产，立下一个一般的命题说：一切生产物，都会当作商品到市场上来，从而，对于资本家，当作资本的商品形态，当作商品资本，来流通。不必问它们是否必须（或可能）以它们的自然状态，它们的使用价值，当作生产过程上的生产资本的要素，当作生产手段，并当作生产资本的固定要素或流动要素；也不必问它们是否只能充作个人消费的手段不能充作生产消费的手段。总之，一切生产物，都会当作商品投到市场去；一切生产手段和消费资料，一切生产消费和个人消费的要素，都须由购买，当作商品，再从市场取出。这个明白的道理，当然是正确的。那适用于生产资本的固定要素，也适用于生产资本的流动要素，适用于劳动手段，也适用于各种形态的劳动材料（这里且不说，有些生产资本的要素，是自然存在的，不是生产物）。机械须和棉花一样在市场上购买。但我们决不能由此便结论说，每一种固定资本，原来都由流动资本出来，除非我们像斯密一样，把流通资本和流动资本（即非固定资本）混为一谈。加之，斯密还把他自己的见解扬弃了。依他说，当作商品，机械是属于流动资本的第四部分。我们说它从流动资本出来时，我们的意思只是说，在它发挥机械的机能之前，它先要当作商品资本，但从物质方面说，它却是从它自身出来的。棉花也是这样；棉花，当作纺绩家资本的流动要素，也是由市场上的棉花出来的。亚当·斯密会进一步辩说，他所以说固定资本出于流动资本，乃因建造机械不能不有劳动和原料之故。关于这个辩论，我们第一要说，建造机械也不能不有劳动手段，不能不有固定资本，第二要说，生产原料也不能不有机械之类的固定资本，因生产资本虽不一定包含劳动材料，但一定包含劳动手段。他自己接着也说，"土地，矿坑，渔场，必须有固定资本和流动资本，才能从事工作"（他不也承认，生产原料不仅须有流动资本，且须有固定资本么?），"并且"（在这里，他又陷入新的混乱中了）"它们的生产物，还不仅带着利润，补还这个资本，且带着利润，补还社会上一切其他的资本"（第 188 页）。这个见解完全错了。它们的生产物，为其他一切产业部门提供原料，补助材料等。但它们的价值，不补还社会上其他一切资本的价值；它们的价值，只补还它们自身的资本价值（加剩余价值）。在这里，亚当·斯密的见解，是为重农主义派的回想所束缚了。

商品资本的一部分，是只可充作劳动手段用的生产物。只要它生产得合用，不是不能卖出，它总会在某时候，当作劳动手段用的。那就是，在资本主义生产的基础上，它一脱去商品的资格，就须在社会生产资本中，由预期的固定资本要素，变为现实的。当然，这种考察，从社会方面说，是正确的。

在此，由生产物的自然形态，引起了一个区别。

比方一个纺绩机。在它不被用来纺绩，不当作生产要素用时，它是没有使用价值的，从而，从资本家的观点看，在它不当作生产资本的固定成分用时，它是没有使用价值的。但纺绩机是可以移动的。它可以从生产国，输出到他国，直接的或间接的，为交换原料乃至为交换香槟酒而卖。如是，它在生产国就只有商品资本的机能；甚至在出卖之后，仍不能在该国成为固定资本。

反之，在一定场所与土地结成一体，从而只能在该场所利用的生产物，例如工厂建筑物、铁道、桥梁、隧道、船坞等，土地改良物等，是不能以其物体输出的。它们不能移动。如果不是无用，它们就得在售卖之后，在生产国，当作固定资本。从资本家生产者——他为贩卖的目的，投机地，建造工厂或改良土地——的观点看，此等物便是他的商品资本的形态，从而，依照斯密说，是流动资本的形态。但从社会的观点看，此等物，如果不是无用，便终须在一个固定在该处的生产过程，当作固定资本。这不是说，这一类不能移动的东西，都无条件是固定资本；比方说，它们还能充作住宅，在这场合，它们便属于消费基金的范围，绝非属于社会资本的范围，它们虽和资本一样是社会财富的一部分，但它们不是资本。用亚当·斯密的话，此等物的生产者，也将由它们的售卖，获得利润的。这样它们也是流动资本了！反之，此等物的使用者，它们的最后购买者，既只能在生产过程上利用它们，所以，它们又是固定资本了！

所有权证，例如铁路股票，可以日日变换主人，并使所有者，由所有权证售于外国的事实，获得利润。在这场合，铁路虽不能输出，但铁路股票是可以输出的。但虽如此，此等物若不是在其所在地藏着不用，便须当作生产资本的固定成分，来发生机能。同样，工厂主 A，以工厂卖于工厂主 B，虽可由此种售卖获得利润，但该工厂在售卖之后，依然不妨当作固定资本。

当然，固定在一个场所不能与土地分离的劳动手段，就令对于生产者只成为商品资本，不成为他的固定资本的要素（他的固定资本，是他所使用，以建造工厂建筑物或建造铁道所必要的劳动手段），但总必然会在某时，在该国当作固定资本用。但我们依然不能反过来，说固定资本必然是不动物。船舶或机车的作用，便是由动来完成的；但对于使用者（不是生产者），它们就是当作固定资本用的。反之，有些东西，极头在地，固定在生产过程内，生在生产过程内，死在生产过程内，一经加入，即永不离开。但它们却是生产资本的流动部分。例如机械在生产过程内使用的煤炭，又如工厂建筑物内点灯用的煤气。它们是流动资本，不是因为它们的物体，会和生产物一道离开生产过程，当作商品流通，却是因为它们的价值，会全部移入商品（它们帮助来生产的商品）的价值内，且必须全部由这种商品的售卖收回。

在上述的亚当·斯密的引语中，还有一句话值得注意。他说："制造机械和工具的工人的给养，……出于流动资本。"

依重农主义派，垫支在工资上面的资本部分，应当归在与原垫支相对立的年垫支内。但在他们看来，成为农民生产资本的部分的，不是劳动力本身，却是所给予农业劳动者的生活资料（斯密称其为"工人的给养"）。这种说法，正好和他们的特别的教义相关联。因为，照他们的说法，劳动（和原料，劳动工具等不变资本的物质成分完全一样）所加于生产物的价值部分，仅与支付给劳动者，维持劳动力机能所必须消费的生活资料的价值相等。他们的教义，使他们不能发现不变资本和可变资本的区别。如果生产剩余价值（除再生产自身价格之外）的，是劳动，则劳动会在农业上生产剩余价值，也会在工业上生产剩余价值了。但按照他们的体系，剩余价值只在一个生产部门（即农业）产生；照他们说，它不是生于劳动，乃生于自然在这个生产部门的特别的活动（帮助）。并且，也就因此，所以农业劳动被他们称为生产劳动，使其与别种劳动区别。

斯密以劳动者的生活资料，归入与固定资本相对立的流动资本内：

（1）因为他把和固定资本对立的流动资本，混同于那属于流通范围的资本形态，混同于流通资本。这种混同，未加批判，便由他以后的学者继承下去了。他把商品资本和生产资本的流动部分相混同了。而在社会生产物采取商品形态的地方，很明白，劳动者的生活资料和非劳动者的生活资料，材料和劳动手段，一样须由商品资本供给。

（2）但重农主义派的见解，也曾渗润入斯密思想中。不过，重农主义派的见解，毕竟是和他的奥义的论究（真正科学的部分）相矛盾的。

一般说，垫支资本总会化作生产资本；那就是，总会采取生产要素的姿态。生产要素便是过去劳动的生产物（劳动力也包含在其内）。必须在这个形态上，它方才能在生产过程内尽其机能。现在若我们不说劳动力（可变资本部分就是转化为劳动力的），却说劳动者的生活资料，那很明白，就价值形成说，这种生活资料，和生产资本的别的要素，和原料，和代劳家畜的生活资料（亚当·斯密跟在重农主义之后，曾在上述一段话内，把劳动者和代劳家畜视为同位的东西），是没有区别。生活资料不能增殖它自己的价值，也不能把剩余价值加到它自己里面。它的价值，像生产资本其他各种要素一样，只能在生产物的价值中再现。它不能在它本有的价值之外，加进追加的价值。它，像原料，半制品等一样，只在下述一点，与由劳动手段构成的固定资本相区别：（至少对于付钱的资本家）它会在生产物（它帮助生产的物品）中全部消费掉，从而，它的价值也须全部一次由生产物收回；若在固定资本，却不过渐次地断片地进行。垫支在劳动力（或劳动者生活资料）上面的生产资本部分，在这里，就仅在物质方面，不在劳动过程和价值增殖过程上面，与生产资本的别的物质要素相区别了。这样，生产资本的这一部分，就与客观的生产物形成要素一部分（亚当·斯密概称其为材料），同归在流动资本的范畴，而客观的生产物形成要素的别一部分，则归在固定资本的范畴，以为区别。

投在工资上面的资本部分，属于生产资本的流动部分。这个流动部分，与生产资本的固定部分相对立，而与客观的生产物形成要素的一部分（原料等），同具流动性。但这个事实，与可变资本部分（与不变资本部分相对立）在价值增殖过程上的作用，绝对没有关系。与这个事实有关系的，是垫支资本价值的这一部分，如何必须以流通过程为媒介，由生产物的价值而收回，而更新，而再生产。劳动力的购买与再购买，是属于流通过程的。但投在劳动力上面的价值（不是为劳动者，只是为资本家），必须在生产过程内，方才由一定的不变的量，化为可变的量；垫支的价值，必须在生产过程内，方才化为资本价值，化为资本，化为可以自行增殖的价值。若像斯密那样，不把投在劳动力上面的价值，却把投在劳动者生活资料上面的价值，当作生产资本的流动部分，我们就无从了解可变资本和不变资本的区别，更无从了解资本主义的生产过程一般了。这部分资本，当作可变资本，是与投在客观生产物形成要素上面的不变资本，相对立的；然若就周转这一点说，则投在劳动力上面的资本部分，乃属于生产资本的流动部分。可变资本的性质，在流动资本的性质下面，掩没了。这种掩没，当人们以劳动者的生活资料，不以劳动力，视为生产资本的要素时，更臻于完全的地步。实则，劳动力的价值究是在货币的形态上垫支，抑是直接在生活资料的形态上垫支，是一件没有关系的事。当然，在资本主义生产的基础上，直接在生活资料形态上垫支劳动力的价值，不过是例外罢了①。

亚当·斯密以流动资本的性质，视为是投在劳动力上面的资本价值的决定性质。他采取了重农主义派的解释，但舍弃了重农主义派的前提。但就因此，很幸运的，亚当·斯密竟使他的后继人，不能认识那投在劳动力上面的资本部分是可变的。他在别的地方虽曾有深刻的正确的研究，但战胜的，不是这个，却是以上所述的谬见。以后的著作家，还更进一步，不单认流动性（与固定性相对），为投在劳动力上面的资本部分的决定性质；且认流动资本的决定性质，是被投在劳动者的生活资料上面。这个见解，结局引起一种学说。依照这个学说，由必要生活资料构成的

① 亚当·斯密曾拦阻自己的路，以致不能认识劳动力在价值增殖过程上的任务。这一点，可由下述一句话来证明。他说："不仅他（租地农业家）的劳动仆役，是生产劳动者，他的代劳家畜也是。"（第二篇第五章第243页）在这句话内，他是像重农主义派一样，把劳动者的劳动和代劳家畜的劳动置于等位。

劳动基金（Arbeitsfond），被认为是一个确定的量；这个确定的量，从一方面说，会在物理方面，限制劳动者在社会生产物中应享的部分，从另一方面说，它又必须为购买劳动力，而将其全部尽行支出。

第十一章

关于固定资本和流动资本的学说

——里嘉图

里嘉图说到固定资本和流动资本的区别，仅为要说明价值的例外；那就是说明工资率影响价格的情形。这个问题，且留在第三卷讨论。

里嘉图的见解，是不明了的。他把"固定资本耐久程度上的差别，和这两种资本结合比例上的差异"，无谓的并排起来①。

我们问，什么是这二种资本？他就告诉我们，"维持劳动的资本和投在工具，机械，建筑物上面的资本，得以种种的比例相结合"。② 所以，在他，固定资本是等于劳动手段，流动资本是等于投在劳动上面的资本。维持劳动的资本，是一个不合理的由亚当·斯密传下来的名词。一方面，流动资本与可变资本（即生产资本投在劳动上面的部分）相混同。他方面，又因这种对立，不是由价值增殖过程发生的对立（不变资本和可变资本的对立），却是由流通过程发生的对立（那是斯密早已有过的混乱），所以发生了两重错误的概念。

第一，固定资本耐久程度的差别和资本构成（不变资本和可

---

① 见里嘉图《经济学及赋税之原理》第 25 页。

② 前书。

变资本的构成）上的差异，被视为同样重要。但后一种差异，决定剩余价值生产上的差异；反之，前一种差异，就价值增殖过程考察，却仅指生产手段，是依何法，以一定的价值，移转到生产物去，而就流通过程考察，却仅指所投资本的更新的时期，或从别一个观点看，仅指资本垫支的时间。当然，假令我们不要看破资本主义生产过程的内部的机构，而仅就现象的观点考察，这两种差别，是会在事实上相一致的。因为，当社会剩余价值在各营业部门所投下的资本间分配时，资本垫支时间的差异（从而，固定资本寿命期间的差异）和资本有机构成的差异（从而，不变资本和可变资本的流通上的差异），会同样助成一般利润率的平均化，且同样助成由价值到生产价格（Produktionspreise）的转化。

第二，从流通过程的观点看，我们一方面有劳动手段为固定资本，别方面有劳动材料和劳动工资作流动资本。反之，从劳动过程和价值增殖过程的观点看，我们一方面有生产手段（劳动手段和劳动材料）为不变资本，别方面有劳动力为可变资本。就资本的有机构成说（第一卷第二十三章第二节），等价值量的不变资本，或是由许多劳动手段和仅少劳动材料形成，或是由许多劳动材料和仅少劳动手段形成，但那完全没有关系。一切，都取决于投为生产手段的资本和投为劳动力的资本之比例。反之，从流通过程的观点看，那就是，从固定资本和流动资本的区别的观点看，则在一定价值量的流动资本中，劳动材料和劳动工资依何种比例分割的问题，是完全没有关系的。从一个观点看，劳动材料与劳动手段，归在相同的范畴内，而与投在劳动力上面的资本价值相对立。从别一个观点看，投在劳动力上面的资本部分，与投在劳动材料上面的资本部分，属于相同的范畴，而与投在劳动手段上面的资本部分相对立。

就因为这个理由，所以在里嘉图的分析上，劳动材料（原料与补助材料）不出现在任一方面。它是全然消灭了。它不配放在固定资本的方面；因为，依照它的流通方法，它是和投在劳动力上面的资本部分，完全相同的。它又不配放在流动资本的方面；因为，亚当·斯密所传下来且依然被人默认的两种对立（固定资本和流动资本的对立，及不变资本和可变资本的对立）的混同，将由这个分法，致于不能存立，里嘉图有过于丰富的逻辑本能，他感觉到了这一点；所以，资本的这一部分，就在他手上完全消灭了。

且在这里注意一下。用经济学家的话说，资本家是依不同的期限，垫支那投在工资上面的资本；那就是，看他是每周支付工资一次，还是每月支付工资一次，还是每三个月支付工资一次。但实际正恰相反。我们应当说，工人看是每周得工资一次，还是每月得工资一次，还是每三个月得工资一次，须依一周的时间，一月的时间，或三月的时间，把他的劳动垫支给资本家。如果资本家是购买劳动力，不是支付，换言之，如果他是在一日的开头，一周的开头，一月的开头，或三个月的开头把工资付给劳动者，他方才能说他是依这个期限垫支。他既然是在劳动已经数日，数星期，数月之后，才付工资，既然不是购买劳动力，不是预先为一定期限的劳动支付工资，那么，若我们误将劳动者在劳动形态上所给予资本家的垫支，认为是资本家在货币形态上所给予劳动者的垫支，我们就陷在资本主义的颠倒中了。资本家要由流通过程收回或实现生产物或其价值（加上其中的剩余价值），虽必须视制造或流通所需的时间，在一个或长或短的期限之后，才能做到，但这是一件没有影响的事。商品买者是怎样处分他所买的商品，那完全于卖者无关。资本家购买机械时，必须一次垫支机械价值的全部，但这个价值只能渐次的断片的由流通收回；

但资本家不能因此便在购买机械时，少付几个价钱。资本家购买的棉花的价值，会全部移入完成的生产物内，从而会一次全部由生产物的售卖收回，但资本家也不会因此，便在购买棉花时，多付几个价钱。

我们且回来讲里嘉图。

（1）可变资本的特征是：一个确定的（在这限度内还是不变的）资本部分，一个确定的价值额（假设其与劳动力的价值相等；当然，在这里，工资与劳动力的价值是相等，是较大，还是较小，是不成问题的），和一个会自行增殖价值，会创造价值的力量，即劳动力，相交换。劳动力，不仅会再生产资本家所支付的价值，同时还会生产一个剩余价值，那是一个原先没有且也未支付任何等价的价值。投在工资上面的资本部分，就因有这个特征，所以能以可变资本的资格，和不变资本，在每一点上互相区别。但若我们把投在工资上面的资本部分，单从流通过程的观点考察，这个特征是会消灭的。单从流通过程的观点考察，它就以流动资本的资格出现，而与投在劳动手段上面的固定资本相对立了。这一点，可由下述的事实而知。即当我们这样考察时，它就会在流动资本这个项目下，和投在劳动材料上面的不变资本成分混在一起，但和投在劳动手段上面的不变资本成分相对立。在这情形下，使所投价值额化为资本的事情——剩余价值——就全被忽视了。并且，我们还会因此忽视如下的事实：在生产物价值中，由投在工资上面的资本所附加的部分，是新生产的（从而是实际再生产的）；由原料附加的部分，却不是新生产的，不是实际再生产的，它只保存在生产物价值内，从而，它只当作生产物的价值成分再现出来。从流通资本和固定资本的对立的观点看，它们当中是只有这个异点：商品生产所使用的劳动手段的价值，仅部分的移入商品价值内，从而，也仅部分的由商品的售卖收回，所以，一般说，它是断片的渐次的收回。反之，商品生产上所使用的劳动力与劳动材料（原料等）的价值，是全部移入商品价值内，故也全部由商品的售卖收回。在这限度内，就流通过程的关系说，资本的一部分表现为固定资本，别一部分表现为流动资本。在这二场合，我们所须考察的，都只是一定量垫支价值到生产物的移转，都是以生产物售卖为媒介的价值收回。在这里，唯一的差别在：价值移转，从而价值收回，是断片的渐次的进行，或是全部一次进行。由此，可变资本和不变资本间的决定的差别，就被掩没了；剩余价值成立与资本主义生产的全部秘密——使一定额价值（及其所依以表现之物）转化为资本的事情——也被掩没了。这样，资本的各个构成部分，就只由流通方法来相区别了（当然，商品的流通，只处分原有的定额的价值）。投在工资上面的资本，与投在原料半制品补助材料上面的资本部分比较，有相同的流通方法，与投在劳动手段上面的资本部分比较，则其流通方法相反。

这样，我们很容易了解，为什么资产阶级的经济学者，都本能地，固执着斯密的混同（把"不变资本和可变资本"的范畴，和"固定资本和流动资本"的范畴相混同），且不加批判地，一代一代传沿下去。投在工资上面的资本部分，在他们手里，完全不和那投在原料上面的资本部分相区别，却仅在形式上，——看它是部分的还是全部的借生产物来流通——与不变资本相区别。因此，资本主义生产的现实的运动，从而，资本主义榨取的现实的运动，一下工夫，便成为根本不可理解的了。这样，唯一的问题，就是垫支价值的再现了。

无批判的采用斯密的混同，对于以后的辩护论者，不是一件什么烦恼的事。反之，概念的混同，对于他们，正是一件快意的事。这种混同，对于亚当·斯密自己，也不是十分烦恼的事；但在里嘉图，这种无批判的采用，却是极烦恼的；因为，里嘉图在价值和剩余价值的分析上，不仅比斯密更一贯，更锐利，且在实际上，还是支持内教的亚当·斯密，来对抗外教的亚当·斯密。

这种混同，是重农主义派所没有的。年垫支与原垫支的区别，仅指资本（尤其是农业资本）诸不同成分的不同的再生产时期。他们学说中关于剩余价值生产的见解，和这种区别丝毫无关；那是当作他们的学说的归结点，提出的。他们不由资本一般，说明剩余价值的生产，却把剩余价值的生产，归在资本的一个生产部门（即农业）。

（2）在可变资本的性质决定上，从而，在任一个价值额化为资本的转化上，是以这一点，为本质的要点：资本家以一个确定的（在这个意义上它又是不变的）价值量，交换一个创造价值的力量，换言之，以一个价值量，交换价值的生产或价值的增殖。资本家或是以货币，或是以生活资料付给劳动者，但无论如何，皆不致影响这里的本质的要点。它所改变的，只是由他垫支的价值的存在方法；这种价值，在一个场合，是以货币（劳动者用货币亲自在市场上购买生活资料）的形态存在，在别一个场合，是以生活资料（劳动者直接消费它）的形态存在。当然，发展的资本主义生产，是以生产过程由交换过程媒介这个事实为前提，那就是以货币经济（Geldwirtschaft）的存在为前提，从而，在事实上，还以劳动者得货币支付这个事实为前提。但剩余价值的创造——从而，垫支价值额的资本化——既非由工资（或购买劳动力时投下的资本）的货币形态发生，也非由工资的自然形态发生。以价值交换价值创造力的交换，以不变量化为可变量的转化，才是这个结果所以发生的原因。

劳动手段的固定性的大小，定于它的耐久程度，从而，依存于一种物理性质。在其他事情相等时，它的磨损的迟速，须视耐久程度的大小而定；它能在多长的时间以固定资本的资格发生机能，也视耐久程度的大小而定。金属工厂的原料，和制造金属的机械一样耐久，并且比机械上许多由皮革木头构成的部分更耐久。但当作原料用的金属，仍旧是流动资本的一部分；反之，由同一金属造成的机能的劳动手段，却是固定资本的一部分。同一种金属在前一场合归于流动资本项下，在后一场合则归于固定资本项下，那非由于物质的物理的性质，也非由于金属的耐久程度的大小。这当中的区别，是由它在生产过程的任务发生的；因为，在前一个场合，它是劳动对象，在后一个场合，它是劳动手段。

一般说，劳动手段在生产过程的机能，使劳动手段必须能在相当期间内，不断的，重新的，在反复的劳动过程上作用。所以，它的机能，决定它的材料必须有相当的耐久力。但就其自体说，它所以是固定资本，并非因为它的材料有耐久力。同一材料，如果是原料，便是流动资本。有一些经济学者既以商品资本和生产资本的区别，混同于流动资本和固定资本的区别，所以在他们看，同一材料，同一机械，当作生产物，是流动资本，但当作劳动手段，便是固定资本。

当然，使劳动手段成为固定资本的，不是它所依以造成的材料的耐久性。但它的充作劳动手段的机能，却要求它必须由比较耐久的材料造成。材料的耐久性，是它能充作劳动手段的一个条件，从而，是它所以成为固定资本的流通方法的物质基础。在其他条件相等的情形下，它的材料耐久性的大小，决定它的固定性的大小；换言之，材料的耐久性，和固定资本的性质，会紧紧结在一起。

若我们仅从流动资本的观点，考察那投在劳动力上面的资本部分，认其与固定资本相对立；若我们竟以不变资本和可变资本的区别，混同于固定资本和流动资本的区别，则在我们以劳动手段的物质实在性，为固定资本性质的本质基础时，当然也会以投在劳动力上面的资本的物质实在性，推究流动资本的性质；那就是，由可变资本的物质实在性，决定何者为流动资本。

投在工资上面的资本的现实材料，是劳动本身，是自动的创造价值的劳动力，是活的劳动。资本家是用死的已经对象化的劳动，和它交换，并使它和他的资本相并合。他手中所有的价值，也就由此，转化为自行增殖的价值。但这种会增殖价值的力量，并不是资本家所卖的。像劳动手段一样，它常常只是资本家的生产资本的一部分。但它和资本家所卖的完成生产物不同，它决不是资本家的商品资本。在生产过程之内，当作生产资本的成分，劳动手段不以固定资本的资格，与劳动力相对立；劳动材料与补助材料，也不以流动资本的资格，与劳动力相一致。以劳动力为人的因素，劳动手段和劳动材料为物的因素，则从劳动过程的观点看，劳动手段与劳动材料，都是和劳动力相对立的。从价值增殖过程的观点看，则不变资本的劳动手段和劳动材料，均也与可变资本的劳动力相对立。若在这里，从影响流通过程的物质差异说，我们就只应当说：由价值（那不外是已经对象化的劳动）的性质，由自动的劳动力（那不外是方在对象化的劳动）的性质，我们会得到如下的结论；即，劳动力在其机能期间内，会不断创造价值和剩余价值；即，在劳动力方面表现为运动，表现为价值创造，在其生产物方面，则表现为静止，表现为创造的价值。如果劳动力已经发生作用，资本便不复由劳动力和生产手段这两方面构成了。投在劳动力上面的资本价值，现在是附加在生产物的价值上（加剩余价值）。为要使过程反复，生产物是必须售卖，并用由此得到的货币，不断的重新的购买劳动力，使其与生产资本相并合。然也就因此，所以，投在劳动力上面的资本部分，会同投在劳动材料等物上面的资本部分一样，取得流动资本的性质，而与继续固定在劳动手段上面的资本相对立。

反之，若以第二义的流动资本的性质，——这种性质，是劳动力和不变资本一部分（原料和补助材料）所共有的，那就是，投在它上面的价值，既然会在生产物的生产上全部消费掉，会全部移转到生产物去，不像固定资本那样渐次的断片的移转过去，所以它必须全部由生产物的售卖收回——视为投在劳动力上面的资本之本质的性质，那么，投在工资上面的资本部分，从物质方面说，便不是由自动的劳动力构成，却是由劳动者用工资购买的物质要素构成，从而，是由社会商品资本中那归劳动者消费的部分构成，是由生活资料构成了。这样，固定资本，是由消磨较缓，收回也较缓的劳动手段构成；投在劳动力上面的资本，便是由收回得较速的生活资料构成了。

但消磨迟速的限界，是会自行消灭的。

"劳动者消费的食物衣物，他劳动所在的建筑物，他劳动所用的工具都有磨灭的性质。但各种资本所能经用的时间，有极大的差别；一个蒸汽机关比一只船更经久，一只船比劳动者的一件衣服更经久，劳动者的衣服，又比他所消费的食料更经久"。①

在这里，里嘉图没有说到劳动者所居的房屋，没有说到劳动者的消费工具如刀叉碟等，那是和劳动手段有相同的耐久性。同一物，同类物，在一场合为消费资料，在他场合得为劳动手段。

依里嘉图所说，区别是在这点："视资本的消磨是速抑是缓，其再生产是频繁抑是稀疏，我们可以将资本归在流动资本项下或归在固定资本项下。"②

但他又在附注中说："这是一种无关本质的区分，其分界线

---

① 前书第 26 页。
② 前书。

不能严密划分。"①

在此，我们又逢着了重农主义派的见解。在重农主义派，年垫支和原垫支只是消费时间上的差别，从而，只是所用资本再生产时间上的差别。不过，他们把这看作是社会生产上一个重要的现象，并在《经济表》上，就它和流通过程的关联，予以说明。里嘉图却认它是主观的不必要的差别。

投在劳动上的资本部分，既然只在再生产期间上，从而在流通期限上，与投在劳动手段上的资本相区别；资本一部分，既然像别一部分由劳动手段构成一样，由生活资料构成，后者与前者的区别，就只在耐久程度那一点了；加之，前者自身之间，也有种种不同的耐久程度。这样，就投在劳动力上面的资本和投在生产手段上面的资本说，一切特征的区别，自然都消灭了。

这个说法，和里嘉图的价值学说，和里嘉图的利润学说（那在事实上即是剩余价值学说），完全矛盾。他考察固定资本和流动资本的区别，但他的考察，限于在这限度之内；即等额资本会在不同职业，以不等比例分为固定资本和流动资本，以致这不等的比例，影响价值法则，以致有诸种事情引起工资的腾落，并由此影响价格。但就连在这个局限的研究内，他也把固定资本和流动资本，混同于不变资本和可变资本，因而陷入异常严重的错误，甚至在事实上，把他的研究，放在一个完全错误的基础上。（1）投在劳动力上面的资本价值部分，被归属于流动资本项下时，流动资本的性质被他误解了，尤其是，这个资本部分何以要归在这个项下的理由，也被他误解了。（2）这个资本部分成为可变资本的性质，和这个部分成为流动资本（与固定资本相对立的流动资本）的性质，也被他混同了。

---

① 前书。

投在劳动力上面的资本，是流动资本，但自始就很明白，它成为流动资本的性质，是次要的，足以把它在生产过程内的特征掩没掉。因为，从一方面说，依照这个性质，投在劳动上面的资本，和投在原料等物上面的资本，将被认为相同。而以不变资本一部分和可变资本混在一起的这个称呼，却完全抹煞了可变资本与不变资本的特征的区别。从别方面说，投在劳动上面的资本部分和投在劳动手段上面的资本部分，虽被视为互相对立的，但其对立的根据，不是此二资本部分，在价值生产上，系以全异的方法参加，却是此二资本部分，系以不同的时间，以其所含的定量价值移转到生产物。

在这一切场合，我们所须考虑的，都是：在商品生产过程上投下的一定额价值（投在工资上的，投在原料价格上的，或投在劳动手段价格上的），究竟是怎样移转到生产物去，又怎样借生产物以流通，而由生产物的售卖，复归到它的起点；那就是怎样收回。在这里，唯一的区别，是由"怎样"两个字成立的；由这个价值的移转方法，从而，由这个价值的流通方法成立的。

在各场合预先依契约规定的劳动力的价格，无论是以货币支付抑以生活资料支付，都不致改变这个价格是一个确定价格的性质。但在工资以货币支付的场合很明白，和生产手段的价值和物质一样参加生产过程的，不是这个货币。

反之，若竟把劳动者用工资购买的生活资料，直接当作流动资本的物质姿态，与原料等物归在一个部类，使其与劳动手段相对立，我们的问题就采得一个完全不同的外观了。这些物件（生产手段）的价值会从劳动过程移转到生产物内，那些物件（生活资料）的价值，也会重现在消费它们的劳动力上，并由劳动力的运用，同样移转到生产物去。在这各场合，问题都是：生产上垫支的价值，只重现在生产物内（重农主义者郑重的看重这点，以致否认工业劳动能创造剩余价值）。所以，惠兰在以上我们曾经引用过的一段话内，竟说："资本在何形态上再现，是一件没有关系的事。……人类生存幸福所必要的各种食物，衣物，和住所，也会被变化的。它们会在时间的进行中被消费，其价值则再现云云。"（《经济学要论》第31、32页）以生产手段和生活资料的形态垫支在生产上的资本价值，在这里，是同样再现在生产物的价值内。但就因此，所以，资本主义生产方法，很幸运的实行转化为完全的秘密；生产物内包含的剩余价值的起源，完全被隐蔽了。

资产阶级经济学所特有的拜物教——把一物在社会生产过程中取得的社会的经济的性质，变为该物由其物质本性发生的自然的性质——也由此完成了。视劳动手段为固定资本，便是一例。这是一种经院主义式的定义方法，这只能引起矛盾和混乱。我们已在第一卷第五章讨论劳动过程时讲过，各种对象的成分究竟是当作劳动手段，当作劳动材料，还是当作生产物，要看它在一定劳动过程上的任务，或机能而定。同样，劳动手段也仅在下述的限度内，是固定资本：第一，生产过程一般是资本主义生产过程，生产手段一般是资本，并在经济的意义上，有资本之社会的性质；第二，其价值依某特殊方法，移入生产物。不然，它们便只是劳动手段，不是固定资本。同样，肥料之类的补助材料，虽不是劳动手段，也因为它像大部分劳动手段一样移转价值，故常说是固定资本。在这里，决定一物之所属的，不是定义。使它们归入某范畴的东西，乃是它们的机能。

依照这种经济学，成为投在工资上面的资本，乃是生活资料自体在一切情形下的特性，"维持劳动"是这种"流动资本"的性质。（里嘉图《经济学原理》第25页）依照这个见地，如果生活资料不是"资本"，它也就不维持劳动力；实则，正是它的资本性质，使它有一种特性，可以由他人的劳动维持资本。

如果生活资料自体——在转化为工资后——是流动资本，则更进一步的结论是：工资的大小，乃依存于劳动者数对定量流动资本的比例了——这是一个人们爱用的经济定理——实则，劳动者由市场取出的生活资料量和资本家可利用来消费的生活资料量，是依存于剩余价值与劳动价格的比例。

里嘉图，巴登（Barton）① 随处都把可变资本和不变资本的关系，与流动资本和固定资本的关系相混同。我们以后会知道，这种混同，曾极妨害他对于利润率的研究。

里嘉图还有一种混同。除固定资本和流动资本的区别外，还有别的原因，会在资本周转上引起区别。里嘉图把这点混同了。他说："还须注意流动资本也以极不同的时间流通，以极不同的时间复归到使用者手上。农民购买来作种子的小麦，与面包师购买来做面包的小麦比较，是固定资本。前者以小麦留在土地上，必须在一年后，才可以收回；后者以小麦磨粉制成面包以卖于顾客，只要一个星期，就可把他的资本放出来，重新经营相同的事业，或用它开始经营别的事业"。②

这段话的特色是：不用作生活资料仅用作原料的小麦，在一方面因为它自体是生活资料，故被认为是流动资本；在他方面因为它要经过一年才收回，故被认为是固定资本。但使生产手段成为固定资本的，不是收回的迟速，却宁可说是价值移转于生产物的方法。

亚当·斯密所引起的混乱，曾引起如下的结果：

（1）固定资本和流动资本的区别，与生产资本和商品资本的

① 《影响社会劳动者阶级的各种事情的考察》伦敦 1817 年。其中有一段曾在第一卷第七篇注 79 引述过。

② 里嘉图《原理》第 26、27 页。

区别相混同。例如，同一机械，当作商品在市场上存在时，被认为是流动资本，投在生产过程上合并时，被认为是固定资本。在这情形下，为什么某种资本比别种资本更固定，为什么某种资本比别种资本更流动，是全然不能确定的。

（2）一切流动资本，被视为与投在工资或待要投在工资上面的资本相同。约翰穆勒等人就是这样。

（3）可变资本和不变资本的区别，原已在巴登、里嘉图等人手上，与流动资本和固定资本的区别混同，最后竟被还原为流动资本和固定资本的区别。兰塞就是这样。依他的说法，一切生产手段和原料等，是和劳动手段一道被称为固定资本，投在工资上面的资本则被称为流动资本。但就因为是在这个形态上还原，所以，不变资本和可变资本的实在区别，不曾被理解。

（4）最近英国的经济学家，尤其是苏格兰的经济学家，他们是由银行职员的莫可名状的固陋的观点，把固定资本和流动资本的区别，化为通知货币（Money at call）和不通知货币（Money not at call）的区别。例如玛克里奥、帕特生（Patterson）等人。

第十二章

劳动期间

假设有两个营业部门，它们有相等的劳动日，比方说每日十小时的劳动过程，但其一为棉纱纺绩业，其一为机车建造业。一个部门，每日，每周，都会供给一定量完成生产物，棉纱；别一个部门，劳动过程或许要有三个月的期间，才反复一次，才造成一个完成生产物，机车。在一个场合，生产物有个别分离的性质（diskreter Natur）会在每日或每周，重新开始同样的劳动。在别一场合，劳动过程是继续的，包括多数的日劳动过程，那些过程的作用，必须互相结合，互相连续，经过长期间后，才供给一个完成生产物。所以，每日的劳动过程虽经历同样久的时间，但其生产行为所必须经历的期间，那就是，反复的劳动过程所必须经历的期间，却有极显著的差异。要供给完成的生产物，使其能在市场上当作商品，从而由生产资本转化为商品资本，这个期间成了必需的。在这里，固定资本和流动资本的区别，没有一点关系。哪怕两个营业部门，以恰好相同的比例，使用固定资本和流动资本，这种差异还是存在的。

生产行为（Produktionsakt）历时上的差别，不仅在不同的生产部门之间，可以发现；即在同一生产部门内，也因所要供给的生产物的范围不等，会发生这种差别。一间普通住宅的建筑，比一个大工厂的建筑，历时较短，从而，也仅需较少数的连续的劳动过程。一个机车的建造需时三月，一艘铁甲船的建造或需时一年或一年以上。谷物的生产几乎要一年，有角兽的生产要几年，材木的生产或许要十二年至一百年。乡间一条路，几个月就可造好；一条铁路却要几年。生产行为历时上的差别，是无限多样的。

很明白，生产行为历时上的差别，会使同样大的资本支出，在周转速度上发生差别，从而，使一定的资本，在垫支时间上发生差别。假设一个棉纱工厂和一个制造机车工厂，使用同样大的资本，资本分为不变资本和可变资本的分法相同，资本分为固定部分和流动部分的分法相同，最后，劳动日的长度相同，劳动日分为必要劳动和剩余劳动的分法也相同。因要撇开一切由流通过程发生的外部原因不说，我们又假定，二者（棉纱与机车）都是定造的，只要生产物完成，一经交货，就可以付现钱。但一周之末，纺纱业者已可由完成棉纱的交货，得回他所投下的流动资本，和棉纱价值中包含的固定资本的磨损（不说剩余价值了）。所以，他能以同一个资本，重新反复同一的循环。他的资本的周转，这样就完成了。机车制造业者，必须在三个月内，逐星期把新的资本投在工资和原料上，但必须待三个月完，机车交货之后，为建造同一商品而在这时间内，在同一生产行为上投下的流动资本，才会在重新开始循环的形态上，回来。机械的磨损，也须过三个月才能收回。一个产业部门的投资，是一周的投资；别个产业部门的投资是十二周的投资。假设其他一切的事情相等，其一所须具备的流动资本，必须十二倍于其他。

每周的垫支资本是否相等，在这里，是一个不关紧要的条件。无论垫支的资本量如何，在一场合，它总须垫支一周，在他一场合，它总须垫支十二周，然后能重新运用，然后能反复经营同一的事业或开始经营别一种事业。

周转速度是有差别的。个别资本在其资本价值能再在一个新劳动过程或价值增殖过程上作用以前所须垫支的时间，也是有差别的。在这里，这种差别，是由下述的事情发生：

假设造一架机车或一架别的机械，须费一百劳动日。对纺纱工厂或机械制造工厂使用的劳动者说，一百劳动日，皆为个别分离的量，依我们的假定，是代表依次进行的一百劳动日，每日都包含一个分离的十小时劳动过程。但就生产物——机械——说，这一百劳动日却是一个连续的量，一个一千小时劳动的劳动日，一个连系的生产行为。若干互相连系而依次继起的劳动日，形成了一种劳动日；我称此种劳动日为劳动期间（Arbeitsperiode）。当我们说劳动日时，我们是指劳动时间（Arbeitszeit）的长度；劳动者必须每日在这时间内，支出他的劳动力，那就是在这时间内劳动。反之，当我们说劳动期间时，我们是指若干互相连系的劳动日（zusammenhängender Arbeitstage）；一定的营业部门，必须有这样多的劳动日，才能供给一个完成的生产物。在这里，每劳动日的生产物，只是部分生产物，那是一天一天更近于完成，但必须到一个劳动时间的期间之末，它才取得完成的姿态，成为一个完成的使用价值。

是故，由恐慌这一类原因所引起的社会生产过程的中断或搅乱，对于那些有个别分离性质的劳动生产物，和那些在生产上必须有延长而互相连系的期间的劳动生产物，会发生极不相同的影响。在前一场合，今日一定量棉纱煤炭的生产，不必在明日以棉纱煤炭的生产为继。船舶、建筑物、铁道之类的东西，不是这样。被中断的，不仅是劳动，并且是互相连系的生产行为。如果工作不继续进行，已经在生产上消费掉的生产手段和劳动，都会成为无用的支出。就令工作再恢复，也会在中间时期，不断发生折旧的现象（Deterioration）。

固定资本在全劳动期间的继续中，每日会以其价值的一部分，移转到生产物去，以迄于生产物的完成，这样移转的价值部分，会渐次蓄积起来。在这里固定资本和流动资本的区别，取得了实际的重要性。固定资本是以较长的时间垫支在生产过程上，也许，不到多年之后，迄无更新的必要。蒸汽机关，是每日断片的以其价值移转到棉纱（个别分离的劳动过程的生产物），但却须以三个月的期间，断片的，以其价值移转到机车（一个连续生产行为的生产物）。这个情形，对于购买蒸汽机关所必要的资本支出，毫无关系。在一个场合，它的价值是一点一点的，比方说，每星期收回一次，在别一个场合，它的价值是大量的，比方说，每三个月收回一次。但在这二场合，蒸汽机关也许都要过二十年，才有更新的必要。如其价值由生产物售卖而断片收回一次的期间，比它自身的存在期间更短，同一蒸汽机关就会继续在一个以上的劳动期间，尽它在生产过程内的机能。

垫支资本的流动部分，不是这样。这个星期购买的劳动力，就在这个星期支出，并对象化在生产物内。那是必须在星期之末支付的。这种投在劳动力上面的资本，必须在三个月间每星期反复支出，但机械建造业者不能用这个星期支出的这部分资本，在下星期购买劳动。每星期都须有新的追加的资本，当作劳动力的给付而支出。若把一切的信用状态（Kreditverh. ltniss）搁开，那么，虽说资本家是每星期一点一点的支付工资，但他仍须有在三个月间支出工资的能力。流动资本的别的部分（即原料和补助材料），也是这样。劳动一批一批的移转到生产物去。会在劳动过程内不断移转到生产物去的，不仅有已支出的劳动力的价值，并且有剩余价值，惟此所谓不必只是不完成的生产物，它还没有完成商品的姿态，也还不能流通。此所论，对于由原料和补助材料一批一批移转到生产物去的资本部分，也是适用的。

劳动期间，视生产物（或所期望的有用结果）在制造上的特殊的性质，而长短不一。又视劳动期间的长短，须不断有流动资本（工资，原料，补助材料）的追加支出。这样支出的流动资本，没有任一部分有适于流通的形态，从而，没有任何部分能在同一作业的更新上有任何作用。反之，它的每一部分，都会在逐渐生长的生产物中，当作一个成分，依次被固定在生产范围内，被拘束在生产资本的形态上。周转时间是等于资本生产时间加资本流通时间的总和。生产时间的延长，和流通时间的延长一样会减少周转的速度。但就此而论，还有两点是必须注意的。

第一，是在生产范围内留滞的时期延长。比方说，第一周垫支在劳动原料等物上面的资本，和由固定资本移转到生产物的价值部分一样，必须在三个月的全期限内，拘束在生产范围内，体化在渐渐生长但尚未完成的生产物中，不能当作商品，到流通范围内来。

第二，因生产行为必须经历三个月的劳动期间，而这个期间在事实上又是一个互相连系的劳动过程，所以，每周都须有一部分新的流动资本，加到原已支出的分量中去。依次垫支的追加资本量，与劳动期间的长度一同增加。

我们曾假设，投在纺纱业和机械建造业上的两个资本，其量是相等的，其不变资本与可变资本的比例是相等的，其固定资本与流动资本的比例是相等的，其劳动日是相等的，总之，除劳动期间的历时不同外，一切事情都被假定为相等的。在第一周，二者的支出是一样大的，但纺纱业者的生产物已经能够售卖，他能用售卖所得的钱，购买新的劳动力和新的材料等，总之，得依同规模继续生产。机械建造业者却须在三个月后，在生产物完成之后，才能把第一周支出的流动资本化为货币，并用它重新开始。

以是，所投资本量虽相等，但其归流（Rückfuss）却不相等。这是第一种差别。并且，第二，纺纱工厂和机械建造工厂在三个月间使用的生产资本虽相等，但纺纱业者的资本支出和机械建造业者的资本支出，是完全不同的。因为，在前一个场合，同一资本会以急速的程度更新，并重新反复相同的作业，在后一个场合，资本的更新是比较缓慢的，从而，在更新的期限未到以前，必须不断有新的资本量，加到旧资本量上来。所以，不同的，不仅是资本一定部分更新的时间，或垫支时间的长短。每日或每周使用的资本虽然相等，但资本垫支量，却视劳动过程的长短，而有不同。这个事情是值得注意的；因为，像下一章所考察的那样，垫支时间延长时，垫支资本量的增加，不必与这个时间的延长成比例。资本必须在较长时间内垫支；并且已经有较大量的资本，被拘束在生产资本的形态上了。

在资本主义生产的未发展的阶段，诸种必须有长劳动期间从而必须在长时间内支出大量资本的企业，或是全然不以资本主义的方法经营，而由市镇或国家出资举办（在古代，就劳动力方面说，通例是实行强制劳动，例如筑路、开运河等）。不然，那诸种必须有长劳动时间才能生产出来的生产物，也只有极小部分，是依赖资本家自己的财产进行的。例如，要建造一座房子的私人，往往在房屋建造上，分期垫支给建造业者。他是比例于生产过程进行的程度，断片的，支付房屋的代价。反之，在发展的资本主义时代（在这个时代，已有大量资本累积在个别资本家手中，同时，在个别资本家外，又有联合的资本家即股份公司，并还有信用制度），则资本家建造业者为私人定造而进行建造的情形，只是例外。他的职业是为市场的目的，建造一巷一巷的房子或一个市区。并且，个别资本家还当作包工营造者（Kontraktoren），从事铁道敷设。

资本主义生产如何变革伦敦的房屋建造业，可由一个营造业者在 1857 年对银行委员的供述来说明。他说，在他青年时期，房屋通例是定造的，建筑费通例在建筑进行中，每个阶段完成时，支付给营造业者。在那时，投机的建筑物，是极少极少的；营造业者通例依此给其劳动者以规则性的职业，并使他们联结在一起。自过去四十年以来，这一切都改变了。定造房屋的事情，是极少了。没有人需用一个新房屋，他可在那已造成或尚未造成的投机的许多建筑物中，随意选择一个。营造业者不复为顾客的目的，只为市场的目的，而进行工作。像别的产业家一样，他必须在市场上有完成的生产物，以前，营造业者也许同时只为投机建造三所或四所房屋；现在，他却购买一大块地皮（用大陆方面的说法，那通例是以九十九年为租期），在其上，建立一百座至二百座房屋，并由此加入一种营业，其所需资财，竟二十倍乃至五十倍于他自己所有的资财。这个基金，是由抵押得来的；这种押款，依照房屋进行的程度，付到营造家手上来。假使恐慌发生，以致分期的垫支停止支付，全部企业通例是会停顿的。即说最好，也须把工程停止下来，等市况好转后再进行；若不好，那就须以半价拍卖了。在现在，没有一个营造家不大规模从事投机的建筑。建筑本身的利润，是极小的；他的主要利润，是由于地租的提高，是建筑地点之巧妙的选择和利用。在伦敦市，几乎贝尔格拉维亚和提贝尼亚的全部房屋，都因预料有人需要而建造的；伦敦四周也有无数的别墅，是因预料有人需要而建造的（摘录《银行法选任委员报告》第一篇 1857 年供述第 5413 至 5418，5435 至 5436 号）。

劳动期间极长和规模甚大的工作的实行，直到资本的累积已有显著程度，同时又有信用制度发展，使资本家有种种便利，可以不垫支自己的资本，而垫支别人的资本，可以不拿自己的资本，而拿别人的资本来冒险那时候，方才完全落到资本主义生产的范围。不待说，生产上垫支的资本是否属于使用者自己这个事情，对于周转速度和周转时间，是没有影响的。

我们讲过，有一些事情，可以增大一个劳动日的生产物；合作，分工，机械的采用，皆是。这一些事情，还会在相互联系的生产行为上，把劳动期间缩短。比方说，机械就缩短了房屋桥梁等的建造时间；刈机打稻机等，曾缩短熟麦化为完成商品所必要的劳动期间。改良的航船建造法，曾以增大的速率，缩短投在航海业的资本的周转时间。但缩短劳动期间，从而缩短流动资本垫支时间的种种改良，通例会伴着增加固定资本的支出。从别方面说，在一定生产部门，劳动期间还可由合作的扩大而缩短。因有大群劳动者在一处被使用，而工作又得在空间从多方面进行之故，一个铁道的完成，是被加速了。在这场合，周转时间因垫支资本增加而缩短了。但要这样，自须有更多的生产手段和更多的劳动力在资本家的命令下结合。

若劳动期间的缩短，通例会伴有垫支（在这缩短期间内垫支）资本的增加，从而，资本垫支量会比例于垫支时间的缩短而增大——我们便须记着这个事实：暂不说社会资本的既存量，我们所最要问的，是生产手段与生活资料（或对于这各种物品的支配权），究以何种程度分散，或以何种程度结合在个别资本家手中；换言之，资本的累积究已达到何种程度。在信用制度引起，促进，并加大资本在一个人手上的累积时，它还会由此缩短劳动期间，并进而把周转时间缩短。

有些生产部门，其劳动期间之为连续的或为间断的，皆取决于若干自然条件。在这些生产部门内，上述种种手段，即不能将劳动期间缩短。"周转较速这一句话，在谷物的耕作上，是不能适用的；因为，在谷物的耕作上，每年只能有一次周转。关于家畜，我们只要问：就二年生和三年生的羊，四年生和五年生的牛说，周转速度是怎样被加速的。"（顾德 W. Walter Good《政治上农业上和商业上的诸种谬说》伦敦 1866 年第 325 页）。

赋税、地租等，都是固定给付（fix Leistungen）。这种固定给付的支付，使人们必须事先获得融通的现金。家畜之类的东西，即因有这种必要，所以在未达到经济的标准年龄以前，便往往在大损农业的情形下，被售卖，被屠杀。结局，这种情形，引起了肉类价格的腾贵。"当初，饲畜家饲养家畜的主要目的，是在夏季供给中部各州的牧场，在冬季供给东部诸州的厩房。现在，他们由谷物价格的变动和降落，发觉牛乳油和牛乳饼的高价于他们有利；他们每星期把牛乳油拿到市场去换取经常费，又以牛乳饼，从中间人（他们一到牛乳饼可以搬运时，就会把牛乳饼取去，价格当然是他们自己定的）那里，取得垫支。就因有这个理由，并因农业受经济法则支配之故，当初为饲养目的从制乳地方送到南方去的小牛，现在，是在伯明罕、孟彻斯德、利物浦及其他各邻近都市的屠兽场，大批大批屠杀了。在那些被屠杀的小牛中，有些不过出世八天或十天。如果麦芽无税，农民不仅可以获得更多的利润，并可保持小牛，待其长大加重；不养母牛的人，还可用麦芽代牛乳充小牛的养料。这样，现时使人骇怕的小牛缺少情形，就可以大大避免了。但我们劝小农民饲养小牛时，我们总得到这样的答复——我们很知道以牛乳育小牛的利益，但第一，我们要垫出很多的钱，那是我们办不到的；第二，在制乳的事业上，我们支出的钱可以立即收回来，若是育小牛，支出的钱就得等待许久，方才可以收回。"（前书第 12、13 页）

资本周转的延长，对于英国的小租地农业家，尚有如此的影响，我们当容易了解，大陆方面的小自耕农民，是会因此遭受怎样大的妨碍了。

比例于劳动期间（适于流通的商品，必须经过这个期间，才会完成），由固定资本逐渐移入生产物去的价值部分，会自行堆积起来，从而，使这个价值部分的归流延滞。但这种延滞，不会引起新的固定资本的支出。机械，无论其磨损在货币形态上的收回是缓是急，总会继续它在生产过程上的机能。流动资本却不是这样。不仅资本必须比例于劳动期间，而被拘束在较长的时间；且须有新的资本，不断在工资、原料和补助材料的形态下，垫支下去。所以，归流的延滞，对于这两种资本，将发生不同的影响。归流虽有缓急之别，固定资本却会继续它的机能。但就流动资本说，若它被拘束在未售出或未完成（尚不能出售）的生产物形态，同时，又没有现成的追加资本，使它可以在自然形态上更新，它的机能，就会因归流延滞，而受妨碍的。——"在农民濒于饿死时，他的家畜却很肥大。雨下得很多，牧草是长得很茂盛的。印度农民就常在肥牛旁边饿得要死。迷信的概念，对于个人好像是残酷的，但它有保存社会的作用。代劳家畜的保存，保证了农业的继续，保证了未来生活和财富的源泉。这是一件残酷而悲惨的事。但在印度，人的填补，要比牛的填补容易。"（关于东印度的报告；麻打拉及奥里萨的饥馑第四号第四页。）试以这种叙述，和《达摩经》的叙述（第十章第六十二节）比较罢。那里说，"无报酬为保存一个僧人或一头母牛而牺牲生命，……可以保证这种贱族的得救。"

要在五年未满之前供给一个五年生的动物，当然是不可能的。但在一定限度内，能由处分方法的变更，使家畜在较短期间内，达到所欲的完成状态。而就中，白克威尔（Bakewell）的方法，尤为卓著。原来，英国的羊（在法国，1855 年还是如此），不经过四年或五年，是不能杀的。但依照白克威尔的方法，哪怕出世一年的羊，也可以养肥起来；无论如何，它总可以在第二年未满之前，完全成熟。由于谨慎的淘汰，白克威尔（迭奚勒·格兰居的一个农民），使羊的骨骼，缩小至生存必要的最低限度。他的羊，被称为 New Leicesten（新莱塞斯特）。"以前养肥一头羊上市售卖所需的时间，现在可以养肥三头。羊的最有肉的部分，又有较大较圆较宽的发达。所以，它的全部重量，几乎纯粹是肉。"（拉未涅《英格兰的农村经济》1855 年第 22 页）

缩短劳动期间的方法，只能以极不相等的程度，适用于各产业部门；由劳动期间不等所引起的差异，不能由此抵消。再用我们以上所举的例。一架机车造成所必要的劳动期间，可因新工具机的采用，绝对缩短。但若纺纱工厂同时也因过程改良，以致每日或每周供给的完成生产物更急速的增加，贝机械建造业的劳动期间，与纺纱业的比较，就会相对延长的。

生产时间

劳动时间通例即是生产时间（Produktionszeit），即资本拘束在生产范围内的时间。但反过来，资本在生产过程内的时间，却不完全是劳动时间。

在这场合，我们所讨究的，不是劳动过程因劳动力自身受自然限制而起的中断；虽然我们讲过，固定资本（工厂建筑物、机械等）在劳动过程休止时必须停止使用的事情，是劳动过程超过自然限界来延长并实行昼夜劳动的动机之一。在这场合，我们讨究的，宁说是与劳动过程长短无关的中断。这种中断，是由生产物及其形成过程的性质引起的。有一些劳动对象，必须有这种中断时间，而委其自身于时间长短不一的自然过程中，以通过物理的、化学的、生理的变化。在这种通过中，劳动过程必须全部的或者局部的停止。

举几个例。葡萄酒在榨出后，必须有一个时候发酵，并存留若干时期，方能达到相当的完美。有许多种产业，必须通过干燥过程，例如制陶业；或放在一定条件下，任其化学性质发生变化，例如漂白业。冬季谷物大约要九个月才成熟，但在其播种期到收获期之间，劳动过程几乎完全停止。又如种林事业，在播种及必要的预备劳动之后，大约要一百年，才会由种子变成完成的生产物；在这全部时间内，相对的说，只要把极少量的劳动投下。

就这一切场合而言，生产时间有一大部分，只偶然需要追加的劳动。我们在前章描写的情形——必须有追加的资本和劳动，加到已经固定在生产过程内的资本上——在这里，不过间或的发生。

所以，就这一切场合而言，垫支资本的生产时间，是由两个期间构成：一个期间，是资本参加劳动过程的期间；在第二个期间，生产物的存在形态——未完成生产物的形态——不在劳动过程内，却被委在自然过程的支配中。这两个期间会在此处或彼处互相交错，但这个情形，是于我们的问题无影响的。劳动期间与生产期间，在这场合，决非一致。生产期间要比劳动期间大。但生产物不到生产期间终了，是不会完成或成熟的，那就是，不能由生产资本的形态，转化为商品资本的形态。当生产时间长于劳动时间时，资本的周转期间，会视生产时间延长的程度而延长。当延长到劳动时间以外的生产时间，不像谷物的成熟，橡树的成长等那样，完全由已定的自然法则决定时，资本周转期间，往往可由生产期间的人为的缩短，而相当缩短。以化学漂白法代替屋外漂白法，是一例；在干燥过程上采用有效的干燥过程，又是一例。又如揉皮业。旧法是用糅酸渗入皮内，必须有六个月至十八个月的时间。新法用抽气机，却只须有一个半月至两个月。（库塞塞努尔《工业经营之理论的及实际的论究》巴黎 1857 年第二版）但我们要举例说明单纯委于自然过程的生产时间，可用人为方法缩短，则最卓著的例，是铁的生产史，尤其是原铁炼钢法在过去一百年间的改革。在这一百年中，炼钢的方法，曾由 1780年前后发现的炼铁法（Puddling），变为近代的北西麦法（Bessemer process）及最近采用的各种新法。由此，生产时间大大缩短了，但固定资本的设置，也依同比例加大了。

生产时间与劳动时间之差，有一个最适切的例，是美国的鞋型制造。其制造费用的一大部分，是由这个事实发生的：木头须储存十八个月，待其干燥，然后制成的鞋型，才不会变形。在这时间内，木头不通过任何别的劳动过程。所投资本的周转期间，不仅由鞋型制造所必要的时间决定，且由木头干燥所须虚度的时间决定。木头必须在生产过程滞留十八个月，才能加入真正的劳动过程。这个例，说明了总流动资本各部分的周转时间，会因有这种事情，生出极大的差别。这种事情，不是在流通领域内发生，乃是在生产过程内发生的。

生产时间与劳动时间的差别，在农业上面，最为一目了然。在我们温带气候中，土地是每年长一次谷物的。生产期间（冬季谷物，平均有九个月的生产时间）的缩短或延长，视年岁丰熟与否而定；因此，它不像真正的工业一样，能预先准确决定，并加以统驭。只有牛乳、牛乳饼之类的副产物，能以短期间继续生产和售卖。反之，其劳动时间却是这样的："若把气候及其他各种影响考虑到，则德国各处的劳动日数，可以分成三个主要期间：第一是春期，从三月中或四月初，至五月中，约五十至六十劳动日；第二是夏期，从六月初，至八月底，约六十五至八十劳动日；第三是秋期，从九月初到十月底或十一月中或十一月底，约有五十五至七十五劳动日。若在冬季，则值得注意的，仅有种种搬运劳动，例如搬运肥料，木材，市场货物，建筑材料等。"（基尔可夫《农业经营学手册》德勒斯登 1852 年第 160 页）

气候越是不宜，农业上的劳动期间及资本与劳动的支出，必越是密集在短时间内。拿俄罗斯来做例。在该国的北部若干地方，农耕劳动在一年中，只有一百三十日至一百五十日是可能的。我们可以想象，假若在俄国，那五千万至六千五百万的欧洲人，竟在寒季六个月或八个月中（那时，一切农耕劳动都须中止），完全无所事事，那对于俄国，将会是一个怎样大的损失。但幸而，除有二十万农民，将在俄国境内一万五百家工厂劳动之外，在俄国，每一个村落，都有特殊的家内工业甚发达。有若干村落，在那里，一切农民，是世世代代为织匠，为揉皮匠，为鞋匠，为锁匠，为小刀制造匠等。这个情形，在莫斯科，佛勒底米亚，卡鲁加，科斯托洛玛，彼得堡等地方，尤其可以看到。但这种家内工业，渐渐的，现在是益加在资本主义生产的支配下进行。例如，织匠使用的经纱纬纱，都直接或经牙人之手，由商人供给。（摘录大使馆公使馆秘书处，关于工商业之报告第八号1865 年第 86、87 页。）我们在这里，看见了，生产期间与劳动期间之差（后者仅为前者的一部分），怎样会成为农业与农村副工业得以结合的自然基础；又看见了，这种农村副工业，对于最初以商人资格侵进来的资本家，怎样会成为支点。后来，资本主义生产把制造业和农业的分离过程完成时，农村劳动者越是依存于偶然的副业；以是，他们的地位是更见低落。对于资本，如我们以后所讲，一切周转上的差别，将互相抵消。但对于劳动者，这种抵消作用是没有的。

就大多数真正的工业，采矿业，运输业等说，经营是规则的进行，劳动时间是逐年平均相同的；若不说价格变动与营业不振那种种异常的中断，则每日加入流通过程的资本支出，也会均等的分配。又，在市场状况不变的限度内，流动资本的归流或其更新，也会在一年中，分配在均等的各期间。但就劳动时间仅为生产时间一部分的投资部门说，流动资本的支出，却将在一年间各不同期间的经过中，显出极大的差别来，同时其资本的归流，也依各种自然条件，在确定时间内，大量的一次的投下。如果这种职业，要和劳动期间有继续性的各种职业，以同样大的规模经营，换言之，垫支下同样大的流动资本，其每次垫支的分量必须较大，其垫支时间也须较长。在这场合，固定资本的寿命期间，与其实际发生生产作用的期间，也有显著的差别。在劳动时间和生产时间有差别时，所用固定资本的使用时间，当然也会在或长或短的时间内，被中断。就农业说，代劳家畜，农具，和机械，都是这样的。在固定资本为代劳家畜时，它在中止时期，所需的食料支出，是和工作时候没有两样，或几乎没有两样。就死的劳动手段说，不用就会引起相当的价值减少。所以，在这场合，生产物一般会发生价值增高的现象（Verteuerung）；因为，到生产物的价值移转，非以固定资本的机能时间为计算标准，乃以固定资本丧失其价值的时间为计算标准。就这一些生产部门说，固定资本的虚置（无论是否伴有经常费），乃为其正常使用条件之一。这个情形，和纺绩过程会丧失一定量棉花的情形，正好相同。同样，如果在劳动过程的正常技术条件下，不能避免的，必须有一定量劳动力依不生产的方法支出，这样不生产地支出的劳动力，也就须和生产地支出的劳动力一样计算。每一种改良，如果可以减少劳动手段，原料和劳动力的不生产的支出，也就会减少生产物的价值。

在农业上，劳动期间的延长，与劳动时间和生产时间的距差，兼而有之。荷治斯金说得很对："农业生产物臻于完成所必要的时间，和其他各劳动部门生产物臻于完成所必要的时间，有差别（在这里，他不是分别劳动时间和生产时间），这种差别，便是农民非常不能自立的主要原因。农民不能以一年以下的时间，把商品送到市场去。在这全部时间，他们必须向鞋制造业者，裁缝业者，锻冶业者，车辆制造业者，及其他各种生产者，赊购他们所要的生产物；这种生产物，可以在较少的日期或星期内完成。就因有这种自然的条件，因其他各劳动部门的财富增殖较迅速，所以，土地所有者虽独占全国的土地，且享有立法的独占权，但仍不能使他们自己和隶属（租地农民），避免在国内成为最不能独立的人的命运"。（荷治斯金《通俗经济学》伦敦1827年第147页注。）

有种种方法，一方面，使农业上工资和劳动手段的支出，均等的，分配在全年间，他方面，使其从事种种生产物的生产，因而在一年间能有若干次收获，并由此把资本的周转缩短。这一切方法，都要求在生产上垫支在工资肥料种子等上面的流动资本增加。当有休耕地的三圃式耕作（Dreifelderwirtschaft），改为无休耕地的轮耕式耕作（Fruchtwechselwirtschaft）时，情形就是这样的。又，佛兰特地方的间耕式耕作（cultures derobees），也是这样的。"在间耕式的耕作上，根菜被栽培了。同一农场，先为人的需要，栽种谷物亚麻油菜；收获后，再为家畜的保存而栽种根菜。这个方法，使厩内的有角兽，可以毫无间断的饲养着，结果，又可提供多量的肥料，成为轮耕法耕作的支点。诸砂土性区域的既耕地，有三分之一以上的面积，采用间耕式的耕作；因此，既耕地的面积，无形增加了三分之一。"除根菜外，尚有金花菜及其他诸种饲料植物，可以充这个目的。"农业，进步到这一点，便和园艺相近了。这种农业，当然需要比较多量的投资。在英吉利，一公顷，被计算应有二百五十佛郎投资。在佛兰特地方，我们的农民，或许会认一公顷五百佛郎的投资为太少。"（拉夫雷著《比利时农村经济论》巴黎1863年第59、60及63页）

最后，更以种林事业为例。"木材的生产，与大多数其他的生产事业，有本质上的差别：在木材的生产上，自然力会独立发生作用；在它的自然的增殖上，不须有人力和资本力。即在林木依人为方法繁殖的地方，人力与资本力的支出，和自然力的作用比较起来，仍是极小极小的。并且，在栽种谷物不能有任何出产或得不偿失的壤土上，森林也可繁殖起来。又，种林业，如要在经济方面经营得当，还比谷物栽种，需要较大的土地面积；因为，面积太小时，森林经营的采伐方法将不能实行，副产物将不能被利用，森林的保护将发生困难。最后，种林的生产过程，绵延甚长的期间，以致超越私人经营的限界，在若干场合，甚至超越个人寿命的限界。购买森林地所投下的资本（在共同生产的场合，这种资本没有必要；成为问题的，只是能为这个目的，从农业及畜牧业夺取出多大的土地来），必须待长时间后，方能有收获；这种资本只是断片的周转着，就若干种林木说，必须过一百五十年，资本的周转才会完成。并且，要使树木的生产不致中绝，生树的储量，还须十倍乃至四十倍于常年利用的数额。所以，除非他有别的收入又有广大的森林；不然，他是决不能从事规律的造林事业的。"（基尔可夫前书第 58 页）

长的生产时间（其中仅包括比较短的劳动时间）及由此引起的长的资本周转期间，使造林业不适宜于由私人经营，从而，也不适宜于资本主义经营。因为，资本主义经营，即在以结合资本家代替个别资本家的场合，也在本质上是私人经营。文明与产业一般的发展，已经说明它们对于森林的破坏力；与这种破坏比较起来，它们在森林保存和生产上的贡献，是微乎其微的。

在基尔可夫上引那一段话，有一句是特别值得注意的。他说："要使树木的生产不致中绝，生树的储量须十倍乃至四十倍于常年利用的数额。"那就是，它一度周转，必须经十年，四十年，乃至四十年以上。

饲畜事业也是这样的。家畜群（家畜的储量）的一部分，留在生产过程中，另一部分则当作年生产物售卖。在这场合，资本只有一部分，会每年周转一次。这个情形，和固定资本，机械，代劳家畜等的情形，正好相同。不过，这个资本，虽是长时间固定在生产过程内，以致把总资本的周转延长，但就范畴的意味说，它并不是固定资本。

这里所说的储量——生树或生畜的一定量——在相对的意义上，也是存在生产过程内（同时兼充劳动手段和劳动材料）；依照它的再生产的自然条件，在规律的经济下，它必须有一大部分，不绝在这个形态上存在。

还有一种库存物，会同样影响及于资本的周转。这种库存物，只是可能的生产资本，但由于经济的性质，必须相当大量的蓄积着，从而必须以长期间垫支在生产上；不过，在事实上，它仅逐渐加入能动的生产过程。未搬往田园的肥料，是这种库存物的例。谷物，稻草，及家畜生产上使用的饲料储存，也是。"经营资本的一大部分，为经营上的库存品。这种库存品，必须有适当的保存。若不注意这种保存所必要的预防法，它的价值就会多少损失。不加监视，经营上的库存物，必定会有一部分全丧失。就因此故，所以，谷仓，草料堆场，地窖，必须有周到的监视；储存室必须适当关闭，并讲求清洁和通气的方法等。谷物及其类似的库存物品，必须时时上下翻转；马铃薯和莱菔，必须保护好，使其不受霜雪水火之害。"（基尔可夫前书第 292 页）"在计算自己的需要（尤其在饲畜事业上），并依生产物的性质用途而调节其分配时，我们不仅要顾到自己的欲望，且须留意，为意外的场合，留下相当的库存物。如果发觉自己的欲望，不能完全由自己的生产物来满足时，第一要想到，不足的量，能否由别的生产物（代用品）弥补或用比较便宜的价钱，购买相同的物品来补足。例如，如果草料缺乏，那就可以用根菜和稻草来补足。依通例，各种生产物的实在价值与市场价格，必须时时记在心里，并按照当下的情形，在消费上为适当的配置。如果燕麦太贵，豌豆和裸麦比较便宜，则以豌豆裸麦代替燕麦来喂马，拿储存的燕

麦去卖，也是有利的。"（基尔可夫前书第 300 页）

我们以前考察库存品的形成（Vorratbildung）时，曾经指出，必须有一定量可能的生产资本（Potentiellem Produkitivem Kapital），这所谓可能的生产资本，便是决定在生产上使用的生产手段，那必须以相当的量储存着，渐次加入生产过程内。我们还曾说，这种生产库存品（Produktionsvorrat）的大小，在已知该企业或资本经营的范围时，乃取决于其更新的困难程度，取决于其供应市场的相对距离，取决于运输交通机关的发展程度。这一切事情，对于资本必须采取生产库存品形态的最低限度，对于资本垫支的时间长短，对于每次垫支的资本量，会发生影响。此量的大小，虽会影响周转，但其本身，却由流动资本当作可能生产资本，被拘束在生产库存品形态上的时间的长短，来决定。从别方面说，流通上的这种停滞，既依存于迅急收回的可能性的大小，依存于市场状况等，故在此限度内，这种停滞，也就是起因于流通时间，起因于流通范围内的事情。"再者，手工器具，筛，篮，网，车油，钉之类的设备部分或其附属品，在越是不能有迅急购得的机会时，便越是要在库里储存着新物，俾能立时取用。最后，各种器具储存，每年还应在冬季细心检查一遍，如觉有新购或修理的必要，便须立即进行。我们应不应有大的库存，那主要看地位的关系来决定。在附近没有手工业者或商店的地方，必须有较大的库存准备；在当地或附近就有手工业者或商店的地方，只须有较小的库存准备。在其他各种情形相等的条件下，在必要库存品必须一时大量购置的地方，我们自宜相度时机，把它便宜买进来。不待说，流通的经营资本，将由此被夺去许多，但在经济的经营上，这常常是不能省免的。"（基尔可夫第 301 页）

如上所述，生产时间与劳动时间之差，可以有极不相同的各种情形。有时，流动资本在加入真正的劳动过程之前，已在生产时间内（鞋型的制造）；有时，流动资本在加入真正的劳动过程之后，仍在生产时间内（葡萄酒谷物）；有时，生产时间会在此处彼处为劳动时间所截断（农业，造林业）；有时，适于流通的生产物，大部分尚在能动的生产过程中，更小得多的部分则加入逐年的流通（造林业，饲畜业）；有时，流动资本留在可能生产资本形态上的时间，从而，必须一次投下的流动资本量，一部分依存于生产过程的种类（农业），一部分依存于市场的远近那种种属于流通范围内的事情。

我们以后（第三卷）还会知道，麦克洛克，詹姆斯穆勒等人，因要把相互不一致的劳动时间和生产时间，说成相互一致，曾提出怎样背理的理论。他们这种尝试，是由价值学说的错误的应用发生的。

周转循环（umschlagszyklus），如我们以上所言，乃由垫支在生产过程上的固定资本的耐久时间而定。这个循环既绵亘在若干年内，故也包含一系列的固定资本的周转，那或是一年一次的或是在一年内反复的。

在农业，轮耕式的耕作方法，引起了这样一个周转循环。"租期的时间，无论如何，不能短于一次轮耕的流通时间（umlaufszeit）。所以，就三圃式耕作说，租期总以三年，六年，九年计算。就有完全休耕地的三圃式耕作说，同一亩田，在六年中，只有四次耕作，轮流栽种冬季谷类和夏季谷类，即在土壤状况必要或许可的限度内，轮流栽种小麦，荞麦，和燕麦。但不同种谷物由同一土地的出产额有多寡之别，且各有各的价值，各有各的价格。就因此故，同一田圃的出产，是各耕作年度彼此不等的；流通的前半期（即前三年）也和后半期有差别。甚至就平均收获说，也是前半期和后半期不同的；因为，收获的多少，不仅定于土地的品质，且为各年的气候所左右；加之，价格也为多种事情所左右。所以，如果我们以六年全流通时间的中位收获和平均价格作标准，来计算耕作的收益，我们当可以发现一年（无论是流通前半期的一年还是流通后半期的一年）的总收益。但若我们仅以流通时间的一半（即三年）为标准而计算收益，情形就不是这样了。因为，在这场合，总收益将成不等的。根据以上所说，我们可以断言，在三圃式的耕作方法下，租期的时间，至少要以六年为定期。当然，为租地农民和土地所有者计，如果租期能依租期（原文是这样的！——F. E.）的倍数增加（那就是，不定为六年，但定为十二年，十八年，以下类推），当然更有利。在七圃式的耕作方法下，则与其定为七年，宁可定为十四年，二十八年。"（基尔可夫前书第 117、118 页）

（这里原稿上有这样一句："英吉利的轮耕式耕作。写一个注解。"——F. E.）

第十四章

流通时间

在不同营业部门投下的各种资本，会由种种事情，以致在流通期间上，从而在资本垫支的时间上，发生分化。我们以上考察的那种种事情，都是在生产过程内部发生的，例如固定资本和流动资本的区别，如劳动期间的差别等。但资本的周转时间，等于其生产时间加流通时间的总和。所以，很明白，流通时间（Umlaufszeit）的差别，也会在周转时间上，从而在周转期间的长度上，引起差别。我们要把这点说明白，最好是比较两个不同的投资，假设它们除有不同的流通时间外，一切影响周转的事情皆相等，或考究一个定额的资本，假设其固定资本流动资本的构成为一定的，其劳动期间为一定的，总之，假设只有流通时间是可变的。

流通时间的一段——比较上最重要的一段——是售卖时间（Verkaufszeit），即资本留在商品资本状态下的期间。流通时间，从而周转期间，视售卖时间的相对的大小，而延长或缩短。并且，保存上必要的费用，还会使追加的资本支出成为必要的。自始就很明白，完成生产物售卖所必要的时间，即在同一营业部门，也是各个资本家极不同的；这个论断，不仅适用于投在不同生产部门的诸资本量；就令我们考察的，是不同诸独立的资本，即投在同一生产部门的总资本的诸独立部分，这个论断也是适用的。在其他一切情形相等时，同一个资本的售卖期间，将视市场状况一般的变动，或视特殊营业状况的变动，而起变化。但在这里，我们无需乎多论。我们只要确述这个单纯的事实：在不同营业部门投下的资本，在周转期间上是有差别的，引起这种差别的，有种种事情，如果这种种事情会在个别场合发生作用（例如，如果一个资本家，他的售卖，有机会可以比别的资本家更迅速，或比别的资本家，使用更多的方法缩短劳动期间），他们也就会在同一营业部门诸个别资本的周转上，引起差别。

有一个不断发生作用的原因，使售卖时间，从而使周转时间一般，发生差别。这个原因，便是市场（商品售卖的地点）和商品生产地点（Produktionsplatz）的距离。在商品向市场移动的全时间内，资本必须被拘束在商品资本的状态内；如果是定造，就是拘束到交货的时候；如果不是定造，商品向市场移动的时间，还须加商品在市场待售的时间。交通机关和运输机关的改良，会绝对缩短商品的移动期间；但各种商品资本因移动而在流通时间上发生的相对的差别，及同一商品资本向不同市场移动的诸部分因移动而在流通时间上发生的相对的差别，皆不会因此消灭。举一例，改良的帆船和汽船，虽能缩短商品的移动，但不能以同一程度，缩短远距离的港，和近距离的港。不过在运输机关和交通机关发展时，这种相对的差别，会以一种与自然距离不相符合的方法，发生变化。例如，一条从生产地点到内地人口大中心的铁道，可以绝对或相对的，使内地一个不与铁路连接的较近地点，和一个天然更远但与铁路连接的地点比较，变为距离更远的。这个事情，还会变更由生产地点到大贩卖地点的相对的距离。也就因此，所以，交通机关运输机关的变更，会使旧生产中心地衰落，使新生产中心地崛起（此外，远距离的运输费，还比近距离的运输费，相对的说，便宜得多）。而在运输机关发展时，不仅空间运动的速度加速了；空间距离也在时间上缩短了。发展的，也不仅是交通机关的量（例如同时有许多船向一个港开行，又如两地间有几个列车在同时由不同的路线开行）；并且，还有运货船，在一星期内，依次依不同的日期，比方说，由利物浦开往纽约，或有运货列车，在每日，依相异的时间，比方说，由孟彻斯德开往伦敦。当然，这最后讲的一种事情，在运输机关的运送力被假定为不变的限度内，决不能变更绝对的速率，从而也不能变更流通时间的这一部分。但逐次的商品量，可以依较短的时间次序，开始它的行程，从而，可以依次到达市场，无须在实际运送之前，大量的，当作可能的商品资本累积着。从而，资本的归流，也分配在较短的依次的期间内，以致不断有一部分，得在别部分仍当作商品资本流通时，转化为货币资本。资本的归流，遂被分配在较多的依次的期间内，从而把总流通时间缩短，并进而把资本周转的时间缩短了。一方面，运输机关的机能次数（例如铁路列车的数目），会与生产地点的生产增加及其范围加大的程度成比例。这种发展，是以已有销场，大生产中心地，人口中心地，输出港等为方向的。但别方面，这种特别的交通便利，及由此加速的资本周转（在这种周转受限制于流通时间的限度内），又会使生产中心地和贩卖场所的累积过程更加速。当大群人口和大量资本在一定地点的累积过程加速时，大量资本在少数人手中的累积过程也增进了。同时，交通机关变化的结果，生产地点与贩卖地点的相对位置改变了，并从而使生产地点与贩卖地点也发生移动和变换。一个生产地点，以前虽在大路或运河上，占有特别的位置，而享有特别利益，现今却在一个单轨铁道支线旁边（要隔许久，才开行一次列车）；别一个生产地点，原来和交通要道完全隔绝，现今却成了好几条铁路的交叉点。以是，前一个生产地点必衰落；后一个生产地点必兴隆。这样，交通机关的变化，遂在商品流通时间上，在买或卖的机会上，引起了地点上的差别；或把已有的地点上的差别改变。这个事情，在资本周转上的重要性，可由各处工商界代表与铁道经营者的争论而知。（参看上述铁道委员的调查报告。）

依生产物的性质就只能在当地求销路的一切生产部门（例如酿酒业），在人口大中心地，才能发展到最大的范围。在这一切生产部门，资本的周转是更迅速的。所以，若干生产要素（例如建筑地基等）的价格虽会腾贵，但这种腾贵，一部分可由迅速的资本周转来抵补。

就一方面说，伴资本主义生产进步而起的运输机关交通机关的发展，虽会减少一定量商品的流通时间，就他方面说，这种进步，和运输机关交通机关发展所给予的可能性，又引起必要性；那就是，原来能为远距离市场（即世界市场）生产的，变为必须为远距离的市场生产。为向远地输送而生产的商品量异常增大；从而，必须不断以长期间留滞在商品资本阶段而在流通时间内的社会资本部分，也绝对的或相对的增大。同时，社会财富中，不直接当作生产手段，却当作交通运输机关，当作经营交通运输机关所必要的固定资本和流动资本投下的部分，也会增大。

商品由生产地点到销场的移动过程之相对的长短，不仅足使流通时间的第一部分（售卖时间）发生差别，并且会使流通时间的第二部分（货币复归为生产资本要素的时间，即购买时间），发生差别。拿一种向印度输出的商品来作例。比方说，去一次必须有四个月。我们再假设售卖时间等于零；那就是，假设商品是定造的，其代价，只要货物交到生产家的代理人手里，便可支付。但这种货币的送回（在这里，我们且不问它是在什么形态上送回），又须经过四个月。同一资本能再以生产资本的资格发生机能，使同种作业能够更新以前，总共须经过八个月。这样发生的周转上的不等，便是各种信用期限彼此不相等的物质基础之一；同时，海上贸易（例如威尼斯和热内亚二市的海上贸易），又是真正的信用制度的源泉之一。"1847 年的恐慌，使当时的银行业和商业，得将印度和中国的习惯（指该二国对欧洲的期票兑付时间），由发票后（nach Dato）十个月，减为见票后（nach Sicht）六个月；二十年航海业进步及电报设备进步的结果，再将见票后六个月，减为发票后四个月，准备以后减为见票后四个月。帆船由加尔各答绕好望角至伦敦，平均不到九十日。见票后四个月的习惯，如果等于一百五十日，则见票后六个月的习惯，便等于二百一十日了。"（《伦敦经济学界》1866 年 6 月 16 日）——反之，"巴西的习惯，仍定为见票后二个月或三个月；安底维甫商人对伦敦商人所出的期票，为发票后三个月；又，布拉特福和孟彻斯德商人对伦敦商人所出的期票，也以三个月或三个月以上为期。由一种默认，商人每每能在期票到期时，甚至在到期之前，有充分机会将其货物实现为货币。因有这个理由，所以印度期票的期限，尚不能视为过长。因为，印度的生产物以三个月为付价期而售于伦敦时，总要到五个月，才有价钱付进来（因当中须包括若干贩卖时间），而自在印度购买，到货物交到伦敦堆栈，中间平均又须经过五个月。这样，我们就有十个月的期间了，但以此种商品为对象而发出的期票，却很少超过七个月的。"（前志 1866 年 6 月 30 日）"1866 年 7 月 21 日，伦敦有五家大银行（与印度中国有来往的），巴黎有一家大贴现公司，曾发特别通告，自 1867 年 1 月 1 日起，所有它们在东方的支行与代理处，只买卖见票后不超过四个月便能兑付的期票。"（前志 1866 年 7 月 7 日）不过，这种尝试，因遭失败，是不得不废止了。（自苏伊士运河通后，这一切情形都变革了。——

F. E.）

当然，商品流通时间的延长，会增加贩卖市场上价格变动的危险；因价格得以发生变动的期间，将因此加大。

一种流动时间上的差别——这种差别，一部分是同职业上各个别资本间的差别，一部分是不即付现款而有不同付款习惯的不同职业间的差别——是由买卖上支付期限的差别引起的。这一点，在信用制度上极为重要，但在这里无须乎多论。

又，供应契约（Liefrungskontrakte）的范围——那会与资本主义生产的范围及规模，一同扩大——也会在周转时间上，引起差别。这种供应契约，是卖者与买者间的一种交涉，是属于市场或流通范围的一种作用。所以，由此发生的周转时间上的差别，也是在流通范围内发生的，但它立即会在生产范围内发生反应。不说支付期限和信用状态，即在现金支付的场合，这种情形也会发生。拿煤炭、棉花、棉纱等来说，那几种东西都是个别分离的生产物，每日都有一定量的完成生产物提供出来。然若纺纱业者或矿山所有者，竟与人订立大量供应的契约，比方说，每次供应，必须包括四星期或六星期继续劳动日的期间，则在这场合，就资本垫支的时间说，无异在劳动过程上，采用四星期或六星期的继续的劳动期间。当然，在这里，我们是假定，定货的全量必须一次交清，或须待全量交清后才支付代价。所以，个别考察，每日都会供给一定量的完成生产物，但这一定量完成生产物，不过是约定供应量的一部分。所以，定货额中那已经完成的部分，虽不复在生产过程中，但依然当作可能的资本，堆在仓库里面。

现在，我们再考察流通时间的第二段，购买时间（Kaufzeit），即资本由货币形态复化为生产资本要素的时间。资本必须在这期间内，以相当的时间，保留在货币资本的状态中。垫支总资本必须有一定部分，不断地存在于货币资本的状态中，虽说这个部分，是由不绝变更的要素构成的。举例来说，假设在某种营业垫支的总资本中，必须有 n×100 镑，常常采取货币资本的形态；那就是，这 n×100 镑的各个构成部分，虽继续不断化为生产资本，但此额货币，总须由流通，由被实现的商品资本，不断依新的供给，取得补充。所以，垫支资本价值的一定部分，是不断在货币资本的状态中，其存在形态，非属于生产范围，但属于流通范围。

我们已经讲过，市场的远隔，使资本拘束在商品资本形态上的时间延长。这种延长，会直接延迟货币的归流，并延迟资本由货币资本转为生产资本的转化。

我们还讲过（第六章），就商品的购买说，购买时间，原料主要供给地的远隔，使生产家必须在生产库存品或可能生产资本的形态上，把长期间需用的原料一次购买好。那就是，在生产规模不变的时候，使一次垫支的资本量加大，使资本垫支的时间增长。

大量原料每次投入市场所隔期间的长短，会在各营业部门，引起类似的影响。举一个例。在伦敦，羊毛是每三个月大规模拍卖一次的，羊毛市场即受这种拍卖的支配。反之，棉花市场大体说却是由逐次收获，继续（即令是不规则）重新供给的。这种期间，决定原料购买的主要日期，并特别影响到投机的购买；这种购买，使资本必须在相当长期间内，垫支在生产要素上。同样，所产商品的性质，也会影响生产物的投机的保留。（即以相当长的期限，把生产物保留在可能商品资本 Potentiellem Warenkapital 的形态上。）"农民必须相当的成为投机家，即视当时景况如何，来操纵生产物的售卖"。（以下是若干通则，——F. E.）"但在生产物的销售上，成功与否，主要依存于人、生产物和地点这三方面。一个因有能力和时运（！）而有充分营业资本的人，如果在价格非常低廉时，把农作物保存一年，谁也不能责备他。反之，一个缺少营业资本或缺少企业心一般（！）的人，只想得平均的价格，只要有机会，他就会拿自己的农作物出来卖的。羊毛保存至一年以上，几乎一定会有损失；但谷物及菜种，虽保存数年，也不致损害它们的性质和构造。像菜种唐花菜之类的生产物，既会在短期间内发生价格大跌大涨的现象，所以，在价格远低于生产价格（Produktionspreis）时把它们保存数年，也不为无理。但像肥肉的家畜那样必须每日有保存费用的，或像果实马铃薯那样容易损坏的生产物，其售卖却是不许迟延的。在某一些地方，有些生产物在某季的平均价格，是属于最低的价格，反之，它在别季的平均价格则是属于最高的价格。例如，在若干地方，谷物的价格，在圣马丁节前后，比在耶稣节至复活节间的前后，平均是更低。又，有若干生产物（例如羊毛），在某一些地方（例如羊毛业平素不甚畅旺的地方），只宜在一定时间内售卖。"（基尔可夫前书第 302 页）

在流通时间的后半，货币复转化为生产资本的要素。在研究流通时间的这一部分时，我们不仅要考察这种转化的本身，不仅要考察货币流回的时间。这个时间的长短，视生产物销售所在的市场的距离而定。我们尤须考察，在垫支资本中，那必须不断在货币形态，在货币资本状态上的部分，究有怎样大的范围。

把一切的投机存而不论，则当作生产库存品的商品，究须依怎样大的范围来购买，乃视这种库存品更新的时间如何而定。这种库存品更新的时间，又视市场状况而定，所以，是各种原料彼此不同的。在这场合，总须时时以大量货币一次垫支下去。但这个货币，会视资本的周转，或迟或速，不断的断片的回来。其一部分（即再转化为工资的部分）会不断在短期间内再支出。别一部分（即再转化为原料等物的部分）必须在长期间蓄积着，当作购买的或支付的准备金。这后一部分，是在货币资本形态上存在的，惟其范围有变化。

我们将在下章看见，还有别的事情（或是由生产过程发生，或是由流通过程发生），使垫支资本，必须有一定部分，采取货币形态。但我们可以广泛说，经济学者极易忘记这件事：不仅营业所需的资本，常须有一部分不断依次通过货币资本，生产资本，和商品资本三个形态；而且，垫支资本的各部分，尚须不断以这三个形态并存着（不过这各部分的相对量，会不断变化）。是的，在资产阶级经济的理解上，资本常须有一部分当作货币资本这件事，是很重要的；在实际上，这件事也是很重要的；但经济学者特别容易忘记的，就是垫支资本的这一部分。

第十五章　周转时间在资本垫支量上的影响

在这一章及下一章（即第十六章），我们所讨究的，是周转期间所及于资本价值增殖的影响。

比方说，我们有一个商品资本，那是九周劳动期间的生产物。在这里，由固定资本平均磨损所加于生产物的价值部分，及在生产过程中加于生产物的剩余价值，皆暂存而不论。这样，这个生产物的价值，就等于生产上垫支的流动资本的价值了，换言之，等于劳动工资及生产上所消费的原料和补助材料的价值了。假设这个价值等于 900 镑，这就是每周支出 100 镑。周期的生产时间，在此，与劳动期间相等，也为九周。在这场合，我们或假设一个劳动期间是生产连续的生产物，或假设一个连续的劳动期间是生产个别分离的生产物。只要一起到市场去的生产物（个别分离的生产物）的量，是费九周的劳动，我们无论怎样假设，都是一样的。再假设流通时间为三周。这样，周转期间就合计为十二周了。在九周之末，垫支的生产资本，转化为商品资本，还有三周，它是在流通期间内。新的生产时间，须待第十三周开始之时再开始。这样，生产就须停止三周了，那就是，全周转期间须有四分之一，在生产停止中。这三周的期间，或是生产物售卖平均所须经历的时间，或是视市场远近或货价支付期限而定的时间，但无论我们怎样假设，都无关系。总之，每三个月有三周的停止，从而，一年中，有 4×3＝12 星期，即有三个月，或一年周转期间的四分之一，须在生产的停止中。要使生产继续进行，并逐星期逐星期以相同的规模进行，只有两个方法是可能的。

其一，是缩小生产的规模，使 900 镑够在第一周转的劳动期间内使劳动进行，也够在第一周转的流通时间内使劳动进行。在这场合，在第一周转期间终了之前（因周转期间包括十二周，劳动期间包括九周），第二个劳动期间，从而第二个周转期间，就在第十周开始了。以 900 镑分配在十二周，每周为 75 镑。第一，很明白，这样缩小的营业规模，以固定资本范围发生变化，营业机构缩小为前提。第二，这种缩小是否一般可以实行，还有疑问；因为生产在各不同营业上的发展，会为投资事业成立一个标准最低限度，一个人的营业如其资本还不足此限度，一定不能在竞争中支持。这个标准最低程度，随资本主义生产的发展，继续提高，决不是固定的。不过，在一定的标准最低限度及不断扩大的标准最高限度之间，有许多中间阶段。在这些中间阶段上，许有各式各样的程度的投资。在这个中间限界内，在标准最低限度以内的缩短，才是可以实行的。——若在生产发生障故，市场过于充塞，原料腾贵之际，则在一定的固定资本的基础下，还可限制劳动时间（例如每日开工半日），以限制正常的流动资本支出。这好比，在繁荣期，也可在一定的固定资本的基础下，一方面由劳动时间的延长，一方面由劳动的加强，使流动资本反于常态的扩大。一种营业，如事先已经顾到这种变动，则除采用上法外，还可以准备固定资本（Reserve fix kapital），如铁道的准备机车等，同时使用较多数的工人。但在这里，我们是以正常的情形为前提；这种反常的变动，是我们这里不考虑的。

要使生产连续不断，在这场合，只有把同一流动资本的支出，分配在较长的时间，那就是不分配在九周内，而分配在十二周。在这期间的任一部分，都只有更少的生产资本发生机能了。生产资本的流动部分，由 100 减为 75，则减少四分之一。而在九周间发生机能的生产资本，贝减少 9×25 = 225 镑，或减少 900 镑的四分之一。但流通时间与周转期间的比例，也为 3：12 或 1：4。所以我们可以断言：如果生产要在已转化为商品资本的生产资本之流通时间内不致中断，如果生产要与流通逐星期逐星期同时并且连续地进行，而又无特殊的流动资本可用，那就只有缩小生产的经营，节减机能生产资本的流动部分。为生产而在流通时间游离出来的流动资本部分，与垫支总流动资本之比，遂等于流通时间与周转期间之比。在这里，我必须把以前已经讲过的话，重说一遍：这里讲的话，只适用于这一类生产部门，这一类生产部门的劳动过程，逐星期以相同的规模进行，不须像农业那样，在不同劳动期间投下不同的资本额。

反之，假设营业的基础，不许生产规模缩小，从而，也不许每周垫支的流动资本节减，则生产的连续，只能依流动资本的增加，来实行。在上例，是增加了 300 镑。在十二周的周转期间，有 1200 镑依次垫支下去，300 镑是这个总额的四分之一，等于三周是十二周的四分之一。在九周的劳动期间之末，900 镑的资本价值，已经由生产资本的形态，转化为商品资本的形态。其劳动期间已经终了，但不能以同一的资本更新。在它当作商品资本而停留在流通范围内的那三周间，从生产过程的立场看，它虽有，也是和没有一样。在这里，我们是把一切的信用关系不说；我们是假定，资本家只用他自己的资本经营事业。不过，垫支在第一劳动期间的资本，虽在完成其生产过程之后，仍会停留在流通过程三周，但因有追加的 300 镑资本，所以，生产的连续依然不致于中断。

在这里，我们必须注意下述各项：

第一，最初垫支的 900 镑资本的劳动期间，九周后就终毕了，那必须再待三周后，那就是，待第十三周开始时，方才会流回。但新的劳动期间，须用追加的 300 镑资本，立即再开始。生产过程的连续性，就是因此，所以能够保持。

第二，原资本 900 镑的机能，及追加资本 300 镑（在第一劳动期间九周结束后投下去的，它在第一劳动期间终了后，立即使第二劳动期间开始）的机能，虽在第一周转期间截然分开或可以分开，但在第二周转期间，它们却是互相交错。

我们且具体地把这个问题说明一下。

第一周转期间十二周。第一劳动期间为九周。垫支在第一劳动期间的资本的周转，在第十三周开始时，完成。在最后三周内，有追加的 300 镑发生机能，并使第二劳动期间九周，因以开始。

第二周转期间。在第十三周之始，有 900 镑流回来，能开始一个新的周转。但第二劳动期间已由追加的 300 镑资本，在第十周开始了。在第十三周之始，劳动期间已由这追加的 300 镑资本，完成三分之一，这 300 镑也已由生产资本，转化为生产物。因为，要终了第二劳动期间，尚只须有六周，所以，流回的 900 镑资本，也只须以三分之二，即 600 镑，参加第二劳动期间的生产过程。这样，原来的 900 镑，就有 300 镑可以游离出来，和第一劳动期间内的追加 300 镑资本，实行相同的任务。在第二周转期间的第六周之末，第二劳动期间就终毕了。投在其中的 900 镑资本，会在三周后流回来，那就是在第二周转期间（那也包括十二周）的第九周之末，流回来。而在其三周的流通时间内，有游离出来的资本 300 镑加入。这 300 镑，会在第二周转期间的第七周，或从头计算的第十九周，再开始 900 镑资本的第三劳动期间。

第三周转期间。在第二周转期间的第九周之末，有 900 镑重新流回。但第三劳动期间，已在第二周转期间的第七周开始了。在第三周转期间开始时，它已经通过六周。它还须经历三周。所以，在流回的 900 镑中，仅有 300 镑加入生产过程。第四劳动期间，填满这个周转期间的其余九周。所以，在从头算起的第三十七周，第四周转期间与第五劳动期间，即在同时开始。

为求计算单纯起见，我们假定劳动期间为五周，流通期间为五周，合成周转期间十周。一年五十周计算，每周投资假定为 100 镑。这样，劳动期间需有流动资本 500 镑，流通时间需有追加的资本 500 镑。劳动期间与周转时间是这样表现的：

劳动期间	周	商品（镑）	复归时间
1	1—5	500 镑	第 10 周之末
2	6—10	500 镑	第 15 周之末
3	11—15	500 镑	第 20 周之末
4	16—20	500 镑	第 25 周之末
5	21—25	500 镑	第 30 周之末

当流通时间等于零，周转期间与劳动期间相等时，一年内周转的次数也与劳动期间的次数相等。当劳动期间为五周时，一年内周转的次数 $=\dfrac{50}{5}=10$。周转资本（umgeschlagnen Kapital）的价值则 $=500\times10=5000$。上表既假定流通时间为五周，故每年生产的商品的价值也为 5000 镑，但其中总有十分之一，即 500 镑，在商品资本的姿态上，不经过五星期后，是不会流回的。在年终，第十劳动期间（即第四十六周至第五十周）的生产物，只通过其周转期间的一半，因其流通时间，必须归在翌年的最初五周。

我们再举第三个例。假定劳动期间为六周，流通时间为三周，每周劳动过程上垫支的资本为 100 镑。

第一劳动期间。自第一周至第六周。在第六周之末，有 600 镑的商品资本，那会在第九周之末归来的。

第二劳动期间。自第七周至第十二周。在第七周至第九周之间，300 镑追加的资本垫支下去了。在第九周之末，有 600 镑流回。在这 600 镑中，300 镑在第十周至第十二周之间垫支下去了。所以，在第十二周之末，有 300 镑现金，有 600 镑在商品资本的形态上，那会在第十五周之末流回。

第三劳动期间。第十三周至第十八周。在第十三周至第十五周之间，上述 300 镑现金垫支下去了，然后有 600 镑流回，其中 300 镑是在第十六周至第十八周垫支下去的。在第十八周之末，有 300 镑现金，有 600 镑在商品资本的形态上，那会在第二十一周之末流回。(本章Ⅱ节，关于这个情形，还有更详的叙述，可以参看。)

所以，九个劳动期间（五十四个星期）所生产的商品等于 600×9＝5400 镑。在第九劳动期间之末，资本家有现金 300 镑，有商品值 600 镑尚未通过它的流通时间。

试比较以上三例，我们发觉（1），只第二例，500 镑资本Ⅰ和 500 镑追加资本Ⅱ，是依次解放出来，所以，这两个资本部分也可互相分离而运动。但这只因为，我们曾例外的，假定劳动期间与流通时间，各是周转期间两个相等的半分。在其他各种情形下，——无论周转期间的这两部分是如何不等——这两个资本的运动，如第一例及第三例所示，自第二周转期间起，就一定会互相交错。追加资本Ⅱ，将与资本Ⅰ的一部分，在第二周转期间，成为机能的资本。资本Ⅰ的余额，则游离出来，担任资本Ⅱ原来担任的机能。在商品资本流通时间内活动的资本，在这场合，不即是原来为这目的垫支的资本Ⅱ，但其价值相等，且在垫支总资本中形成相同的可除部分。

（2）在劳动期间发挥机能的资本，会在流通时间休止。就第二例说，在劳动期间五周内发挥机能的资本，将在流通时间五周内休止。就这个例说，资本Ⅰ会在一年的经过中，以半年的时间休止。在资本Ⅰ休止的时候，追加资本Ⅱ即代替它的位置，但资本Ⅱ会在其他半年间休止。但在流通时间保证生产连续所必要的追加资本，非定于一年流通时间的总范围或总额，乃定于流通时间对周转期间的比例。（当然，在这里，我们假定，一切周转是在相同的各种条件下进行的。）所以，在第二例，必要的追加资本是500镑，但不是2500镑。这是由于如下的事实：追加的资本与原来垫支的资本，是同样加入周转，也一样由周转次数，代置它自身的量。

（3）无论生产时间是否较劳动时间长，那都不会变更我们这里考察的事情。不错的，总周转期间将因此延长，但这种延长，不致使劳动过程需有追加的资本。这种追加资本只有一个目的，那就是填充劳动过程因流通时间而起的空隙，保障生产因流通时间而起的扰乱。因生产条件而起的扰乱，有别的方法抵补，那是我们这里不要讨论的。但有些营业，制作品是应人定造，工作是时断时续的，因而在诸劳动期间之间，可以中断。在这情形下，追加资本的必要，就得在这程度内免掉。反之，有些节季劳动（Saisonarbeit），大抵在归流的时间上，有一定的限界。在一个资本的流通时间未曾完成之前，同一的劳动是不能以同一的资本，在次年，重新开始的。但流通时间，有时会比一生产期间至次一生产期间的中断期更短。若是这样，如果在中止期间不把资本用到别的用途，资本就得休止了。

（4）在一定劳动期间内垫支的资本，例如第三例的600镑，一部分投在原料和补助材料上，投在劳动期间的生产库存品上，投在不变的流动资本上，一部分投在可变的流动资本上，投在劳动的结付上。投在不变流动资本上的部分，不一定要在生产库存品的形态上，以相等的时间存在；比方就原料说，就不必为全劳动期间准备好；煤炭可以每二星期才买一次。但若把信用除外，这个资本部分，在不以生产库存品的形态供人利用的限度内，总须在货币形态上供人利用，而在必要时转化为生产库存品。这个事实，不会改变在六周间垫支的不变流动资本价值。反之，——且把供意外支出的货币准备，即障碍赔偿准备金存而不论——工资却是以较短期间（通例是每周）支付的。所以，资本家如不强迫劳动者依较长的期间垫支劳动，则支付工资所必要的资本，必须先在货币形态上准备好。所以，在资本的归流中，资本必须有一部分在货币形态上准备好来支付给劳动，其余的部分则可转化为生产库存品。

追加资本完全和原资本一样分配。它和资本Ⅰ只有这种区别：（不说信用关系）它为要在它自身的劳动期间供人利用，所以，它虽不参加资本Ⅰ的第一个劳动期间，但必须在这全期间内垫支。在这期间，它至少有一部分，已经转化作不变流动资本，而在全周转期间垫支。在这种转化成为必要之前，这个资本究以若干部分取得不变流动资本的形态，又究以若干部分保持追加货币资本的形态，是一部分定于特殊营业部门的特殊生产条件，一部分定于原料等的价格变动。从社会总资本的观点看，这个追加资本，总有一个相当大的部分，在长期间保持货币资本的状态。但资本Ⅱ那垫支在工资上面的部分，却视较短的劳动期间在什么时候终毕，在什么时候支付工资，而次第转化为劳动力。所以，资本Ⅱ的这一部分，也须在货币资本的形态上，在全劳动期间垫支，以至于转化为劳动力，并取得生产资本的机能。

资本 I 由流通时间转化为生产时间所必要的追加资本的加入，不仅增加垫支资本的量，增加总资本必须垫支的时间，并且会增加垫支资本的这一部分，这一部分是当作货币准备（Geldvorrat），从而在货币资本的状态，有可能货币资本的形态的。

就生产库存品形态上的垫支和货币准备形态上的垫支说，当资本因流通时间必须分为二部分（第一个劳动期间的资本和流通时间的代置资本），但这种分割非由所投资本的增大，乃由于生产规模的缩小时，这种情形也会发生。与生产规模相比例，那被拘束在货币形态上的资本的增加，会在这场合更加显著。

资本分割为原生产资本与追加资本的结果，是劳动期间的连续不致中断，是垫支资本有同样大的一个部分，得以生产资本的资格，继续不断发生机能。

再考察上所举的第二例。不断在生产过程上的资本，是 500 镑。劳动期间为五周，全年以五十周计算，每年计有十个劳动期间。所以，若不说剩余价值，其生产物当为 $10 \times 500 = 5000$ 镑。从直接的无间断的在生产过程上运用的资本（价值 500 镑的资本）的立场看，流通时间好像是全然消灭了。周转期间与劳动期间相一致；流通时间被假设为等于零。

但若 500 镑的资本，规则的，为五周的流通时间所中断，那就必须在十周的全周转期间终毕之后，它方才再有生产能力，所以，在一年五十周中，只有五个绵延十周之久的周转。这就是五个绵延五周之久的生产期间，或二十五个生产周（Produktionswochen），有总生产物 $5 \times 500 = 2500$ 镑；五个绵延五周之久的流通时间，构成总流通时间二十五周。在这场合，如我们说，500 镑的资本在一年间周转五次，那很明白，这 500 镑资本，在每周转期间的半期间内，完全没有生产资本的机能；总合起来计算，便是半年有，半年全然没有。

就我们的例说，500 镑代置资本，会在五个流通时间内加进来，从而，2,500 镑的周转，就提高为 5,000 镑的周转了。但现在，垫支的资本，为 1,000 镑，非 500 镑。五千被除于一千，等于五所以，周转次数不是十，而是五。实际那也是如此计算的，但人们说 1000 镑资本在一年间周转五次时，在资本家的空虚的头脑中，流通时间的记忆是消灭了。于是发生一种混乱的观念，好像这个资本会在依次的五次周转中，不断在生产过程上发生机能。但我们说这 1,000 镑资本曾周转五次，我们不仅把生产时间包括在内，且也把流通时间包括在内。如果有 1,000 镑现实的继续的在生产过程上发生作用，则依照我们的假设，生产物应为 10,000 镑，非 5,000 镑。我们要有 1,000 镑继续在生产过程中，也就必须有 2,000 镑垫支下去。对于周转机构无明晰观念的经济学者，常常把这个要点忽视：如生产要继续不断进行，产业资本通例只能以一部分在事实上参加生产过程。那就是，资本的一部分所以能当作生产资本用，仅因为资本的别一部分留在商品资本或货币资本的形态上，不得参加真正的生产。把这一点看落，货币资本的意义和使命，就都被看落了。

周转期间二部分——劳动期间与流通期间——或是互相等，或是劳动期间较大于流通期间，或是劳动期间较小于流通期间。我们现在必须究问，这几种情形的差别，将会在周转上引起怎样的差别；对于资本拘束在货币资本形态的情形，这几种情形的差别，又会发生怎样的影响。

我们假定，在一切场合，每周垫支的资本，皆为 100 镑，周转期间皆为九周，从而，每周转期间垫支的资本皆为 900 镑。

I 劳动期间与流通期间相等

这个情形，虽然在实际上只是偶然的例外，但必须当作我们的考察的出发点；因为，这个情形，就其自身说，是最单纯最明白的。

两个资本（在第一劳动期间垫支的资本Ⅰ和在资本Ⅰ流通期间发生机能的追加资本Ⅱ），在运动上互相交代，但无交错之象。除第一个期间外，这两个资本只各在各自的周转期间垫支。假设周转期间为九周，劳动期间与流通期间各为四周半。如是全年计算表如下：①

第 I 表　　　　　资本 I

	周转期间	劳动期间	支（镑）	流通期间
	周	周		周
I	1—9	$1—4\frac{1}{2}$	450	$4\frac{1}{2}—9$
Ⅱ	10—18	$10—13\frac{1}{2}$	450	$13\frac{1}{2}—18$
Ⅲ	19—27	$19—22\frac{1}{2}$	450	$22\frac{1}{2}—27$
Ⅳ	28—36	$28—31\frac{1}{2}$	450	$31\frac{1}{2}—36$
Ⅴ	37—45	$37—40\frac{1}{2}$	450	$40\frac{1}{2}—45$
Ⅵ	46—（54）	$46—49\frac{1}{2}$	450	$49\frac{1}{2}—（54）$

---

① 归入第二周转年度的星期，都用括弧括着。

资本 Ⅱ

	周转期间 周	劳动期间 周	支（镑）	流通期间 周
Ⅰ	$4\frac{1}{2}$—$13\frac{1}{2}$	$4\frac{1}{2}$—9	450	10—$13\frac{1}{2}$
Ⅱ	$13\frac{1}{2}$—$22\frac{1}{2}$	$13\frac{1}{2}$—18	450	19—$22\frac{1}{2}$
Ⅲ	$22\frac{1}{2}$—$31\frac{1}{2}$	$22\frac{1}{2}$—27	450	28—$31\frac{1}{2}$
Ⅳ	$31\frac{1}{2}$—$40\frac{1}{2}$	$31\frac{1}{2}$—36	450	37—$40\frac{1}{2}$
Ⅴ	$40\frac{1}{2}$—$49\frac{1}{2}$	$40\frac{1}{2}$—45	450	46—$49\frac{1}{2}$
Ⅵ	$49\frac{1}{2}$—$(58\frac{1}{2})$	$49\frac{1}{2}$—(54)	450	$(55—58\frac{1}{2})$

在这里，我们假定一年为五十一周①。在五十一周之内，资本Ⅰ通过六个完全的劳动期间，生产 6×450＝2,700 镑商品，资本Ⅱ通过五个完全的劳动期间，生产 5×450＝2,250 镑商品。此外，资本Ⅱ还会在一年最后的一周半（第五十周之中，至第五十一周之末），生产 150 镑商品。五十一周的总生产物，合计为 5,100 镑。就剩余价值——在劳动期间内才有剩余价值生产——的直接生产说，总资本 900 镑，曾周转 $5\frac{2}{3}$ 次（$5\frac{2}{3}$×900＝5,100）。但若我们是考察现实的周转，则资本Ⅰ周 3 转 $5\frac{2}{3}$ 次，因为在第五十一周之末，其第六周转期间尚须有三周方才终了；$5\frac{2}{3}$×450＝2,550 镑。资本Ⅱ周转 $5\frac{1}{6}$ 次，因其第六周转期间已

---

① 译者注：原版为五十，据马恩研究院改正。

通过一周半，尚有七周半须伸入第二年；$5\frac{1}{6} \times 450 = 2,325$ 镑；

故实际的周转总额 $= 4,875$ 镑。

把资本 I 和资本 II 看作完全互相独立的资本。在它们的运动上，它们是完全独立的；它们的运动所以互相补足，仅因为它们的劳动期间和流通期间可以直接互相交代。我们可以把这两个资本，看作是完全独立的，是属于不同的资本家的。

资本 I 已经通过五个完全的周转以及第六个周转的三分之二。在一年之末，它是在商品资本的形态上，它的正常的实现，尚须有三周。在这时间内，它不能加入生产过程。它是当作商品资本；它流通着。它的最后一次周转，只通过了三分之二。这个事实可以这样表现的：它只周转了三分之二次，其总价值仅有三分之二，通过了完全的周转。我们说：450 镑在九周内周转一次，所以，300 镑会在六周内周转一次。但这样表现时，周转时间这两个特殊部分的有机关系，便被忽视了。这个表现（垫支资本 450 镑曾周转 $5\frac{2}{3}$ 次）的严密的意义是，它曾通过五次完全的周转，并通过第六次周转的三分之二。反之，周转的资本等于 $5\frac{2}{3}$ 倍垫支的资本（在上例，是等于 $5\frac{2}{3} \times 450 = 2,555$ 镑）。这一句话，却必须解在如下的意义上，才是正确的：这 450 镑资本若没有别一个 450 镑资本从旁补充，则当其一部分在生产过程中时，其别一部分必须在流通过程中。如果周转时间要用周转资本之量表示，它也只能由现存价值（实际即是完成生产物）之量表示。垫支资本依以存在的状态使生产过程不能重新开始这个事情，由下述的事情表示了：当中只有一部分在有生产能力的状态中，那就是，如要使生产继续不断，资本便须视生产期间与流通期间的比例，分成二部分，一部分不绝在生产期间内，别一部分则不绝在流通期间内。我们以上讲，不断发生机能的生产资本量，由流通时间对周转时间的比例决定。这里所说，也便是这个法则。

资本 II 在一年的第五十一周之末（我们假定这是一年的最后一周），有 150 镑，垫支在未完成生产物的生产上。还有一个部分，则在流动不变资本（原料等）的形态上；在这个形态上，它能以生产资本的资格，在生产过程上发挥机能的。还有第三个部分，是在货币形态上；这一部分，至少须够在这个劳动期间的其余部分（即三周）支付工资，这种工资要到每周之末才支付的。资本的这部分，虽在新年之初，在一个新周转循环之初，不在生产资本的形态上，而仅在货币资本的形态上（在这个形态上，它不能参加生产过程），但有流动可变资本（即活劳动力）在新周转开始时就在生产过程中发生作用了。这个现象，是由这个缘故发生的：劳动力在劳动期间（比方说一周）之初就购买了，使用了，但必须到一周之末才支付。在这里，货币是当作支付手段使用的。就因此故，当货币仍在资本家手中时，劳动力（货币所转化成的商品）已在生产过程上活动了，所以，在这里，同一个资本价值出现了两次。

如我们只考察劳动期间，则

资本 I 生产 $\qquad$ $6 \times 450 = 2,700$ 镑

资本 II 生产 $\qquad$ $5\frac{1}{3} \times 450 = 2,400$ 镑

合计 $\qquad$ $5\frac{2}{3} \times 900 = 5,100$ 镑

垫支的总资本 900 镑，在一年间，曾以生产资本的资格，发生 $5\frac{2}{3}$ 次的机能。就剩余价值的生产说，我们无须考虑，究竟是常常有 450 镑在生产过程，有 450 镑在流通过程，还是有 900 镑四周半在生产过程，四周半在流通过程。

反之，我们如考察周转期间，则

资本 I 的周转额 $\qquad 5\frac{2}{3}\times450=2,550$ 镑

资本 II 的周转额 $\qquad 5\frac{1}{6}\times450=2,325$ 镑

合计 $\qquad 5\frac{5}{12}\times900=4,875$ 镑

总资本的"周转"[①] 等于资本 I 的周转额和资本 II 的周转额之总和，被除于资本和资本 II 的总和。

须注意，资本 I 和资本 II 即使是彼此互相独立的，也不过在同一生产范围内垫支的社会资本中，形成不同的独立的部分。这里的两个资本，虽不过是同一私人资本的二部分，但若这个生产范围内的社会资本，单纯由这两个资本构成，这里的计算也就适用于这种社会资本的周转。推而言之，社会总资本投在任何一个生产范围的部分，也可以这样计算。最后，总社会资本的周转次数，即等于各生产范围内周转的资本额，被除于这各生产范围内垫支的资本额。

还须注意，在这里，同一私人营业上的资本 I 和资本 II，严密的说，有不同的周转年度（因为，资本 II 的周转循环，比资本 I 的周转循环，要后四周半开始；资木 I 的周转年度，比资本 II 的周转年度，要早四周半完毕）。同样，同一生产范围内不同的私人资本，也在全然不同的时期，开始它们的营业，且也在一年间，以不同的时间，完毕它们的年周转（Jahresumschlag）。但我们在这里应用的平均计算法（资本 I 和资本 II 的平均计算法），也可应用来，将社会资本诸不同独立部分的周转年度，还原为一律的周转年度（Umscnlagsjahr）。

---

① 译者注：原本，总资本的周转，应译为总资本的范围（Umfang）这显然是排印上的错误 Umfang 应为 Umschlago。据英译本改正。

Ⅱ　劳动期间较大于流通期间

在这场合，资本Ⅰ和资本Ⅱ的劳动期间和流通期间，是交错的，不是互相交代。那会有资本游离出来。这是前一场合所没有的。

但下述的二点，依然无须改变：（1）垫支总资本的劳动期间的次数，等于垫支资本二部分的年生产物的价值额，被除于垫支总资本。（2）总资本的周转次数，等于二周转额的总和，被除于二垫支资本的总和。并且，我们在这里，也须这样看待这两个资本部分，好像它们的周转运动，是彼此完全独立的。

*　　　*　　　*

再假设在劳动过程内每周是垫支 100 镑。劳动期间经过六周，每劳动期间须有 600 镑垫支（资本Ⅰ）。流通期间为三周；周转期间，和以前一样是九周。假设有资本Ⅱ 300 镑，在资本Ⅰ的流通期间三周内，参加进来。我们还假设二者为互相独立的资本，年周转的计算表如下：

第Ⅱ表　　　　　资本Ⅰ 600 镑

	周转期间 周	劳动期间 周	垫支（镑）	流通期间 周
Ⅰ	1—9	1—6	600	7—9
Ⅱ	10—18	10—15	600	16—18
Ⅲ	19—27	19—24	600	25—27
Ⅳ	28—36	28—33	600	34—36
Ⅴ	37—45	37—42	600	43—45
Ⅵ	46—（54）	46—51	600	（52—54）

	周转期间	劳动期间	垫支（镑）	流通期间
	周	周		周
Ⅰ	7—15	7—9	300	10—15
Ⅱ	16—24	16—18	300	19—24
Ⅲ	25—33	25—27	300	28—33
Ⅳ	34—42	34—36	300	37—42
Ⅴ	43—51	43—45	300	46—51

生产过程在全年间，不断以同一的规模进行。两个资本依然完全分开。但要表现它们是这样分离的，我们必须分解它们的实在的错综，从而变更周转的次数。依上表，周转额为：

资本Ⅰ的周转额 $= 5\frac{2}{3} \times 600 = 3,400$ 镑

资本Ⅱ的周转额 $= 5 \times 300 = 1,500$ 镑

总资本的周转额 $= 5\frac{4}{9} \times 900 = 4,900$ 镑

但这是和事实不一致的；因为，我们将会知道现实的生产期间与流通期间，不与上表绝对一致。在上表，这两个资本Ⅰ与Ⅱ表现为相互独立的。

但在事实上，资本Ⅱ的劳动期间流通期间，并不与资本Ⅰ的劳动期间流通期间相分开。劳动期间为六周，流通期间为三周。资本Ⅱ既只有300镑，所以，它也只能填充一个劳动期间的一部分。实际情形也是这样。在第六周之末，有600镑的生产物价值在流通中，那会在第九周之末，在货币形态上流回的。资本Ⅱ会在第七周之初开始活动，而在次一劳动期间，应第七周至第九周的需要。但依照我们的假设，在第九周之末，劳动期间还只通过一半。所以，在第十周之初，那刚才流回的资本Ⅰ，600镑，会

再加入活动，而以 300 镑，充第十周至第十二周必要的垫支。这样，第二劳动期间就完毕了。于是，又有生产物价值 600 镑在流通中，那会在第十五周之末流回。到此，又有 300 镑（资本 II 的原额）游离出来，而在下一个劳动期间的前半（即第十三周至十五周），发生机能。在此之后，又有 600 镑流回；其中 300 镑可以将劳动期间结束，300 镑则游离出来，待下一个劳动期间运用。

所以，事态是这样进行的：

第一周转期间。第一周至第九周。

第一劳动期间。第一周至第六周。资本 I，600 镑发生机能。

第一流通期间第七周至第九周。在第九周之末，有 600 镑流回。

第二周转期间。第七周至第十五周。

第二劳动期间：第七周至第十二周。

前半：第七周至第九周。资本 II 300 镑发生机能。在第九周之末，有 600 镑在货币形态上流回（资本 I）。

后半：第十周至第十二周。资本 I 的 300 镑发生机能。资本 I 其余的 300 镑游离出来。

第二流通期间：第十三周至第十五周。

在第十五周之末，有 600 镑（资本 I 的半数和资本 II），在货币形态上流回。

第三周转期间：第十三周至第二十一周。

第三劳动期间：第十三周至第十八周。

前半：第十三周至第十五周。游离出来的 300 镑加入发生机能。在第十五周之末，有 600 镑在货币形态上流回。

后半：第十六周至第十八周。在流回的 600 镑中，有 300 镑再发生机能，其余 300 镑再游离出来。

第三流通期间：第十九周至二十一周。

在第二十一周之末，有 600 镑在货币形态上流回；在这 600 镑中，资本 I 和资本 II 现在是融合一起，不能分别了。

这样，到了第五十一周之末，600 镑的一个资本，就通过八个完全的周转期间了。〔（一）自第一周至第九周；（二）自第七周至第十五周；（三）第十三周至第二十一周；（四）自第十九周至第二十七周；（五）自第二十五周至三十三周；（六）自第三十一周至第三十九周；（七）自第三十七周至第四十五周；（八）自第四十三周至第五十一周。〕但因第四十九周至第五十一周是第八流通期间，所以，在这三周，300 镑游离的资本，必定会加入，以维持生产的进行。因此，在一年之末，周转是这样表示：600 镑通过了八次循环，周转额为 4,800 镑。此外，还有最后三周（自第四十九周至第五十一周）的生产物，但它只通过九周循环的三分之一，所以，其周转额只为其原额的三分之一，即 100 镑。所以，当每年五十一周的生产物为 5,100 镑时，周转资本仅为 4,800 + 100 = 4,900 镑，垫支总资本 900 镑，周转了 $5\frac{4}{9}$ 次，与第一场合比较略多。

在上例，我们是假定，劳动期间等于周转期间的三分之二，流通期间等于周转期间的三分之一，所以，劳动期间与流通期间比较，仍成单纯的倍数。如是，我们要问，当我们不如此假定时，资本会不会依上法游离出来。

我们假设劳动期间等于五周，流通期间等于四周，资本垫支每周 100 镑。

第一周转期间：第一周至第九周。

第一劳动期间：第一周至第五周，资本 1500 镑发生机能。

第一流通期间：第六周至第九周，在第九周之末，有 500 镑在货币形态上流回。

第二周转期间：第六周至第十四周。

第二劳动期间：第六周至第十周。

前半：第六周至第九周。资本Ⅱ400镑发生机能。在第九周之末，资本Ⅰ500镑在货币形态上流回。

后半：第十周。在流回的500镑中，以100镑发生机能。其余400镑则仍游离，供次一劳动期间运用。

第二流通期间：第十一周至第十四周。在第十四周之末，有500镑在货币形态上流回。

在第十四周之末以前（第十一周至第十四周），那游离的400镑发生机能：以是，在其后流回的500镑中，有400镑完成了。第三劳动期间（第十一周至第十五周）的需要，所以又有400镑游离出来，供第四劳动期间运用。这个现象，是每个劳动期间反复发生的。在每个劳动期间的开始，都已有400镑，应前四周的需要。在第四周之末，即有500镑在货币形态上流回，其中只有100镑为最后一周所需用，其余400镑即可游离出来，供次一劳动期间运用。

我们更假设有一个七周的劳动期间，运用资本Ⅰ700镑，一个二周的流通期间，运用资本Ⅱ200镑。

在这场合，第一周转期间由第一周至第九周；在其中，第一劳动期间由第一周至第七周，计有垫支700镑，第一流通期间由第八周至第九周。在第九周之末，有700镑在货币形态上流回。

第二周转期间由第八周至第十六周，内包含第二劳动期间，自第八周至第十四周。其中第八周第九周的需要，由资本Ⅱ去填充。在第九周之末，上述的700镑流回了。其中500镑，在这个劳动期间之末，被用掉。尚余200镑，则游离出来，供次一劳动期间运用。第二流通期间经过第十五周第十六周。在第十六周之末，又有700镑流回。从此以往，每个劳动期间都反复发生相同的现象。前二周的资本需要，由前劳动期间之末游离出来的 200 镑填充：在第二周之末，即有 700 镑流回；劳动期间尚只余下五周未曾通过，所以只能再消费 500 镑，其余 200 镑即游离出来，供次一劳动期间运用。

总之，以上我们皆假设劳动期间大于流通期间。在我们这样假设时，无论情形如何，在每个劳动期间之末，都会有一个货币资本游离出来；这个货币资本，与资本 II 之量相等，这资本 II 是为流通期间而垫支的。就我们以上各例说，那在第一例是 300 镑，在第二例是 400 镑；在第三例是 200 镑。与此相应，在劳动期间之末游离出来的资本，也为 300、400 或 200 镑。

III 劳动期间较小于流通期间

我们开始再假设周转期间为九周；其中劳动期间为三周，有资本 I 300 镑供它利用。流通期间为六周。这六周，必须有 600 镑的追加资本。我们再将其分成两个资本，每个 300 镑；每一部分都可填充一个劳动期间。这样，我们就有 300 镑的三个资本了；其中，时时有 300 镑在生产上运用，有 600 镑在流通中。

第 III 表　　　资本 I

	周转期间	劳动期间	流通期间
	周	周	周
I	1—9	1—3	4—9
II	10—18	10—12	13—18
III	19—27	19—21	22—27
IV	28—36	28—30	31—36
V	37—45	37—39	40—45
VI	46—（54）	46—48	49—（54）

资本 Ⅱ

	周转期间	劳动期间	流通期间
	周	周	周
Ⅰ	4—12	4—6	7—12
Ⅱ	13—21	13—15	16—21
Ⅲ	22—30	22—24	25—30
Ⅳ	31—39	31—33	34—39
Ⅴ	40—48	40—42	43—48
Ⅵ	49—（57）	49—51	（52—57）

资本 Ⅲ

	周转期间	劳动期间	流通期间
	周	周	周
Ⅰ	7—15	7—9	10—15
Ⅱ	16—24	16—18	19—24
Ⅲ	25—33	25—27	28—33
Ⅳ	34—42	34—36	37—42
Ⅴ	43—51	43—45	46—51

在这里，情形正好和上述第一例相合；不过，第一例是两个资本互相交代，现在是三个资本互相交代。在诸资本之间，没有错综的现象，每个资本，都可在年终，分别探寻出来。且在每劳动期间终毕时，也没有资本游离这件事。资本 Ⅰ 在第三周之末完全投下了；那会在第九周之末完全流回，而在第十周之初再发生机能。资本 Ⅱ 和资本 Ⅲ 也是这样。规则的完全的交代，使资本的游离不能发生。

总周转是这样计算的：

资本 Ⅰ 300 镑的周转额 $= 5\dfrac{2}{3} \times 300 = 1,700$

资本 II 300 镑的周转额 $= 5\frac{1}{3} \times 300 = 1,600$

资本 III 300 镑的周转额 $= 5 \times 300 = 1,500$

总资本 900 镑 $\times 5\frac{1}{3} = 4,800$ 镑

再举一例,其流通期间不即为劳动期间的倍数,例如,劳动期间四周,流通期间五周;相应的资本额为:资本 I 等于 400 镑;资本 II 等于 400 镑;资本 III 等于 100 镑。我们仅举述其前三次周转。

第 IV 表　　　资本 I 资本 II

	周转期间	劳动期间	流通期间
	周	周	周
I	1—9	1—4	59
II	9—17	9. 10—12	13—17
III	17—25	17. 18—20	21—25

资本 II

	周转期间	劳动期间	流通期间
	周	周	周
I	5—13	5—8	9—13
II	13—21	13. 14—16	17—21
III	21—29	21. 22—24	25—29

资本 III

	周转期间	劳动期间	流通期间
	周	周	周
I	9—17	9	10—17
II	17—25	17	18—25
III	25—33	25	26—33

在这里，在资本Ⅲ——它没有独立的劳动期间，因它只经过一周——的劳动期间，与资本Ⅰ的劳动期间连在一起时，也有资本错综的现象。但在资本Ⅰ的劳动期间之末和资本Ⅱ的劳动期间之末，都有一个与资本Ⅲ相等的量100镑游离出来。因为，资本Ⅲ会填充资本Ⅰ的第二劳动期间（及以后各劳动期间）最初一周，资本Ⅰ全部400镑则会在这最初一周之末流回来，因而，资本Ⅰ的劳动期间所余的部分，就只有三周，并相应的，只须有300镑的资本支出了。那会有100镑游离出来，使直接随起的资本Ⅱ的劳动期间的第一周，得有所取用；在这周之末，资本Ⅱ全部400镑又流回来；但因新劳动期间也只吸收300镑，所以在这个劳动期间之末，又会有100镑游离出来；以下可以类推。所以，在流通期间不为劳动期间的单纯的倍数时，每一个劳动期间之末，总会有资本游离出来。这个游离的资本，恰好可以把流通期间超过劳动期间（或其倍数）的超过额，填补起来。

在我们研究过的一切场合，我们都假定，在所考察的营业上，劳动期间和流通期间，是全年不变。这个假定是必要的，如果我们要确定，流通时间在资本垫支的周转上有什么影响。固然，这个假定在现实上绝不是无条件的，甚至屡屡是不适用的，但事情仍不会因此变化。

在这一节全部，我们都只考察流动资本的周转，不考察固定资本的周转。这是因为，我们这里考察的问题，与固定资本无关。生产过程上使用的劳动手段等所以成为固定资本，就因为它们的使用时间，比流动资本的周转期间更长；那就是因为它们在不断反复的劳动过程中发生作用的时间，比流动资本的周转期间更长，等于流动资本的周转期间的 n 倍。无论流动资本周转期间 n 倍的总时间如何长短，在这时间内垫支在固定资本上面的生产资本部分，总不会在这时间内重新垫支。它会在它的旧使用形态上，继续发挥机能。区别只在这点：流动资本每一周转期间的劳动期间，是长短不一的，视其长短如何，固定资本将以其原价值的相当的部分，移入这个劳动期间的生产物内；流动资本每一周转期间的流通时间，也是长短不一的，视其长短如何，由固定资本移入生产物的价值部分，又将或徐或速的，在货币形态上流回。我们在这一节讨论的，是生产资本流动部分的周转。这个问题的性质，就是由这个资本部分的性质引起的。一个劳动期间使用的流动资本，在完成其周转，先化为商品资本，继化为货币资本，再化为生产资本之前，不能再在新的劳动期间使用。所以，要使第一劳动期间立即由第二劳动期间继续，必须有新资本垫支下去，化作生产资本的流动要素来运用，其量且须够把流动资本（在第一劳动期间垫支的流动资本）因流通期间而起的空隙，填满。也就因此，所以流动资本劳动期间的长度，曾在劳动过程经营的规模上，在垫支资本的分割上，在新资本部分的补充上，发生影响。但我们在这一节讨究的，也正是这一点。

Ⅳ 结论

由以上的研究，我们可以得到如下的几个结论：

（A）为要使资本一部分在流通期间，别一部分得不断在劳动期间起见，必须将资本分割成不同诸部分。这不同的部分，在下述二场合，才会像不同的独立的私人资本一样，互相交代。即（1）劳动期间与流通期间相等，周转期间分为二等分的场合；（2）流通期间较长于劳动期间，但为劳动期间的单纯的倍数，即流通期间等于 n 倍劳动期间，而 n 又为整数的场合。在这二场合，依次垫支的资本，没有任何部分会游离出来。

（B）反之，在下述二场合，流动资本全部中，会在每一个劳动期间之末，从第二周转起，不断的，周期的，游离出一部分来。即（1）流通期间较劳动期间为大，但不为劳动期间的单纯的倍数的场合；（2）劳动期间较流通期间为大的场合。这样的游离资本，等于总资本中为流通期间而垫支的部分（如劳动期间较流通期间为大时），或等于流通期间超过劳动期间（或其倍数）的部分所赖以填充的资本部分（如劳动期间较流通期间为大时）。

（C）由上所述，可知就社会总资本说（单考察其流动部分），资本的游离，殆为通则，依次在生产过程中发生机能的诸资本部分互相交代，仅为例外。因为，劳动期间与流通期间的均等，或流通期间与劳动期间倍数的均等，总之，周转期间二部分规则的保持比例，毫无影响于这个问题的性质。大体说，那只是例外。

所以，在一年间周转几次的社会流动资本，有一极大部分，是周期地，在全年的周转循环中，在游离资本的形态上存在。

这又是很明白的，在其他一切情形相等的限度内，游离资本的量，与劳动过程的范围或生产的规模一同增大；从而，一般说，与资本主义生产的发展一同进步。这个结果，在 B 的第二场合，是因为垫支总资本增大；在 B 的第一场合，是因为在资本主义生产发展时，流通期间会延长，从而（在劳动期间也扩大，周转期间二部分不保持规则的比例的地方），周转期间也会延长。

首先，假设我们必须每周投资 100 镑。六周的劳动期间 600 镑，加三周的流通期间 300 镑，合计 900 镑。在这场合，不断有 300 镑游离出来。反之，若每周投资 300 镑，则劳动期间 1，800 镑，流通期间 900 镑，从而，按期游离出来的，不是 300 镑，是 900 镑了。

（D）900 镑的总资本，必须分成二部分，如上所述，便是

600 镑为劳动期间，300 镑为流通期间。实际投在劳动过程中的部分，由此减少三分之一，或由 900 镑减为 600 镑，从而，生产规模也须缩小三分之一。就别方面说，300 镑发生机能，其目的仅在使劳动期间成为连续的，俾便在全年每一周，都能投 100 镑到劳动过程中去。

抽象的说，究竟是用 600 镑，在 6×8 = 48 周内活动（生产物等于 4,800 镑），还是用 900 镑全部投在六周的劳动过程内，然后在流通期间休止，原是一件没有关系的事。在后一场合，它会在四十八周之中，活动 $5\frac{1}{3} \times 6 = 32$ 周，（生产物 = $5\frac{1}{3} \times 900 =$ 4,800 镑），而在十六周中休止。但是，即不说在十六周的休止中，固定资本将有更大的折旧，劳动将会更昂贵（劳动虽不全年活动，但必须在全年支付的），我们也知道，生产过程这种规则的中断，与近代大工业经营，不相适合。这种连续性，便是劳动的一种生产力。

现在，我们更细密的考察游离资本（即事实上休止的资本）一下，我们会发觉，这个资本有一大部分，必须常常在货币资本的形态上。我们仍拿我们以上的例来说：劳动期间六周，流通期间三周，每周投资 100 镑。在第二劳动期间之中，即第九周之末，会有 600 镑流回，其中有 300 镑，必须为这个劳动期间的残余部分投下。所以，在第二劳动期间之末，有 300 镑游离出来。这 300 镑在什么状态中呢？我们假定，三分之一是投在工资上面，三分之二是投在原料和补助材料上面。这样，在流回的 600 镑中，将有 200 镑在货币形态上，预备用作工资，将有 400 镑在生产库存品的形态上，在不变流动生产资本的要素的形态上。但因这个生产库存品，只须以半数用在第二劳动期间的后半，所以，还有半数，在三周之内，是在剩余生产库存品的形态上，换言之，成为一个劳动期间用了有余的生产库存品。但资本家会知道，为当前这一个劳动期间计，流回资本的这一部分（400镑），仅须用去半数。所以，他是立即把这200镑全部或一部再化作剩余生产库存品，还是把全部或一部固定在货币资本形态上，等待市场状况的改良，那要看市场状况而定。但不待说，那用作工资的部分200镑，会固定在货币形态上。资本家能把原料购好，堆在堆栈内，但不能把劳动力购好，堆在堆栈内。他必须使劳动力在生产过程上相合体，而在一周之末，支付给它。在游离资本300镑中，至少有这100镑，有游离货币资本（那就是，非这个劳动期间必要的货币资本）的形态。所以，在货币资本形态上游离着的资本，至少必须与可变资本部分（即投在工资上面的部分）相等；至多，也不过包括全部的游离资本。在事实上，它是不断在最低限和最高限之间上下。

由周转运动（Umschlagsbewegung）机构而游离的货币资本（加以由固定资本逐次流回的货币资本及每劳动过程内可变资本所必要的货币资本），在信用制度发展的时候，必定有重要的作用，且必定是信用制度的基础之一。

我们且就我们的例，假设流通时间由三周缩为二周。假设这不是正常的现象，而只是营业振兴或支付期限缩短等的结果。劳动期间投下的600镑资本，在被需要以前的一周就流回了，在这周内，它是游离着。又，和以前一样，在劳动期间之中叶，将有300镑游离出来（600镑的一部分），但在以前，是游离三周，现在是游离四周。因此，在货币市场上，有一周有600镑存在，有四周（不是三周）有300镑存在。因为这不仅是一个资本家的情形，并且是许多资本家的情形，且在各营业部门各时期发生，所以会有更多的可用货币资本（dispon ibles Geldkapital）在市场上出现。这种状态如果持续甚久，生产是会在可能限度内扩大的；用借来资本（geborgtem Kapital）从事的资本家对于金融市场的需要行将减少，其结果，是和供给的增加一样；最后，生产机构上有余的货币额，也一定会放出到金融市场上来的。

流通时间①由三周缩短为二周，从而周转期间由九周缩短为八周之结果，垫支总资本有九分之一成为余剩的；六周的劳动期间，现在有 800 镑，不必有 900 镑，就可以继续不断进行了。商品资本的价值一部分 100 镑，一经化为货币，即可保持货币资本的状态，无须再当作垫支生产资本的部分来发生机能。在生产规模不变，其他各种条件（例如价格等）又保持不变的时候，垫支资本的价值总额，将由 900 镑减为 800 镑；原垫支价值的余额 100 镑，将在货币资本的形态上游离。它也就以这个形态，加入金融市场，而在那里，成为机能资本的追加部分。

由上所说，可知货币资本的过充（Plethora von Geldkapital），是怎样发生的——这种过充，不仅有货币资本供给大于需要的意义；这意义上的过充，只是相对的过充；在恐慌结束后一个新循环开始的"忧郁时期"（Melancholischeh Periode），就会发生这种过充的。这里所谓过充，应这样解释：为经营总社会生产过程（包括流通过程）而垫支的资本价值一部分，成为余剩的，从而在货币资本形态上放出来；这种过充，是周转期间缩短，生产规模和价格却保持不变的结果。流通中的货币量——大或小——于此毫无影响。

反之，假设流通期间由三周延长为五周。在这场合，垫支资本的流回，会在次一周转期间，延迟二周。这个劳动期间的生产过程的最后部分，会由垫支资本的周转的机构，以致不能进行。所以，在上述的场合，生产过程会扩大，而在这场合，在这个状

---

① 译者注：原版为 umschlagszeit 周转时间，依马恩研究院版改正。

况延长的限度内，生产过程即生产过程经营的范围，则须缩小。如要使生产过程依相同的规模进行，就须为流通期间延长的全期间，把垫支资本增加九分之二，即 200 镑。这种追加资本，只能由金融市场取得。如果流通期间在一个大营业部门或多数大营业部门延长，那一定会在金融市场上发生压迫，除非它的影响，由相反的作用抵消掉。在这场合，很明白，这种压迫，像上述的过充一样，与商品价格的变动绝无关系，与现存流通媒介的量也绝无关系。

〔我整理这一章付印时，曾感到不小的困难。马克思对于代数虽颇熟练，他虽会拟设许多实例，练习商业上各种计算，留下一厚册这样的练习，但在数字计算上，尤其是在商业数字的计算上，他是不甚习惯的。并且，各种计算方法的知识，及商人日常实际的计算，也不是相同的东西。他既如此在周转的计算上深入，所以，除有许多计算未完的地方，当中还包含许多的不正确和矛盾。在上述各表中，我只保存了最单纯而且计算正确的部分，我主要是根据这样的理由。

〔这种麻烦的计算结果，是不确实的。这种不确实的结果，使马克思对于一件在我看来实际不怎样重要的事情，看得太重要。这种事情，我是指货币资本的"游离"。在上述的前提下，现实事态是这样的：

〔无论劳动期间和流通时间的分量比例如何，那就是，无论资本 I 和资本 II 的分量比例如何，在第一周转终了之后，总会依照劳动期间之规则的间隔，在货币形态上，把每一个劳动期间必要的资本——与资本 I 相等的资本额——流回来。

〔如果劳动期间为五周，流通期间为四周，资本 I 为 500 镑，则在第九周，第十四周，第十九周，第二十四周，第二十九周（以下类推）之末，总会有 500 镑货币额流回来。

〔如果劳动期间为六周，流通时间为三周，资本 I 为 600 镑，则在第九周，第十五周，第十一周，第二十七周，第三十三周（以下类推）之末，总会有 600 镑流回来。

〔最后，如果劳动期间为四周，流通时间为五周，资本 I 为 400 镑，则在第九周，第十三周，第十七周，第二十一周，第二十五周（以下类推）之末，总会有 400 镑流回来。

〔在流回的货币中，有没有任何部分或有怎样大的部分，对于当前的劳动期间是余剩的，从而游离出来，那是一点关系没有的。我们是从这样的前提出发，即，生产是无间断的以现行的规模进行，所以必须有货币存在，必须有货币流回，而无论它是否"游离"。如果生产中断了，游离也会中断。

〔用一句别的话说：那确实有货币游离出来，并会在货币形态上，形成一种潜能的仅仅可能的资本，但这个情形，在一切情形下都会发生，不仅在本文特地详述的诸种条件下。其发生的规模，也比本文所假定的规模大。就流动资本 I 说，产业资本家总会在每个周转之末，立在和营业开创时一样的位置上。他有他的资本全部在手上，但只能渐次将其再化为生产资本。

〔本文的重要点，在论证如下的事实：产业资本一方面必须常常有一大部分在货币形态上存在；别方面还须有一个更大的部分暂时取得货币形态。这个论证，是为我这个加注所加强了。——F. E.〕

V　价格变动的影响

我们以上假定价格是不变的，生产规模也不变的。但假定流通时间缩短或扩张。现在，我们且假定周转期间不变，生产规模不变，但假定价格变动，那就是原料、补助材料和劳动的价格腾落，或前二者的价格腾落。假设原料和补助材料的价格，和工资，跌落一半。如是，就我们上举的例说，每周的投资为 50 镑，非 100 镑；而在九周的周转期间，须垫支 450 镑资本，不是 900 镑。垫支资本价值 450 镑，就当作货币资本放出了，但生产过程依然以相同的规模，相同的周转期间进行，其周转期间，且以相同的方法，分成二部分。年生产物量也不变，惟其价值减半了。这个变动——同时伴有货币资本的供求的变动——既非由于流通速度的增进，也非由于流通货币量的变化。刚好相反。生产资本诸要素在价值或价格上跌落一半，先有这样的结果：X 营业经营以旧规模继续所必须垫支的资本价值，可以减少一半，所以，有一半的货币，会从 X 营业掷到市场上来，因营业当初曾在货币形态上，把这个资本价值，当作货币资本垫支下去。掷在流通中的货币量，行将减少，因生产诸要素的价格跌落了。这是第一个结果。

第二，原来垫支的资本价值 900 镑的半数或 450 镑——它们或（a）交替着通过货币资本的形态，生产资本的形态，和商品资本的形态；或（b）同时的，不断的，相并的，一部分采取货币资本的形态，一部分采取生产资本的形态，一部分采取商品资本的形态——现在可以由 X 营业的循环掷出来，并流到金融市场上，成为追加的货币资本，并以追加部分的资格，在金融市场上发生影响。这样游离的 450 镑货币会以货币资本的资格发生作用，不是因为它是 X 营业经营上过剩的货币，却因为它是原资本价值的成分，因为它还会以资本的资格发生作用，不仅当作流通媒介而支出。这种游离货币当作资本发生作用的最直接的形态，是当作货币资本，投到金融市场上去。从别方面说，生产规模（把固定资本存而不论）是可以倍加了。如是，垫支资本仍旧为 900 镑，但生产过程的范围却比以前大了一倍。

反之，如果生产资本诸流动要素的价格，提高了一半，则每周所必需的，不是 100 镑，而是 150 镑，从而，每周转期间所必需的，不是 900 镑，而是 1，350 镑。营业如要依相同的规模继续不断经营下去，必须有 450 镑追加的资本。这个情形，当会依照金融市场的状况，在金融市场上施以相当的压迫。如果金融市场上可用的资本（disponible Kapital），都已有人需要，则对于可用的资本将会发生激烈的竞争。如果金融市场上可用的资本尚有一部分未曾有人运用，这一部分就会依比例拿出去运用的。

第三，在生产规模不变，周转速度不变，生产资本诸流动要素的价格也不变时，X 营业的生产物的价格，还可以跌落或提高。如果 X 营业所供给的商品的价格跌落，他的商品资本（那会不断投到流通中来）的价格 600 镑，比方说，便会减为 500 镑。在这场合，垫支资本价值的六分之一，将不由流通过程流回（在这里，商品资本内包含的剩余价值，我们是不考虑的）；它会在流通过程中丧失。但因诸生产要素的价值或价格保持不变，500 镑的流回，仅足收回不断在生产过程上运用的资本 600 镑的六分之五。所以，如要使生产以相同的规模继续，必须有 100 镑追加的货币资本支出。

反之，如果 X 营业的生产物的价格提高，则商品资本的价格，比方说，将由 600 镑提高至 700 镑。这个价格的七分之一，即 100 镑，不是从生产过程出来，不是垫于在生产过程上的，却是由流通过程流回的。但要收回诸生产要素，仅须有 600 镑；因此有 100 镑游离了。

至若，第一，周转期间为什么缩短为什么延长；第二，原料和劳动的价格，为什么提高或跌落；第三，所供给的生产物的价格，为什么提高或跌落，这种研究，是不属于当前研究的范围的。

属于当前研究的范围的，有下述诸事项：

第一场合：生产规模不变，诸生产要素和生产物的价格不变，但流通期间从而周转期间变化。

依照我们上例的假设，在流通期间缩短之后，必要的垫支总资本，将减少九分之一，所以，垫支总资本将由 900 镑减为 800 镑，有 100 镑的货币资本会被放出。

X 营业，现在是和从前一样，在六周间，供给价值 600 镑的生产物；该营业，既在全年间继续不断进行，故在五十一周中，将同样供给价值 5,100 镑的生产物量。就该营业投在流通中的生产物的量和价格而论，是没有变化可言的；就生产物被投在市场的期限而论，也是没有变化可言的。但因生产过程的需要，由流通期间的缩短，只垫支 800 镑，不垫支 900 镑已可满足，故有 100 镑被放出来。这 100 镑放出的资本，将在货币资本形态上存在着。但这种货币资本，与必须不断在货币资本形态上发生机能的垫支资本相关而言，是不代表其任何部分。假设在垫支流动资本 I 600 镑中，有五分之四，即 480 镑，不断投在生产材料上，五分之一即 120 镑，不断投在工资上。资本 II 300 镑，也以五分之四即 240 镑，投在生产材料上，五分之一即 60 镑，投在工资上。原来，投在工资上的资本，是必须不断在货币形态上垫支的。当价值 600 镑的商品生产物再化为货币形态而卖掉时，其中有 480 镑会转化为生产材料（生产库存品），但 120 镑会保存货币形态，而在六周间支付工资。在 600 镑流回的资本中，至少要有 120 镑，在货币资本形态上更新和代置；这最小限，必须常在货币形态上，当作垫支资本的一部分。

现在，假设每三周间游离出来的 300 镑——那也是用 240 镑充作生产库存品，60 镑充作工资——中，因流通时间缩短之故，已有 100 镑，可以在货币资本的形态上放出，完全从周转的机构离开，这 100 镑货币资本的货币，又从哪里来呢？这个数额，只有五分之一，是由周期从周转中游离出来的货币资本构成。其五分之四（即 80 镑），已为同价值的追加生产库存品所代置了。这追加的生产库存品依何法转化为货币，这种转化所需的货币又从何处来呢？

流通时间的缩短一旦成为事实，则在上述 600 镑中，将只有 400 镑（非 480 镑）化为生产库存品。其余 80 镑，则固定在货币形态上，和以上所述的支付工资的 20 镑合起来，构成 100 镑放出的资本。这 100 镑，以 600 镑商品资本的购买为媒介，由流通中取出，不再投在工资和生产要素上了，但我们依然不能忘记，在货币形态上，它们的形态，是和它们当初投入流通时的形态，再归于同一。在开始时，有 900 镑货币投在生产库存品和工资上。要使同一的生产过程继续，现今所需的，仅是 800 镑。这样，就有 100 镑，在货币形态上放出，构成一个新的待要投下的货币资本，并在金融市场上成为一个新的成分。不错的，这 100 镑原来是周期地存于游离货币资本和追加生产资本的形态上，但这种潜能的状态，正是生产过程得以进行得以继续的条件。现在这 100 镑是无须为这个目的而存在了；并即因此，故成为新的货币资本，成为金融市场的一个成分；不过它不是既有社会货币准备的新加要素（因为，它们在营业开始时就已存在，并已由这种营业投在流通中）；也不是新蓄积的贮藏货币（Schatz）。

这 100 镑，在它成为垫支货币资本一部分，不复在同营业使用的限度内，是在事实上从流通中取出了。但这种取出所以可能，仅因为由商品资本到货币，由货币到生产资本的转化（即 $W'-G-W$），加速了一周，从而，在这过程内活动的资本的流通，也加速。它被取出了，因不复为资本 X 的周转所必要。

在这里，我们假设，垫支的资本是属于它的使用者。但是，就令是借来的，那也不会引起变化。在流通时间缩短时，他所必须借的资本，就不是 900 镑，而是 800 镑。这 100 镑归还给贷者时，仍旧会形成新的货币资本，不过不在 X 手里，而在 Y 手里。如果资本家 X 依信用受取价值 480 镑的生产材料，他自己只须垫支 120 镑货币支付工资，他现在以信用购买的生产材料可减少 80 镑，所以，对于给予信用的资本家，这 80 镑会成为余剩的商品资本，而在 X 资本家手中，也有 20 镑货币游离出来。

现在，追加的生产库存品减少了三分之一。以前，在追加资本 II 300 镑中，有五分之四，即 240 镑，在三周间，充追加的库存品，现在却只以 160 镑，在两周间充追加的库存品，现在它是每两周更新一次，不是每三周更新一次，故也仅须为两周，不须为三周准备。以棉花市场的购买为例。在这情形下，棉花市场上的购买，是以更多的次数，以更小的部分反复着。固然，因生产物量不变，故从市场取去的棉花量也不变。但其时间的分配，发生了变化；那已分配为更多的次数了。假设一个场合是三个月，一个场合是两个月。又假设一年消费的棉花，为 1,200 捆。在前一场合：

1 月 1 日卖 300 捆，库存余额 900 捆

4 月 1 日卖 300 捆，库存余额 600 捆

7 月 1 日卖 300 捆，库存余额 300 捆

10 月 1 日卖 300 捆，库存余额 0 捆

反之，在后一场合：

1 月 1 日卖 200 捆，库存余额 1,000 捆

3 月 1 日卖 200 捆，库存余额 800 捆

5 月 1 日卖 200 捆，库存余额 600 捆

7 月 1 日卖 200 捆，库存余额 400 捆

9 月 1 日卖 200 捆，库存余额 200 捆

11 月 1 日卖 200 捆，库存余额 0 捆

所以，投在棉花上的货币，在后一场合，须迟一个月流回，即不在十月流回，而在十一月。所以，当垫支资本的九分之一，因流通时间缩短。从而，因周转期间缩短，而在货币形态上被放出时，如果在这 100 镑中，有 20 镑是周期游离出来的每周支付工资的货币资本，有 80 镑是周期游离出来的一周间的生产库存品，那么，就这 80 镑说，在工厂主方面，是生产库存品的减少和游离，在棉花商人方面，便是商品库存额的增加。同一的棉花，当作生产库存品，存在工厂主库里的时间越是短，则当作商品，存在棉花商人库里的时间越是长。

以上我们假设，X 营业的流通时间的缩短，是 X 商品售卖较速，或代价支付较速，或（在信用的场合）支付期限缩短的结果。所以，这种缩短，是起因于商品售卖过程（即商品资本转化为货币资本的过程，即 W′-G 流通过程的前段）的缩短。但这种缩短，也可起因于流通过程的后段，即 G-W。当流通过程的后段缩短时，那总会在资本 Y、Z 等的劳动期间或流通时间上，引起同时的变化。这所谓资本 Y、Z 等，是以流动资本的种种生产要素，供给资本家 X 的。

例如，如果依照旧运输方法，棉花煤炭等，由生产地点或堆积地点运至资本家 X 的生产事业所在地，必须经过三周，则 X 的生产库存品的最小限，须够供应新供应品到着以前那个期间，那就是至少须够供应三周。棉花煤炭在运输的途上，是不能当作生产手段的。它们宁可说是运输业及其所使用的资本的劳动对象。它们所代表的，是煤炭生产家或棉花贩卖家的在流通中的商品资本。假设改良的运输方法，使运输时间减为二周。这样，以前需有三周生产库存品的，现在只需有二周生产库存品了。由此，为生产库存品而垫支的追加资本就有 80 镑游离了；为工资

而垫支的追加资本也有 20 镑同样游离了。因为 600 镑的周转资本，可以提前一周流回了。

从别方面说，如果供给原料的资本的劳动期间缩短了（这样的例，已在前数章揭举了），以致原料可以在较短期间内更新，则生产库存品可以减少，由一个更新期间（Erneuerungsperiode）到别一个更新期间的间隔也可缩短。

反之，如果流通时间从而周转期间延长了，那就必须有追加资本的垫支。当资本家有这种追加资本时，这种追加资本须由资本家自己的钱袋流出。但在这场合，它们仍须当作金融市场的部分，而以某形态投下；若要成为可以利用的，它便须脱弃它的旧形态；例如，如果是股票，便须售卖，如果是储金，便须提取，所以即在这场合，也会间接对金融市场生影响。不然，就须借款。就支付工资所必要的追加资本部分说，在常态情形下，那是必须当作货币资本借贷的；资本家 X 也就由此直接给金融市场以压迫。就投在生产材料上面的部分说，则仅在必须支付现钱的场合，必须有货币资本。如其可以信用购买，那就不会直接对金融市场生影响。在这场合，追加的资本，是直接当作生产库存品，原来不是当作货币资本，垫支的。但若信用给予者把由 X 处受得的期票，立即掷到金融市场上来贴现等，那就会间接经第二手，影响到金融市场上来。但若他利用这张期票（Wechsel），来偿付一个后来要偿付的债务，这个追加的垫支资本，就不会直接也不会间接对金融市场生影响了。

第二场合：生产材料的价格变动，其他一切条件仍旧不变。

我们在上段假设，900 镑的总资本，会以五分之四（即 720 镑），投在生产材料上，五分之一（即 180 镑）投在工资上。

如果生产材料的价格跌落一半，六周的劳动期间所必要的生产材料，仅为 240 镑非 480 镑。就追加资本 Ⅱ 说，为 120 镑，非

240 镑。资本 I 遂由 600 镑减为 240 + 120 = 360 镑；资本 II 也由 300 镑减为 120 + 60 = 180 镑。总资本由 900 镑，减为 360 + 180 = 540 镑。结局，有 360 镑的货币游离了。

这种游离的，目下不使用的，而在金融市场上求投资处所的资本（货币资本），不外是原来当作货币资本垫支的 900 镑资本的一部分。这一部分，因生产要素的价格跌落（这种资本，是必须周期地再化为生产要素的），而成为余剩的了（在生产依照旧规模进行，不事扩大的限度内）。如果这种价格跌落，不是由于偶然的事情（例如丰收或供给过剩等），但由于供给原料诸生产部门的生产力的提高，这个货币资本就会成为金融市场（或货币资本形态上的可用的资本）上一个绝对的增加。盖在这场合，它在已被使用的资本中，不复是必要的成分了。

第三场合：生产物自身的市场价格变动。

在这场合，价格的跌落，会使资本丧失一部分，那必须由新的货币资本的垫支来补还。但卖者的损失，可由买者再得。如果生产物只由偶然关系，将其市场价格跌落，但它不久就会再提高到它的正常价格时，即直接由买者再得；如果价格变动是由价值变动引起，因而反应到旧生产物上来，又若生产物会当作生产要素加入别的生产范围，并在那里依比例把资本游离出来时，即间接由买者再得。在这二场合，X 损失资本时，虽会向金融市场要求代置，因而给金融市场以压迫，但这样损失的资本，可由别的营业家，当作新的追加资本，供给予他。故在这场合，只有资本移转。

反之，如果生产物的价格昂腾，则当时尚未垫支下去的资本部分，将由流通界被取出。这个资本部分，在垫支在生产过程中的资本中，不形成任何有机的部分；所以，如果生产不扩大，那就会成为游离的货币资本。我们在这里既假设，生产物诸要素的价格，在生产物当作商品资本加入市场之前不起变化，所以，在这场合，现实的价值变动，在有反应作用的限度内，将会引起一种价格腾贵的现象，比方说，使原料价格接着腾贵起来。在这场合，资本家 X 将由他所有的当作商品资本而流通的生产物，并由他已有的生产库存品，得到利益。这种利益，会给他以追加资本；在生产要素的价格提高时，继续营业是必须有这种追加资本的。

　　但价格腾贵可以只是暂时即逝的。这样，资本家 X 方面所需要的追加资本，在其生产物为别种营业的生产要素的限度内，将会由别的方面游离出来。一方失之，他方得之。